民国史专家力作

汪伪特工总部76号完全档案

抗战期间历史怪胎的覆灭

马振犊　陆　军◎著

金城出版社
GOLD WALL PRESS

图书在版编目（CIP）数据

汪伪特工总部 76 号完全档案 / 马振犊，陆军著 .—北京：金城出版社，2018.8（2024.12 重印）
ISBN 978-7-5155-1719-3

Ⅰ. ①汪… Ⅱ. ①马… ②陆… Ⅲ. ①汪伪政府（1938）- 特务组织 - 史料 Ⅳ. ① D693.65 ② K265.650.6

中国版本图书馆 CIP 数据核字（2018）第 188904 号

汪伪特工总部 76 号完全档案

作　　者　马振犊　陆　军
责任编辑　谢艳芝　蔡传聪
开　　本　710 毫米 ×1000 毫米　1/16
印　　张　23.25
字　　数　300 千字
版　　次　2018 年 10 月第 1 版
印　　次　2024 年 12 月第 4 次印刷
印　　刷　北京科信印刷有限公司
书　　号　ISBN 978-7-5155-1719-3
定　　价　55.00 元

出版发行　金城出版社　北京市朝阳区利泽东二路 3 号
邮编：100102
发 行 部　(010) 84252396
编 辑 部　(010) 61842989
总 编 室　(010) 64228516
网　　址　http://www.jccb.com.cn
电子邮箱　jinchengchuban@163.com
法律顾问　北京植德律师事务所　18911105819

序　言

民国时期的特务组织与特务活动，是中国近现代史上隐晦最深的一页，而其中以国民党特务组织及其活动的历史为其主体。

南京国民政府执政的二十余年间，特别是全面抗战八年期间，为中国情报特工组织的急速发展时期。在那纷乱的年代，特务组织因其在政治、军事、反侵略活动中的特殊地位与作用，在中国内政外交活动中扮演了重要角色，成为民国历史研究中的一个重要方面。但有关的国民党特务组织历史的研究，迄今在国内外学术界都还没能充分展开，其中档案资料开放的不足，对写作信史形成了障碍。

保存在台湾情特机构及档案部门的有关国民党中统、军统组织以及汪精卫伪政权特工总部76号的档案，迄今尚未完全开放。最近几年来，台湾相关部门编辑出版了一些戴笠与抗战的档案资料，并有选择地开放了部分相关人物档案，为研究与撰述工作提供了一些便利。但总体而言，有关国民党特务组织全面与基本的工作状况，特别是中统、军统及76号行动工作档案的开放力度还远远不足。

坊间流传的大量关于民国时期特务活动的“纪实”“演义”“揭秘”

类书籍，充斥书刊市场，内容混杂，虚实难辨，不仅搞乱了史实，混淆了视听，而且给严肃的史学研究带来了不必要的麻烦。怎样去伪存真、写出信史，是民国特务史研究者必须直面的问题。另外，由于国民党特务极右的政治属性，和他们在历史上对中国民主进程巨大的破坏与阻碍作用，也曾在相当长的时期内，使人们对其历史活动的客观如实的分析评价产生了困难。

对国民党特务史的研究，除去伪存真探究历史真相外，重要的一点还在于如何看待和评价这些团体和人物在历史上的活动。

国民党中统、军统特务组织的本质，当然是一种维护独裁政权的反民主的国家武装工具，对其历史活动及其作用的界定，总体来看必然是应予否定的。但是，需要指出的是，自 1931 年后，日本侵华的严峻形势给国民党及其政府造成了巨大的威胁，使他们不得不运用包括特工手段在内的各种方式来迟滞和抵抗日本的侵略。“抗日”与“反共”成为国民党特工的双重任务。七七全面抗战开始后，在举国一致对外的历史大背景下，作为国民党的统治工具，为服务于蒋介石抗战决策，中统与军统组织在坚持反共和镇压民主的同时也分别直接投入了对日伪的军事、政治与特工作战，并且在上海等地与日伪进行了十分激烈的搏杀。在这些斗争中，许多国民党特务组织人员被日伪捕杀残害，其中有很多还是满怀抗日救国愿望参加抗战训练而误入特务组织的青年学生，他们毕业后直接投入抗日战场，并为民族利益而献身。这些人与那些反共反人民的特务是有根本区别的，他们是抗日的烈士。当然，历史人物与历史现象是十分复杂的，需要进行有针对性的具体细致的分析研究。

与中统、军统有密切关联而又有根本区别的，还有另外一个也打着国民党旗号的汪精卫伪政权的 76 号特务组织。这是一个脱胎于中统、军统，由其叛徒及落水汉奸们组织的为日本侵略者与其所扶植的汪精卫伪政权效力的特务机构，他们是由国民党与其中统、军统的背叛者们组成的变异体。这一汉奸特务组织，源于中统与军统，其组成人员与机构、运作方式及其手段乃至打击对象都与中统、军统极其相似。唯一不同的是，76 号起先是由日本侵略者扶植中统与军统的叛徒及黑帮组织成立起来的，专门用以镇压抗日力量，后来又归并入汪伪政权，成为汪伪政府的特务机关。它的打击对象除了中共及其他抗日力量外，还包括重庆国民党及其中统与军统组织。正所谓反噬者，其胃口与凶残度自然超过其母体，来自内部熟人的知根知底的攻击，曾使中统、军统在沦陷区的组织与活动几度濒于崩溃。然“两统”对 76 号及其日伪也进行了坚决的打击，并熟练运用特工手段内外夹攻，于是在上海滩上演出了一幕幕腥风血雨、惊心动魄的明斗暗战。最后，随着日本的战败投降，曾经疯狂一时、有着“魔窟”之称的 76 号汉奸特务组织，终归于灭亡，结束了它为虎作伥的罪恶历史。

鉴于 76 号的名实表里都与国民党有关，我们将其列入国民党特务组织研究范围便可称之为顺理成章。

为集中探讨不同特务组织的活动史，作者在原著《国民党特务活动史》的基础上，进一步搜集了国内外及两岸相关的档案材料，经分别合作撰述写出了《中统》《军统》《76 号》3 本书稿，此次扩写是继承了前著严谨学术作风的一次再创作。在写作过程中，作者曾两赴台北档案机构查阅运用了新公布的有关档案资料，特别是汲取了读者网友对《国民党特务活动史》的意见，将中统、军统特务组织的历史分别做出比较系统的论述，使之脉络内容更加清晰，并且又增加了对汪伪 76 号特务组织的专门研究记述，进一步从正反两方面补充完善了国民党特务史的研究。因此可以视之为目前有关国民党特务活动史的一套比较全面客观的作品。

当然，碍于主客观的原因，书中一定还存在若干不足和漏误，希望有关中外学者及历史爱好者能够有以指教。

有关国民党特务组织活动历史的进一步深化研究，尚待学界同仁的共同努力。

马振犊

2018年2月10日

目录

引　子

危城南京：一个小特务的临阵脱逃，拉开了一段灾难的黑幕

1937 年 11 月底，中国首都南京，战云密布，古城欲摧。远处日军隆隆的炮声渐近，国民政府各机关纷纷撤离，下关码头人声鼎沸，一片混乱。

作为国民党情报特工机构的中统特工总部，也急急收拾准备离开危城。但其工作性质又不允许一走了之，于是在撤退之前，匆忙设立了一个“南京留守处”，由其骨干徐兆麟负责，派李士群与石林森、夏仲高 3 人为留守处成员，准备在日军进入南京之后潜伏下来进行情报与破坏活动。他们 3 人住在南京中央门大树根 76 号一幢小洋楼里。可是，未及日军进城，李士群等因害怕而擅离职守，仓皇从下关登船逃到了汉口，当了抗战的逃兵。

这时，特工总部已正式扩大为中统局，李士群被安置在中统局临时办事处。由于在中统组织内一直得不到重用，“怀才不遇”的李士群另生二心。他看到国民党在正面战场上连战皆败，对抗战前途失去了信心，萌生了改换门庭的念头，准备早点离开他所厌恶的中统局“那帮混蛋”。

1938 年秋，国民党株萍铁路特别党部特务室主任甘青山调任为浙

赣铁路特别党部特务室主任，遗缺便落到了李士群身上。这真是千载难逢的出走机会。于是，在领取了一笔特务经费后，李士群转身便给了老婆叶吉卿一部分，交代她回遂昌老家躲避，自己则携款绕道广西、云南，不走粤汉路直达广州入港的捷径，有意识舍近求远，以避开中统在沿途各地的站点耳目。他从云南出关，取道河内乘船逃到香港，下决心叛国投日，以追求他的个人“前程”。

李士群从南京开始的出逃历程，拉开了抗战史上一段日伪勾结祸害中国的黑幕，催生出“76号”汪伪特工总部这一历史的怪胎。

[第一章]

黑幕拉启

汪精卫伪政权及其76号特务组织都是抗战爆发后在上海滩由日本侵略者拼凑而成，这是因为上海地区复杂的社会状况具有其孳生的条件与基础。

当时上海的外国租界，依据清末中外不平等条约有关“租界协议”及租界当局获得之“治外法权”，脱离中国政府行政与法律管辖，成为化外鱼龙混杂之地。日本军阀及其特务浪人在此大肆进行侵略中国的活动，并与中国的特工组织开展了生死斗争。而日本在上海组建汉奸特务机构并扶植汪伪政权，目的就是以华制华，彻底征服中国，奴役中国人民。

第一节　上海“孤岛”的形成

1937年七七事变爆发后，北方战场战事的不断扩大暴露了日军全面侵华的企图。国民政府统帅部不得不面对现实，确认现在已不再是谈论或战或和的时候，而是面临怎样打的抉择。战争的发展制造了一个促使中方下决心改变中日战局的契机，在饱经战火的东南要地又发生了一个不测事件，这就是导致中日战争全面升级的八一三淞沪抗战。

长江中下游地区为我国政治、经济重心所在，经济中心上海与政治中心南京相连的宁沪地区是中国当时的心腹要地。因此，上海便成为我国的东大门及保卫首都的屏障，在战略上具有十分重要的地位。加上上海是中国重要的港口城市，因此一向被日本军阀视为侵略中国的入口要道，成为中日矛盾冲突的敏感地带。1932 年一 · 二八事变时，日军就曾经攻击上海，借以转移人们的视线，以便巩固其在东北的侵略利益。接着又逼迫国民政府签订了妥协让步的《上海停战协定》，日军得以在上海地区驻扎大批海军陆战队，修筑大量战备设施。上海从此成为中日战争又一个潜在的爆发点。

发动全面侵华战争后，日方虽然对我东南地区垂涎已久，但是由于当时战争集中在华北，在开战之时，日方并无在上海作战的具体计划，只考虑到了在青岛与上海两地派兵保护日侨的可能。所以其《对华作战计划》中写道，在情况不得已时才对青、沪作战，而所下达的“兵力编制及任务”，也只限于在平津及青岛附近的部署，尚未计划向上海派遣正规陆军。[1] 7 月 9 日，日军参谋本部在其《处理华北时局要领》的命令中明确规定：“即使抗日行动波及华中华南，陆军仍以不出兵为原则。”[2]

华北战事爆发时，以长江方面为“警备区域”的日本海军第三舰队长谷川清司令官正在台湾指挥演习，闻讯后立即赶赴上海。7 月 11 日，他在上海召集了“特别警备会议”，根据日本海军省 7 月 8 日下达的紧急训令，讨论海军“保护日侨问题”。会议决定将驻华海军分成三组特务舰队。上海方面由长谷川清亲自指挥。7 月 16 日，长谷川清向日本海军军

[1] 《日本帝国主义对外侵略史料选编(1931—1945)》,上海人民出版社 1975 年版，第 240 页。

[2] 日本防卫厅战史室 :《中国事变陆军作战史》第一卷第二分册，中华书局 1981 年版，第 156 页。

令部提出，认为有必要在上海、南京一带发动战争，全力消灭中国海空军，同时派遣陆军5个师团攻占上海与南京，将中国政府置于死地，以尽快结束战事。“如果局限战域，则有利于敌方兵力之集中，深恐将使我方作战困难。为制中国于死命，须以控制上海、南京为最要着。”[1] 8月4日，长谷川清又一次请求东京增兵上海。但得到的答复是“要慎重行事”，“待继续观察形势再作考虑”。8月7日上午，日海相米内光政向陆相杉山元送交了准备提交内阁的《请紧急派遣陆军进驻青岛、上海案》，但内阁并没有讨论这一提议。[2] 直至8月上旬末，日方的作战方针仍然是“陆军仅派至华北，为保护日侨可动用海军，务须陆军出兵上海”[3]。

但是，中国方面的情形就不同了。自一·二八事变以后，国民政府意识到日军如再由上海入侵，将轻易威胁国都南京，故而对宁沪杭腹地的防御计划给予了相当重视。出于自身防卫的需要，自1931年起，国民政府开始在这一地区构筑国防战备设施。经过数年的努力，花费了一百多万银圆的资财，修成了三道国防作战线。第一条是上海至杭州国防线，第二条是吴江至福山国防工事（苏福线），第三条是无锡至澄江（江阴）国防工事（锡澄线）。到1937年，全部工程已基本完成。毫无疑义，这些战备工作就是为了对付日军的侵略。

1936年，张治中将军向最高当局建议，全国划分为若干防区，以宁沪为核心着手准备抗日工作。他的建议被采纳。根据对日作战实际需要，陆续分设了四大区域。宁沪杭一带为京沪警备区，由张治中任警备司令（八一三事变后改为第三战区，以冯玉祥、顾祝同为正副司令）。

---

[1] 《中国现代史大事月表》(1937年7—9月)，中国第二历史档案馆（简称二史馆）馆藏。

[2] 日本防卫厅战史室：《中国事变陆军作战史》第一卷第二分册，中华书局1981年版，第1页。

[3] 日本防卫厅战史室编、天津市政协编译委员会译校：《日本军国主义侵华资料长编——日本大本营陆军部》第一部，四川人民出版社1987年版。

张治中上任后，积极着手对日抗战准备工作，陆续对沪宁间各重要地区进行了具体调查，对防御作战的兵力部署、指挥系统、防线设置、兵员补充、后勤供应，甚至发动民众、舆论准备等多方面的问题进行了研究设计。

根据综合分析，他们认为：日本发动侵华战争，上海必然是战场之一，不能重演九一八和一·二八被动挨打的悲剧，应在敌方发动战事以前，主动出击，彻底摧毁日军在沪军事据点，然后封锁海岸，确保宁沪安全。他们的这一战略设想得到了最高当局的同意。根据一·二八停战协定，当时上海不能驻扎中国正规军，所以只驻有我方一个保安总团（约两个步兵团）。为防不测，张治中提议派一加强旅伪装成保安队进驻上海虹桥地区。建议得到实施。七七事变后，张治中又提出立即封锁长江水道，围歼长江上游日舰。但这一计划被国民政府行政院秘书、日本间谍黄浚密告日方，使日舰得以迅速逃脱，并将汉口日海军陆战队转运上海，加强了日军驻沪兵力。[1] 种种事实表明，国民政府在宁沪杭地区进行了抵抗日本侵略的先期准备。

七七事变发生后，国民党最高当局立即召开各部会署负责人及军政首脑会议商讨对策，在进行外交交涉的同时，又命令军队保卫国土抵抗侵略。

中国统帅部认为，华北是一大平原，有利于日军机械化部队及大兵团活动，并距日方东北补给基地较近，附近又有冀东等伪组织活动，形势于我不利。如果全面开战，我方应充分利用在淞沪间的既设国防工事，在此投入重兵用以牵制敌人兵力，保卫政治、经济中心，同时还可能使日军触犯列强在华利益引起国际干预。[2] 一旦上海开战，应争取迅

---

[1] 余湛邦：《抗日战争中的张治中将军》，载《团结报》1984年8月版，又见《八一三淞沪战役纪略》，载《上海文史资料》1980年第五辑。

[2] 这一时期英国在华投资的72%，美国在华资产的64%都集中于上海。国民党当局认为在上海开战必将导致英美出面干预，造成停战结果。

速歼灭上海日军，封锁海洋。如战事不利，则可退守苏福国防线打持久战，借以待机调停战事，阻止日军侵略。8 月 7 日，各地军事将领云集南京商讨作战计划。

中国方面对于淞沪地区抗日的计划与准备，造成了中方发动八一三战役的客观条件。

赶敌而未“下海”

正当华北战事愈演愈烈之时，日本当局又唆使在华军队、浪人到处寻衅闹事，制造冲突。七八月间，上海连续发生了日本海军陆战队队员宫崎贞雄“失踪”及“虹桥机场事件”，一时成为中日间新的冲突焦点。特别是在“宫崎事件”被中方妥善处理后，“虹桥机场事件”的处理便成为能否维持上海和平的关键。

1937 年 8 月 9 日，驻上海的日本海军陆战队第一中队队长大山勇夫与一等水兵斋滕兴藏驾车冲击虹桥机场，被中方机场保安队击毙。这就是所谓的“虹桥机场事件”。“虹桥机场事件”是八一三事变的起点。在此期间，日本海军开始向上海增兵。“司令长官决心增强海军兵力，命令在佐世保待机的部队进入上海。”[1] 日本驻沪海军陆战队的兵力从原来的 3000 余人猛增为 1.2 万余人，从长江开入黄浦江的日舰亦达 29 艘。中国政府也同时下令调遣京沪警备司令张治中所部之八十七、八十八两师向上海市区推进，并迅速设立了作战指挥部，在江湾吴淞间布置了防线。上海形势急剧恶化。

“虹桥机场事件”发生后，日本军政当局开始重视上海方面的局势。“海军中央部研究了解决大山事件的方案，决定向中国方面提出要求事项，在采取外交措施同时，和第三舰队进行了联络，要求慎重行事。尽

[1] 日本防卫厅战史室：《中国事变陆军作战史》第一卷第二分册，中华书局 1981 年版，第 2 页。

管事态的最后解决只能诉诸武力，但在陆军派兵的情况下，攻击开始的时间也须在动员后的20天。“因此当前要尽可能不使事态迅速恶化”，“在10日的阁议上……答应准备派遣陆军部队”[1]。日方利用外交谈判拖延时间，从各地调派了三个师团的陆军赶运上海。日军参谋本部此时的观点是：“上海方面已超出单纯的保护侨民目的以外，具有给中国方面以沉重打击的意义。”[2]

然而，中国方面在“虹桥机场事件”发生后即决定了开战措施与大战计划。在对日采取强硬外交的同时，国民党最高当局宣布从此进入对日抗战，命令参加庐山会议的将领回到各部队，开始全面抗日部署。8月1日晚，国民政府军事委员会命令：“张司令官治中率八十七、八十八师于今晚向预定之围攻线挺进，准备对淞沪围攻。”8月13日深夜，蒋介石下令张治中发动总攻击，意图实现“赶敌下海封锁海岸拒敌登陆”的作战计划。同时，决定将第五十六师主力、第五十七师的一部及独立第二十旅向前推进，采取逼向南下在长江方面作战的敌之侧面的有利态势。[3]中国军队源源不断开赴上海战场。张治中所率领的参加过一·二八战役的部队士气高昂，进入南翔指挥所的一些士兵甚至拒绝下车，要求一直开赴前线参战。中日双方剑拔弩张。到8月13日上午9时许，中国军队在部分日军士兵首先越过对峙线的情况下，奉命发起全面攻势，揭开了淞沪百日大战的序幕。8月14日，中国政府发表《自卫抗战声明书》，宣布“实行天赋之自卫权”。

---

[1] 日本防卫厅战史室：《中国事变陆军作战史》第一卷第二分册，中华书局1981年版，第2、20页。

[2] 日本防卫厅战史室：《中国事变陆军作战史》第一卷第二分册，中华书局1981年版，第2、20页。

[3] 日本防卫厅战史室：《中国事变陆军作战史》第一卷第二分册，中华书局1981年版，第16页；二史馆馆藏《淞沪会战张发奎文电》。8月12日张给蒋介石、何应钦发电称：“文白兄方面，似已决心主动。”何在来电上批复：“可。已令保安队即开淞江，归张文白指导共同作战。”

8月18日，蒋介石派陈诚、熊式辉赴沪视察战况，20日返回南京。陈诚向蒋汇报：敌对南口势所必攻，同时亦为我所必守，是则华北战事扩大已无可避免，故敌如在华北得势，必将利用其快速装备沿平汉路南下直扑武汉，于我不利，不如扩大沪事以牵制之。蒋对此表示："一定打。"陈诚又说："若打，须向上海增兵。"蒋即派陈诚为第十五集团军总司令率部赴沪增援。[1] 至此淞沪大战再次升级。蒋介石的这一部署体现了国民政府最高当局对中日战争的战略决心。

20世纪30年代的上海外滩

8月20日，国民政府军事委员会将全国划分为5个战区，下达了如下作战方针："国军一部集中华北持久抵抗，特别注意确保山西之天然堡垒。国军主力集中华东攻击上海之敌，力保淞沪要地巩固首都。另以最少限度兵力守备华南各港口。"[2] 这就是国民政府抗战初期战略设想。从这里我们可以看出，国民党军发动上海抗战是有目的、有计划的，而且早已做了必要的准备。在明知北方战事扩大不可避免之时，中国最高统帅部仍决定将中国军队之精锐投入上海战场，以期促使日军分散兵力和改变侵华路线。

上海战事开始后，中方第八十七、八十八两师向虹口、杨树浦之敌

[1] 《陈诚私人回忆资料》，二史馆馆藏档案。

[2] 虞奇：《抗日战争简史》(上册)，(台)黎明文化事业股份有限公司1977年版，第135页。

发起了猛烈攻击。战役初期进展较为顺利。中国军队当天便夺回了八字桥、持志大学、沪江大学，以后几天又相继克复五卅公墓、爱国女校、日本海军操场等地。17日又克复日海军俱乐部，冲入日本坟山，但由于日军核心阵地经过长时间经营，工事异常坚固，而中国军队缺乏重型武器不能将其一举摧毁，中国士兵虽猛烈进攻，但死伤惨重而终不能克，仅八字桥法学院一处便牺牲一营之众。日军守兵依据坚固工事及海军火力掩护，死守待援，战事顿呈胶着状态。

8月底，中方援军第三十六师加入第八十七、八十八两师之间，会同向汇山码头发起总攻，并一度冲入码头。但因进展过快后援难继，又遭敌海军炮火轰击，伤亡二千余人并失去联络，混战之后于22日被迫撤回原阵地。这次攻击的失败使整个战役失去了完成原定任务的可能。23日，日本援军抵达上海，在吴淞、狮子林、川沙口等处强行登陆，攻击中国军队之侧翼，造成直接威胁。中方前线指挥部遂被迫决定停止正面攻击转而分兵对付侧面的敌援军部队。

自8月上旬至9月中旬，淞沪战场中国部队及其陆续开到之大批后援部队总计约70万人，在地域狭窄、水网密布的淞沪三角地带与不断登陆的日军展开了一场空前激烈的搏斗。虽然中国军队在付出巨大牺牲之后一度收复罗店、宝山，并击退进攻之敌，但装备精良的日本军队在强大海空火力支持下不断登陆，守军粮弹兵源供给不上，逐渐陷入被动。守卫宝山的九十八师五八三团第三营在姚子青营长带领下与数倍于我方的日军殊死搏斗，日军久攻不克，竟向城内发射大量硫黄弹引发大火，姚营长发电给师部表示“誓本与敌皆亡之旨，固守城垣，一息尚存，奋斗到底”。最后全营将士在巷战中全部殉国，宝山陷落。其他如狮子林等地也发生过如此般壮烈的战斗。由于中国官兵的顽强抵抗，日军两个师团陷入上海苦战中，伤亡4000余人而不得推进兵力。

8月底，日军上海派遣军司令部及第三舰队司令官，不得不再次急电东京求援。9 月 6 日，日本“决定增派第九、第十三、第一〇一师团及台湾守备队（重藤支队）到上海”,[1] 同时华北日军亦奉令抽调步兵 10 个大队及炮兵、工兵等赴上海增援。日方不惜代价投入陆海空重兵，准备突破中方淞沪防线占领上海，而我方守军持久鏖战损失过大，“每小时死伤辄以千计”，军力逐渐不济，这样整个淞沪战局开始发生不利于我的变化。

9 月 17 日，淞沪战场中国军队全线撤至北站、江湾、庙行、曹王庙、罗店西南双草墩一线，分为左、中、右 3 个作战军，作韧强之抵抗。日军后续部队不断增援，中国守军与敌人反复肉搏，许多阵地失而复得数次，阵地上最后每连守军只剩下数人，双方牺牲惨重。月底，随着七十七师万桥阵地被日军突破，左翼军各部被迫后撤第二线阵地。

10 月 1 日，日本内阁首相召集外、陆、海各相会议，制定了《处理中国事变纲要》，决定进一步扩大侵华战争，“使中国迅速丧失战斗意志，应采取适当手段使用兵力占据要地”。[2] 上海日本派遣军随即改变部署，以中央突破战术攻陷大场，进攻南翔。中国守军第七十七、五十九、九十、六十七各师久战疲惫，后撤休整。第三战区下令新增援之四十八军、六十六军、九十八师等部重新组织攻击，但因正面日军兵力及火力已得到充足补充，这次总攻付出重大代价而不能奏效。10 月 21 日，中国军队全线停止进攻而转入防御态势。第八十八师五二四团一营官兵在副团长谢晋元带领下坚守闸北四行仓库，孤军作战，使敌人不得前进，立下了卓著战功。

10 月底，日军统帅部为了改变目前困难状况，迅速解决上海战事，决定再次向淞沪战场派兵，从华北抽调第六、第八、第一一四师团等

[1] 日本防卫厅战史室：《中国事变陆军作战史》第一卷第二分册，中华书局 1981 年版，第 28 页。

[2] 日本防卫厅战史室：《中国事变陆军作战史》第一卷第二分册，中华书局 1981 年版，第 56 页。

部，组织第十军，南输杭州湾北部登陆，以协助上海派遣军，实现预期作战目的。以后又加入第十六师团，使淞沪战场日军全部兵力达两个军9个师团，这个数目已比华北战场日军全部兵力还多了2个师团。从这点来看，上海战局的发展已实现了中方“引敌南下”的战略意图，但就实际战况而言，日军的压力已超过了中方所能承受的限度，特别是日军分兵从杭州湾绕袭登陆，轻易击溃了中国少数地方武装的阻击，深入中方主力背后，导致上海战局发生关键逆转。

日军参谋本部于7日下令将上海派遣军及第十军合组成华中方面军，以松井石根大将为司令官，令其以“挫伤敌之战斗意志、获得结束战局的机会为目的，与海军协同消灭上海附近的敌人”[1]。此时日军已从前后两面对中方形成夹击包抄之势，沪杭铁路已被切断，中国军队面临被围歼灭之危险。8日晚，中国统帅部决定上海守军全线向吴福国防线转移。蒋介石在当日电话中要顾祝同等前线指挥官“想尽一切办法联络前线部队，制止混乱，派得力部队掩护狙击，其余要按计划撤”。他并亲自电催汉口、广州星夜调兵赴援。[2]但是由于战局变化太快，中方撤退令下达过迟，“部队已陷于极度紊乱状态，各级司令部已很难掌握其部队了”。[3]已奉命和未奉命的部队一起后撤，上级又无路线指示，公路上挤满了各部人马，在日军轰炸追击之下，已形成一溃千里之败局，情形极度混乱。11日，上海沦陷。

旷日持久付出重大牺牲的八一三淞沪战役终以“赶敌而未下海”的结果而告结束了。

从八一三战役的发生背景、发动经过、战役发展及其对抗战正面战

[1] 日本防卫厅战史室：《中国事变陆军作战史》第一卷第二分册，中华书局1981年版，第94页。

[2] 王正元：《为蒋介石接电话12年见闻》，载《江苏文史资料》第76辑，第5页。

[3] 张发奎：《八一三淞沪战役回忆》，载（台）《传记文学》第60期。

20世纪30年代上海苏州河

场全局的影响等方面综合分析，我们可以知道以下几点：

第一，八一三战役是中国发动的。中方在开战时处于主动地位，这完全可从中方的作战准备、战略计划以及日方参战经过诸种事实中得到证实。八一三战役的结果，在战争中给予来犯之日军以迎头痛击，大量杀伤了日军，粉碎了日方“速战速决”的美梦，迫使其在上海战场动用了主力军，同时亦为我国沿海工业内迁及政府机构转移赢得了宝贵的时间，极大鼓舞了全国人民的抗战热情，在战略上使日本对华战争陷入持久作战。这正是八一三战役的实际作用及最大意义所在。战役最后，中方没有达到预期的目的，反由主动变为被动，其中原因是多方面的。从宏观角度来看，当时中国的综合国力与军力都比不过日方，暂时的局部的失败在所难免。从具体战役指挥上看，中国方面在如此狭窄的江南水网地带投入 70 万重兵与强大的敌人开展拼消耗的阵地战，中方作战系统叠床架屋、指挥朝令夕改，诸多原因使前线作战混乱溃败，主力战斗部队遭受了巨大的损失，使得接踵而来的南京保卫战很快归于失败，甚至对整个抗战初期正面战场都产生了不利影响。这不能不视为一个重大的失误。

第二，虽然日方战前在上海没有大战准备，甚至没有派遣陆军，但在开战后随着战事扩大而倾全力增援，上海方面逐步成为其“主战场”。由于不断“扩大作战”的需要，日军从本土、台湾地区、朝鲜、中国东北抽调了大批陆军参战，甚至从华北战场抽出了主力部队。日本政府初期规定的“十月底前结束战事”的时限及“不得越过苏州—嘉兴线以东”的地限也随之废除了，最后日军由此直趋南京。由此可见，上海战役的结果是日方从中方手中夺取了战争主动权，变得更为主动。日本占领上海之后，“十里洋场”便成为他们侵华谋略的大本营。

第三，对于日本方面来说，八一三战役的起因与结果刺激了日本军阀，使日本政府内阁与军部跟随其上海派遣军、第三舰队乃至其华中方面军的行动而树立了决心，要彻底打垮中国政府。日本政府的决策也相应地由“在上海附近以击退敌人胜利结束战局”升级为“放弃不扩大方针”，最后成为“不以国民政府为对手”。后来在军事手段难以在短期内奏效的情况下，便改为“以华治华”的政治手段，诱使汪精卫集团出逃，组建了伪政权，并产生了76号汉奸特务机构，直接为其侵华战争服务。在这其中，八一三战役及其因此在上海所造成的“孤岛”式政治军事格局的客观作用是显而易见的，它也是76号汉奸特务机构能够产生于此并横行于此的一方原因。

第二节　八一三战役前后中日特工战

谈到中日在隐蔽战线上的较量，首先我们必须谈到国民党的特务组织。

抗战爆发前，国民党的特务组织基本上为以戴笠为首的复兴社“特务处”及以徐恩曾为首的国民党中央党员调查科两大集团势力，并曾一起挂名在陈立夫统一领导之下，当时还有另一没有发达起来的特务组织，其头目为丁默邨。

与76号大战上海滩的重庆军统局负责人戴笠

1932年，以陈立夫为首的所谓“军委会调统局”组织，其基本构成主要是未来“中统局”的班底而不是“军统局”的前身。其内辖有三个处室，以徐恩曾为特务一处处长（CC派、党统特务、中统前身），戴笠为特务二处处长（复兴社特务系统、挂名依靠，实则独立，军统前身），丁默邨为第三处处长，后由金斌继任，掌管通讯密码、汇报安排事宜。这三个处的安排，虽非刻意设计，却无意中奠定了后来中统局、军统局与76号国民党特务“三驾马车”的格局。

抗战军兴，第二次国共合作开始，随着国民政府走上抗日之路，其党政机构设置与功能也进行了大幅调整，以适应对外战争的需要。1938年，在陈立夫掌握下的“军委会调统局”实行改组，其第一处移归中央党部，改组为“中国国民党中央调查统计局”（简称中统局），第二处升格为军统局，维持原名“军事委员会调查统计局”不变。据陈立夫回忆说：“后来约在民国二十四年，蒋公要我主持一个‘调统会报’，属于军事方面的，由陈空如先生协助我。遂正式派徐恩曾为该会报之第一组主任（注重共党在社会之活动），戴笠为第二组主任（注重共党在军事方面之活动），并派丁默邨为第三组主任（掌理会报方面之总务事宜）。这一个组织，一直到蒋公要我担任教育部部长那天（二十七年正月），我才辞去会报工作，去担任教育部的工作，因此‘调统会报’亦取消了。

其第一组改称中央党部调查统计局，局长由朱家骅担任，徐恩曾副之；第二组改称军事委员会调查统计局，局长由贺耀组担任，戴笠副之；第三组取消了，后来丁默邨就跟随汪精卫去担任伪政府的调统工作，对于一、二两处在沦陷区的工作，不无受了打击。”[1]76号特务组织最早就源于这个被取消了的第三处。

抗战开始后，国民党特务机构也由单一的对内镇压功能转变为对外对内两线作战。中统与军统也迫于形势，开始了对日本及其在华扶植的各个伪政权的情报与特工战。这是“两统”历史上的一次大转变，也为其在抗日旗号下的大发展与大扩张创造了条件，特别是军统组织，因在抗战军事方面担负更多的责任，极受蒋介石的器重，组织得以急剧膨胀，用他们自己人的话来说就是“国难当头，大交鸿运”[2]。

客观上说，作为国民党特务机构首领之一的戴笠，对于发动抗战的观点是有着比较明确的认识的。他曾回忆说：“记得民国二十六年7月7日晚上，我由牯岭到海会寺，7月8日早晨，宋哲元报告卢沟桥发生事变的电报已到，这天正是庐山训练团第一期举行毕业典礼，第二期举行开学典礼，各方面来参加典礼的人很多，会前大家都纷纷讨论这件事。我说，我们这一次一定要打仗了。有几位先生说：‘怎么能够打呢？’我说：‘自从九一八以来我们签订了淞沪协定、塘沽协定。日本帝国主义者没有一天不得寸进尺，步步紧逼，我们忍辱负重，以至到今天。如果这次再不打，试想，一般民众对于领袖会作何感想，我们又有什么方法可以避免亡国的惨祸？’他们又问我用什么去打？我说：‘我们中国有两个不亡的道理，一个是置之死地而后生，一个是哀兵必胜。

[1] 王禹廷专访陈立夫先生《中国调统机构之创始及其经过》，载徐恩曾等著：《细说中统军统》，（台）传记文学出版社1992年版，第9页。

[2] 沈醉：《我所知道的戴笠》，载全国政协文史委《文史资料选辑》第22辑，第20页。

这在中国五千年历史文化上，可以证明。否则，猪吃饱了等人家过年，是绝对等不到自由平等的。’”[1] 由此而论，在抗战初期，对于抵抗日本的侵略，戴笠的态度与国民党的态度是一致的。

戴笠与蒋介石

但在实际的作战中，开始阶段，因“两统”组织从未准备对日作战所需的军事情报工作，对日本的情报特工手法也不熟悉，缺乏基本的训练与应付准备，一时间竟陷于被动应付的地步。在正面战场进入相持阶段后，因为汪精卫的叛逃和汪伪政权的出场，鉴于汪集团与蒋介石政权脱不开的关系，日汪的合作给戴笠制造了许多施展拳脚的机会，才使其工作有了明显的进展。与此同时，“两统”组织一刻也没有放弃过反共与镇压人民的职能，只不过在对外反侵略战争严峻的形势和全国人民团结抗日的大氛围下，他们不得不有所收敛而已。

七七事变发生时，戴笠正在庐山侍从蒋介石，他急忙命令北方平津地区各处特务站点，火速开展侦察与破坏工作，主要是为蒋介石搜集提供各方面最新的情报信息，并开展局部的小规模军事行动，以刺杀汉奸要人，配合军队作战。

在戴笠的催促下，军统局天津站站长陈恭澍，1937 年 8 月联络陈维藩和史岳山等部 2000 多人，有枪支 700 多支，组成了一支便衣队，协助正规军对日作战。陈恭澍将情况上报戴笠后，戴笠对陈组织军统辖下部队一事高兴异常，而且对其将来的敌后游击工作作了详尽指

[1] 申元：《江山戴笠》，中国文史出版社 1991 年版，第 93 页。

示，重申此事意义重大，希望看到“真实动作之表现”，并将之归入军统刚组建的重要武装“忠义救国军”，称之为“华北忠义救国军”，以后奉军委会编定称为“滦榆游击总司令部”，[1] 所部在天津附近进行敌后活动。数月间，他们拆毁了丰台车站路轨，颠覆日本军列，袭击了伪“清安军”。

滦榆游击队后来被并入“忠义救国军北方支队”，日军曾对其总部进行一次大举进攻，想一举歼灭之，双方开展了激烈战斗，滦榆游击队损失惨重元气大伤，被迫分散转移，最后，这支部队在与中共八路军的摩擦中被缴械。[2]

侦破黄浚间谍案

“八一三”淞沪战役打响后，战争逼近国民党的统治中心，戴笠的特务处组织也及时投入了淞沪对日作战。

战役开始后，英国驻华大使寇尔乘坐专车，从南京到上海。当他在宁沪公路上行驶时，空中突然传来飞机声，紧接着，两架日机毫不理睬汽车上的英国国旗标志，向下俯冲射击。寇尔吃惊之余，连忙加速，想找个地方隐蔽起来。谁知那两架日机紧追不放，连续投弹，终于将专车炸翻，寇尔也身负重伤，被送进了医院。

中立国大使遭袭，顿时震惊中外。英国政府向日本提出外交抗议，日本方面却称寇尔汽车上的英国国旗太小，飞行员无法辨认以致误伤云云。不过，最感震惊的却是蒋介石，原来他因上海战事吃紧，准备亲赴沪上视察，为沿途安全起见，副总参谋长白崇禧建议他搭乘英国驻华大

---

[1] 陈恭澍：《英雄无名》第二部《河内汪案始末》，载（台）传记文学丛刊，1983年5月版，第17页。

[2] 据陈恭澍《英雄无名》第二部《河内汪案始末》及乔家才《抗日情报战》（五）等综合资料。

使的专车去上海，蒋当场表示首肯。这一机密决定，只有在场的高级将领与机要人员知晓。第二天，蒋介石因故改变了计划，不料竟侥幸逃脱此劫。分明是日军预先探得情报，专为刺蒋而来。蒋介石因此大为震怒，严令警特机关在一月之内侦破此案。

当时，首都警备司令部内有一“外事组”，专门从事对日的反间谍工作。在逐一分析了知情的少数几个人后，外事组不由得联想到不久前发生的江阴要塞泄密案，再加上内线从日本大使馆获得的蛛丝马迹，渐渐将疑点集中到了行政院机要秘书黄浚身上。

1937 年 8 月 5 日，蒋介石在军委会召开最高军事会议，决定要打破我方在中日战争中的被动局面，调集部队在上海开战，以歼灭日军部署在上海的陆战队，保护首都的安全。为歼灭日本在华的海军军舰，决定立即封锁长江下游江阴要塞的江面，以便截获当时在长江上游南京、九江、武汉、宜昌直至重庆各港口的日方军舰与商船。这一重大的国防机密，除与会的蒋介石、汪精卫等军委会最高军事长官及担任记录的机要秘书黄浚外，无人知晓。然而，就在这一命令刚刚下达到各部队，在封锁江阴要塞的军事行动即将实施之前，长江中、上游的日本军舰、商船共 20 多艘，忽然在 8 月 6 日至 7 日极短时间内全部加速下驶，奋力冲过江阴江面；重庆、武汉、南京一带的日本侨民也都中止了一切活动，即时疏散。待中国海军舰艇奉命到江阴江面拦截时，仅阻截了两艘日本商船，中方封锁江阴要塞江面的军事计划就这样失败了。这一切都表明，日方已事先得到了警报。

8 月底的一天，蒋介石正在中央军校举行的“总理纪念周”上对师生进行精神训话。突然，总值日官向大会宣布：发现两名嫌疑人员混入军校，军警正在搜查，望大家提高警惕。经过一番搜查，两名嫌疑人员被发现，但他们已在慌乱中趁机乘行政院的一辆专车逃走了。经清查校门口的登记车辆表，发现那辆专车的主人竟是黄浚。事后方知，原来那两个嫌疑人是日本特工，他们混进军校的目的是伺机刺杀蒋介石。

透过这两件大案，外事组认定黄浚有重大嫌疑。负责人丁某立即布置人员对黄浚进行严密的跟踪侦察。

原来，黄浚早年留学日本，以其文才受到行政院院长汪精卫的赏识，被任命为行政院机要秘书。其子黄晟，刚从日本留学回国，也在外交部任职。由于父子两人生活奢侈，工薪入不敷出，为金钱享乐而被日本特务机关收买。

当时日本著名的女间谍南造云子潜入南京，以女色将黄浚父子拉下水，将其发展为日本间谍。父子俩不断靠出卖军事情报，换取大量钱财，而且还拉拢了好几个人，其中便有黄浚的汽车司机王某，专门负责递送情报。外事组在监视黄浚公馆时，又做通了黄府丫头莲花的工作，她为外事组提供了许多有价值的消息。原来，王某每次都是在新街口“国际咖啡馆”内与日本使馆的管理员小河接头，双方用交换同样礼帽的方法来交接情报。

外事组决定对这个间谍组采取行动。

一天下午，日本人小河又骑着自行车去新街口，突然被一骑快车的人重重刮倒在地，那顶灰色礼帽被甩落十多米远。两人正在争吵，交警走上前来将“肇事者”连人带车押往警察局，几个看热闹的“市民”则扶起小河，不由分说将他送往医院。与此同时，一位侦查人员拾起那顶礼帽，一查，果然在帽子夹层中发现了密藏的日方给黄浚的指示信。这位侦查人员便将信收好，再将早已准备好的一张假信换进去，其内容是指示黄浚于次日夜晚 11 点后约齐所有的“有功人员”在黄家聚会，届时日使馆将前往颁发巨奖，并作重要指示云云。随后，那位侦查员戴上小河这顶礼帽，来到国际咖啡馆，将礼帽挂在老地方，坐下喝咖啡。不久，王某也来了，将他那顶礼帽挂在小河礼帽旁边。侦查员喝完咖啡，戴上王的礼帽扬长而去。当晚，在礼帽夹层中，发现了黄浚提供给日方的最新情报。

次日下午，外事组接到莲花报告：黄浚昨晚接到司机带回的礼帽后，精神特别兴奋。

当晚 11 点多，黄公馆已被侦查人员严密包围。监视人员发现，莲花所提供的多名汉奸嫌疑人都已陆续进入黄府，又见莲花在黄公馆楼上卧室中发出灯光信号，便开始收网行动。他们先以邮差送电报为由骗开大门，随后蜂拥而入，将汉奸悉数逮捕，但莲花却被黄浚发现枪杀。

在南京沦陷前夕，黄浚父子由蒋介石下令处以死刑，本案其他汉奸也被惩办。[1]

破获南造云子间谍案

说到黄浚父子间谍案，就有必要再说一下在抗战前后与川岛芳子齐名的日本女间谍南造云子。

南造云子 1909 年出生于上海的一个日本家庭，从小就深受其父的军国主义思想浸染，13 岁被送到日本一所特工学校，拜日本大特务土肥原贤二为师，除学习文化，中、英语言等外，还学习了射击、爆破、化装、投毒等专门技术。1926 年，南造云子 17 岁时，被派到中国大连从事间谍活动。因工作成绩“出色”，在日本特务中有“帝国之花”的美称。

1929 年她从大连调到南京，化名廖雅权，以失学学生身份为掩护，打入国民党国防部的招待所——汤山镇温泉招待所做招待员，进行间谍活动。当时汤山温泉招待所是国民党中央国际部所建，许多秘密军政会议常在此举行。日本特务机关早就盯上了这里。

南造云子长得娇俏动人，能歌善舞，很有交际手腕。她利用美色勾引中国军官和政要，据说孙科、孔祥熙等人都与她有过交往，因此窃取

[1] 转引赵子云：《南京日谍案》，载《文史月刊》2003 年第 10 期。

了许多中方的重要军事情报，其中就有吴淞口要塞司令部呈国防部扩建炮台军事设施的报告，包括炮位的设置、炮兵分布情况、秘密地道的图纸、70余座明碉暗堡的分布位置等重要军事机密。

中日战争爆发后，1937年7月中旬，为了配合日军攻打南京，南造云子化装成中国银行的职员，混在难民中秘密潜入南京。她利用各种关系，将国民政府行政院主任秘书黄浚及其子外交部副科长黄晟发展为间谍。8月5日，黄浚利用担任会议记录之便，把最高国防会议决定堵塞长江江阴航道、围歼上中游日海军陆战队及日本舰船的作战计划密告南造云子，由日本大使馆武官中村少将密电报告给了东京。结果，日本抢先一步，于8月6日、7日两天把部队和舰船、侨民撤往长江口。此外，南造云子还与黄浚合谋了在中央军校纪念周和京沪公路上的两次谋刺蒋介石行动，但都未成功。蒋介石严令首都警备司令部限期破案，结果黄浚父子及南造云子等中日特务都被成功抓获。黄浚父子对其罪行供认不讳，经军事法庭审判，以卖国罪被判处死刑，公开处决；南造云子被判无期徒刑；其他特务皆判有期徒刑。

本来，按照国际惯例，战时抓到敌方间谍，即可处死。国民政府当局为了牵制日方，未判南造云子死罪。黄浚父子被处决后，南造云子被关押在南京老虎桥中央监狱。几个月后，日军进攻南京，南造云子凭借过去的一套手腕，色威并施，征服了看守，在日特的帮助下逃出了监狱。因身份已经暴露，不能再前往中国内地，她便潜往上海继续进行活动。

南造云子担任了上海日军特务机关特一课课长，经常进入英法租界区，抓捕过一批抗日志士，还摧毁了军统留下的多个联络点，诱捕了几十名军统特工人员。她还参与扶植了以丁默邨、李士群为首的76号汪伪特工总部组织，给中国的抗战制造了很大的麻烦。

国民政府情报部门对她恨之入骨，多次策划暗杀行动，都因她太过狡猾而未得手。戴笠不甘心，又着手实施了一个代号“眼镜蛇”的行动。

1942年4月某晚，南造云子单独驾车外出活动，被军统特工发现，迅即秘密跟踪。在法租界霞飞路(今上海淮海中路)的百乐门咖啡厅附近，当身穿中式旗袍的南造云子下车走向店门之际，3名军统特工齐上前去，乱枪齐发，南造云子身中多弹，当即倒在台阶上，行刺者趁机逃走。南造云子在被日本宪兵送往医院途中死去，卒年33岁。这朵“帝国之花”终于得到了应得的下场。[1]

“八一三”战场上的情报防谍工作

“八一三”淞沪抗日战役打响后，战地上经常出现由日本豢养的汉奸暴露我炮兵阵地及高级司令部地址供敌机轰炸的事件，如何防谍已成为当时上海战场混乱状况下的一大问题。戴笠奉命以特制谍，多次调人赴沪担任临时情报及防谍工作人员。由招商局护航总队长喻耀离领400人组成巡查大队，在京沪警备司令部指挥下专门侦捕汉奸，保护通讯线路与桥梁，并任防空监视、引导部队、救护伤兵与疏散民众等工作。宪兵司令部政训处处长张炎元亦由宁至沪，任京沪警备司令部联络参谋，负责战地之联络沟通。

在战备物资运输方面，除抢运护送我方军备外，还要破坏敌方的军运。戴笠下令喻耀离、王兆槐和许建业等，将存在浦东仓库内的我方物资及油料尽可能地抢运到沪西。8月16日，喻、王、许联同沈醉、陈步云等10余人，带领士兵数10人、码头工人500人，向招商局借船3艘开始了行动，并向我浦东炮兵团争取到掩护，经过努力抢运物资成功，烧毁了来不及运走的汽油，同时还破坏了日本在沪的三井、三菱等公司的仓库。

但是，由于戴笠的组织在战前只顾埋头于反共与内战，根本未想到

[1] 资料来源：http：//blog.sina.com.cn/u/1241547503。又见建军、方杰：《大殉国——国民党海军抗日纪实》，沈阳出版社1994年版。

有朝一日要对日本作战，因此极端缺乏对日作战的准备。其上海站对日方的情报搜集很少，作为特务处虹口行动组负责人的沈醉，在日本方面仅潜伏了一名小特务，主要还靠几个为日本服务的汉奸作为双料特务，从日本人布置给他们的任务中去揣摩日方的意图，获取情报。开战后，沈醉曾当面请示戴笠，过去以抓“汉奸”名义捕来的十余名共产党嫌疑如何处理？今后还要不要再反共？戴笠回答说：“现在的工作不应该仅限于抓共产党分子了，但这项工作也不能全部放弃。”[1] 这一回答，表现了他们当时对抗日与反共关系的真实态度。

“八一三”战役打响后，难民们如潮水般涌入租界，戴笠意识到他的对日情报工作的糟糕，他立即派出特务，携带电台向虹口、闸北等地进发，想做亡羊补牢之举。但日本人很快便发现了这些逆人流而动的特殊人员，沈醉的虹口组 8 名人员在几周内便被日本人陆续发现，不得不逃走。“而且在很长一段时间里，整个虹口区没有一个特务处的特务。”[2] 如此，国民党特务们“内战内行，外战外行”的本质暴露无遗。

智斗日谍南本实隆

在“八一三”淞沪战役期间，为了配合日军刺探中国战略情报与军事部署，日本华北特务机关长松室孝良派其助手南本实隆少将来到上海，欲刺探我方情报。戴笠奉蒋介石命来到上海密谋对付之策。他招来特务处上海办事处处长文强，交给手枪及爆炸力很强的达姆子弹，准备干掉南本。

南本来沪后，找到其日本士官学校的同学、戴笠手下的苏浙行动委员会别动队参谋长杨振华进行策反。杨出于爱国心，向戴笠作了报告。戴笠决定将计就计，他要杨振华向南本推荐文强，将他伪装成军事委员

[1] 沈醉：《军统内幕》，中国文史资料出版社 1985 年版，第 82 页。

[2] （美）魏斐德：《间谍王——戴笠与中国特工》，团结出版社 2004 年版，第 236 页。

会高级参谋李文范少将，冒充辛亥元老李烈钧之侄，在约定的静安寺路100弄10号见面。在戴笠的"你要深思初次见面的对话，使之百分之百地相信你"的要求下，文强沉着应付了南本的考察，并带回了日人所给的"见面礼"——一大捆盖有中央银行戳记的钞票。戴笠焦急地等到文强回来，却对他带回来的一堆钞票充满怀疑，以为可能是炸弹，他责怪文强无警惕。在经过几次检验后，才放下心来。同时，戴笠又萌发了诈取日本人的钱财来补充特务活动经费的想法，他要文强多向南本要钱："这份见面礼够大方的，这反映了他们正在饥不择食，我们机不可失。"

在以后的见面中，南本向文强提出了4个问题，要他提供情报：中国统帅部对抗战的决心如何？对日作战的动员与兵力配备情况？依靠九国公约制裁日本是否宋子文的提议？以及中方对德国大使调停中日战争的态度。日方还增加了宪兵大佐森正一、日军报道部长大川野博等人参加会见，他们又对宋子文的行踪感兴趣，想找机会干掉这个亲英美的抗战派，提出让文强雇人刺宋，日方派人协助。

文强奉命拟好了情报答案后，经戴笠修改后呈蒋介石批准，在南本面前上演了一出假戏真做，得到了日本人的信任，骗得了一大笔资金。关于刺宋，文强建议再演假戏。但戴笠怕日本人另有更大的阴谋，影响蒋宋安全，不予批准。戴笠打算多多益善，继续向南本骗钱，补充他的"淞沪行动总队"的军费，未能及时对南本下手。文强先后7次与南本会见，共计骗取了他给的46万元现款，其余300多万元为日本正金银行的支票，无法全部提取。最后，戴笠决定让文强以宴请名义将日特集中，准备在第8次见面商量刺宋计划时干掉南本一伙，但届时他们从上午等到下午，日本人一个也没来，被他们逃脱了。后来戴笠得知是因为此时日军已在杭州湾登陆，上海战场局势已明朗，日本间谍决定不再需要刺宋和这条情报线了。[1]

---

[1] 文强：《中日高级特工八一三大较量》，载《日本特务在中国》，团结出版社1995年版，第264—284页。

居于重庆军统局与76号之间的“海上闻人”杜月笙

组建“忠义救国军”

在淞沪抗战期间，戴笠奉蒋介石之命，与“海上闻人”杜月笙及其青帮组织合作，新建了一支武装力量。其源起就从与上海各界人士合组“苏浙行动委员会”为肇始，以成立“别动队”为标志，其任务是担任对敌后方的破坏工作。

“苏浙行动委员会”是一个为广泛发动各界力量投入抗日而成立的组织，委员有宋子文、吴铁城、俞鸿钧、杜月笙、贝祖诒、钱新之等，以戴笠为书记长，下辖有5个支队及1个特务大队，其中1—3支队是由上海军训高中生及青年组成，共10800人，由刘志陆任指挥，陆京士、张业、陶一珊等为支队长，分布于沪西、浦东与苏州河一带。另外两个支队及特务队则由戴笠的人马和“海上闻人”杜月笙手下的流氓武装组成。他们当时主要协助国民党军作战，突袭敌人。为不断扩大组织，又在青浦、淞江成立了专门的训练班，在佘山成立了教导团，轮流调训新征官兵。这支部队于1937年8月下旬到9月初正式成立，并投入了抗日战斗。

戴笠一向对建立和掌握武装部队倍感兴趣，他从自己从政的经验和交往的密友胡宗南等人及复兴社康泽成立“别动队”武装的实践来看，知道搞政治离不开武力。他对人说过：“搞政治必须有武力作后盾，否则是卖狗皮膏药，不为人所重视。”故而他对组建自己的武装一事非常主动积极，对成立“忠义救国军”这支与杜月笙合作而成的武力十分重视，特调手下亲信大将潘其武、王兆槐、周伟龙、俞作柏、余乐醒、文强、张冠夫、陈旭东等分任机要、总务、侦谍、军事、技术、调查、交通通信、宣传各组组长，并将原浙江警校书记长兼省会警察局总政治指导员汪祖华亦调来上海，担任淞江训练班副主任兼政训组长。汪赶往上海时曾到医院探视正在发烧的戴笠，戴对他说："现在抗战，要同敌人拼命，我们训练干部的目的，就是训练他们不怕死，只有不怕死三个字可以打倒敌人，可以获得胜利"。他写下"不怕死"三字送汪，汪即把它装裱挂出来作为班训。

戴笠为别动队订下的行动原则是：（1）向最危险的地方行动；（2）国军前进时先行进入以启胜利之机；国军撤退时，别动队掩护破坏，潜伏收集情报，减少撤退困难与损害；（3）只讲战果，不顾牺牲。

10 月 26 日，淞沪战役形势逆转，国民党军退往苏州河南岸，沪战进入第二阶段。戴笠的别动队第 4 支队张业部奉令由沪西至苏州河北岸，掩护我军撤退，结果支队成员在战斗中全部牺牲。

"苏浙行动委员会"为培训人员，先后开设了青浦技术训练班、松江特训班和佘山教导团三个机构，大力培训别动队各种人才，形成了后来"忠义救国军"的基础。11 月 4 日，青浦技术训练班开班，有学员 408 人。戴笠特地从南京赶来参加仪式，发表了讲话。

11 月 9 日，国民党军决定弃守上海，戴笠令别动队第 5 支队及第 2、3 支队一部固守南市，以第 5 支队长陶一珊为右翼指挥官，他们原计划在十六铺与法租界间修筑一秘密通道与敌周旋，但法方不同意，别动队只好苦守阵地 3

训练中的军统特务

日，掩护我军10万人退入法租界。第4日，戴召见陶一珊，发给特别费让他离沪去汉口，第5支队则化整为零在京沪区潜伏，第1支队在浦东游击，其余特务大队及青浦、淞江训练班、佘山教导团等共1700人，由俞作柏率领，退往安徽祁门县历口镇整训。由于战局混乱，学员们在撤退途中损失很大，青浦班撤到历口的人员仅四分之一，淞江班因遭到日军轰炸，全班500余人幸存者不满50人。该班驻守金山卫的学员大队大队长、黄埔六期生廖曙东，在撤退途中被日军包围逼入一水塘，他开枪击毙十几名敌兵后高呼："中国不亡！抗战必胜！建国必成！"在日军乱枪下牺牲。其后国民政府因其殉国壮烈，追赠其为陆军上校。[1]

沪战进入尾声，戴笠自沪赴港，针对南京无法固守之势，令第二处作妥善安排，部署长期潜伏，掩护政府大员撤退，并派徐人骥、胡子萍、郑修元、刘醒吾、尚曼留、邹履洲6人成立"随节组"，专门负责保护蒋介石的安全。

1937年底到1938年3—4月间，侵华日军占领南京后，在城内外对手无寸铁的市民和放下武器的中国士兵进行了大屠杀，在3个多月时间内共残杀了30万中国人，强奸了数以万计的中国妇女，全城三分之一的建筑被付之一炬，造成了震惊世界的"南京大屠杀"惨案。当时，戴笠特务处南京区本部早迁到了市郊六合县，并不在城内，12月初，只有副区长尚振声率少数人留在南京。在南京城陷前夕，除两名女报务员周光球、周英杰两人避入南京国际安全区外，尚振声等也跑出城了，当时中统地方组织也已不见了人影，以至国民党中央对日军制造"南京大屠杀"惨案和城内损失状况基本不知道。从迄今为止所发现的有关"南京大屠杀"的中外史料来看，我们还没发现有军统报务员的有

[1] 文强：《戴笠领导的抗日别动队和反间谍斗争》，《八一三淞沪抗战 原国民党将领抗日战争亲历记》，中国文史出版社1987年版，第78页；《浴血山河——也看国民革命军将士"亮剑"之血性和气魄比比皆是》，摘自中国黄埔军校网。

关报告，但军统大将陈恭澍在其著述中转引李雨生的记载说："二十六年十二月十二日，南京沦陷，'南京区'留守同志，则避入山西路一带'难民区'，均目睹日寇入城后之烧杀奸淫，残害我三十万军民之大暴行，震惊寰宇之暴行，亦即我中华儿女永世难忘之'南京大屠杀'。我'南京区'留守同志，乃不畏艰险，仍四出搜集堪称为佐证之资料，汇报上级据以公布于世界。"[1] 李雨生所说此事目前尚未得到确实的史料证据。

1938 年 1 月，原浦东别动队第 1 支队雷安大队，从浙江奉化撤往遂安，戴笠部属又在江山办了一期游击干部训练班，在东阳成立"浙东支队"。戴笠将这些武装统编为"苏浙行动委员会别动队教导团"，以历口为第一团，江山为第二团，戴为总团长，俞作柏为副团长，实际负责工作。

3 月 13 日，戴笠奉蒋介石电令："收容整编流散浦东及京沪、沪杭沿线之国军，期以加强敌后游击工作。"[2] 戴笠即派阮清源、鲍步超、管容德等人办理，到 4 月底已编成 5 个支队 1 个直属大队、1 个南京行动总队连同教导第 1、2 两团（后改为第 1、2 两支队），总人数达 1 万余人。1938 年 5 月间，呈准撤销"苏浙行动委员会别动队"番号，改称为"忠义救国军"，成立新指挥部于汉口，以戴笠为总指挥（后改俞作柏），徐光英为参谋长（继任者尚翌），总指挥部推进至浙江孝丰。[3]

忠义救国军的主要活动地区在苏浙皖边一带，他们在浦东、南京市郊高淳及澄锡虞等地区与日军多次作战，牵制了日伪大量兵力。发生在 1939 年 7 月 20 日的无锡璜塘之战就异常激烈，日军 400 人带 3 门小炮，向无锡以北的璜塘忠救军攻击扫荡。忠救军指挥官杨蔚以预备队包

---

[1] 陈恭澍：《英雄无名》第四部《抗战后期反间活动》，载（台）传记文学丛刊，1986 年 7 月版，第 95 页。

[2] （台）"国防部"情报局编印：《忠义救国军志》，1962 年版，第 11 页；另参见费云文：《戴雨农与忠义救国军》，载《中外杂志》第 13 卷第 6 期。

[3] （台）"国防部"情报局编行：《戴雨农先生全集》（上），1979 年版，第 73 页。

围敌军左侧背，第五支队主力包围右翼，日军顿感不支。后来日军援兵到达，激战至夜后忠救军各队即迅速脱离。此役忠救军伤亡 80 余人，共毙日军百余名。[1]

在经历了孝丰整编、进军敌后等阶段后，忠救军由周伟龙、阮清源、马志超先后担任总指挥，这支部队在东南地区敌后与日伪作战，也与中共新四军不断发生摩擦，其活动的特色完全是与戴笠及军统组织的工作特点相一致，成为军统局在敌后的武装力量。但总的来看，其性质是一支以抗日为主的队伍。

因为在敌后作战的关系，并地处后来汪伪政权统治的核心地带，忠义救国军自然成为汪伪 76 号特务机构重点打击、策反的目标，76 号对于忠救军，作为它与重庆军统局较量的一部分，上演了一出出明暗互斗之戏。

第三节　日本实行“以华制华”战略

1938 年夏，日军主力被中方战略所诱引溯长江西上，陷入与中国军队鏖战之中。

为了摆脱侵华战争所陷入的困境，日本政府决定进一步推行“以华制华”的方针，欲“建立一个新的中国中央政府”来代替蒋介石政权。1938 年 7 月 12 日，日本内阁五大臣会议议决，立即着手“起用中国第一流人物”，“酝酿建立巩固的新生政权”，并要求“利用、操纵反蒋系统的实力派，使在敌人中间建立反蒋、反共、反战的政府”。这就是汪伪政权与 76 号特务组织的催生符。

为了实现上述战略目标，日本内阁五大臣会议在 1938 年 7 月 26 日决定设立一个“对华特别委员会”，作为“专门负责以有关重大对华谋

---

[1] 张霈芝：《戴笠与抗战》，（台）“国史馆”1999 年版，第 183—184 页。

日本在华间谍头目土肥原贤二（1883—1948）

略及建立中国新中央政府的执行机关”。该委员会主要由陆军部土肥原贤二中将、海军部津田静枝中将和外务省派出陆军退伍将官坂西利八郎中将组成，以旅华二十余年的特工王、号称“中国通”的土肥原为负责人。因此，外间又称该委员会为“土肥原机关”（又称“竹机关”）。

土肥原贤二，1891 年 8 月出生于日本冈山县一个陆军少佐的家庭。1912 年 11 月陆大毕业后，被参谋本部派驻北京日本驻华公使馆，由此开始了他的特务生涯。在华期间，他曾和中国北洋军阀历届政府官员打过交道，通晓中国南北各方面情况，窃取了中方大量情报，在日本军政界博得了“中国通”之名。1931 年 8 月，他就任奉天（沈阳）特务机关长，参与策划并制造了震惊中外的九一八事变。1932 年，他又一手策划诱骗清朝末代皇帝溥仪逃往长春，建立了伪满洲国。此后，土肥原又策划制造了在华北的一系列事变。1937 年卢沟桥事变发生后，他出任日军十四师团师团长，亲自指挥侵略军作战。1938 年 6 月，他被日军大本营调回参谋本部供职，担任了“对华特别委员会”的负责人。

吴佩孚

“土肥原机关”成立后，土肥原首先着手在中国物色几个既有声望又有一定势力的政治人物，准备用来充当汉奸中央政府的头面人物。经过一番挑选与研究，最后确定了三人作为他争取的重点对象：原北洋直系军阀统帅吴佩孚、原北洋政府的国务总理靳云鹏，以及在清末民初历任要职的政客唐绍仪。其中，又对吴、唐两人抱极大希望。土肥原想在中国建立一个“北吴南唐”的中央政府，以吴佩孚管军，唐绍仪管政。因此，争取唐绍仪的工作便成为土肥原的首选。

扶植“南唐北吴”计划的破产

土肥原工作开始后，中统局立即侦察到这一计划，密报给蒋介石，并当即拟定对策，决定等待时机，对吴、靳、唐三人进行观察，只要谁与日本合作，就对其采取制裁手段，以阻止伪政权的成立。当时在天津的靳云鹏“不但不答应，反而秘密派人与蒋联系”[1]，而吴佩孚、唐绍仪对日本的诱骗态度暧昧，甚至叛向明显，“重庆方面以为，上海、北平的唐绍仪、吴佩孚先后答应了，就把唐、吴先后干掉”[2]。于是便上演了重庆特工刺杀“南唐北吴”的一幕。

唐绍仪

唐绍仪，字少川，广东香山县唐家湾人。生于1860年。14岁时，由清政府选派加入了容闳带领的幼童赴美国留学团，经中学升入到哥伦比亚大学文科。1881年学成回国。1885年后，唐绍仪长期跟随李鸿章与袁世凯，以善办洋务著称。辛亥革命后，唐绍仪充当袁世凯内阁的全权代表，参加南北和谈并出任第一任袁政府内阁总理。唐为了标榜政党内阁，加入了中国同盟会。1912年6月，他因不满袁世凯的专横，辞职赴沪从事工商活动。1917年9月孙中山在广州建立护法军政府，唐绍仪南去，担任军政府财政部部长，后

[1] 李直峰：《吴佩孚死因新说》，载上海市文史研究馆编：《上海文史》1995年第2期。

[2] 李直峰：《吴佩孚死因新说》，载上海市文史研究馆编：《上海文史》1995年第2期。

又被推为护法军政府“七总裁”之一。1919 年初，他又任南方的总代表进行了“南北和谈”。1927 年南京国民政府建立后，蒋介石聘他为高级顾问，他没有就职，反而参加了西南军阀的反蒋活动。九一八事变后，宁粤合作，唐挂名历任国民党中央监察委员、国民政府委员等职。他因对蒋介石不满，长期寓居于上海。抗战全面爆发前，蒋介石曾欲任唐为驻美大使，想利用他借美国的力量来调解中日事件。但唐绍仪向蒋介石索要数百万美金为交际费，蒋介石没有同意，转而请他直接与日本人谋和。唐绍仪答应了蒋介石的要求，从事与日本当局有关人士接洽谋和的工作，但因德国驻华大使陶德曼出面调停中日战争而作罢。上海沦陷后，唐绍仪继续留居上海法租界，没有随国民政府西撤，并继续与日本方面秘密联系。

鉴于唐绍仪在当时中国的政治地位与社会影响，重庆政府密切关注他的动向。1938 年初，蒋介石托人捎带亲笔信给唐，要他赶快离开上海赴武汉，并以国民政府外交委员会主席一职相许，但被唐拒绝。1938 年 3 月中旬，外面盛传唐将落水当汉奸，唐绍仪对此不置可否，并拒绝了广州抗日团体要他南返的呼吁和汇去的旅费。

1938 年 7 月，土肥原的“对华特别委员会”在上海虹口东体育场路七号一幢西式洋房内设立了名为“重光堂”的办事处，通过各种途径与唐绍仪联系。1938 年 9 月，土肥原亲自到上海，秘密访问了唐绍仪，双方进行了两次会谈。唐则在上海静安寺路 (今南京西路) 的华安合群保险公司大厦里开了一间办公室，据称是为了草拟关于建立汉奸中央政府的计划草案。

在会谈中，唐绍仪的女婿岑德广与日方具体商讨了“合作”问题。日方提出让唐绍仪“出任新政府首脑”，“由吴佩孚在旁予以协助，成为新中央政府骨干”，并要求“新中央政府于十月底成立”。而岑德广在会谈中就唐绍仪出山“收拾局面”、组织汉奸中央政府等问题，向日方提出了方案，包括对日方的种种保证与要求。其中最重要的一点是在其《解决东亚危机及谋求永久和平之方案》中，岑德广向日方提出，以“唐绍仪为中心”，组织统一的中央政府。还对未来的汉奸中央政府作了如下设想：拟定政府名称为“中华民国国民政府”，首都设于南京，国旗用青天白日旗，“以北京为陪都，由国民政府特派一政务高级大员常驻，以便就近处置一般事务”。关于基本国策，提出“以防共睦邻为保持东亚永久和平，并以民主政体彻底保障主权独立及领土完整，对于友邦之一切条约均继续实行”。关于军事，提出为“维持国内治安及剿灭共产党之必要”，须建立国防常备军 80 万人。除此而外，此次会谈中还对其汉奸政府的组织系统、“干部人才”的网罗、“中心机关”的活动经费、工作事项、反蒋倒蒋计划、对日关系，以及正式登台前准备发表的《和平救国宣言》提纲，都作了详细的规划。

岑德广在上海与日方的来往与秘密谈判，不久即被国民党军统上海区人员侦察到。军统潜伏在上海各地的特工由军统上海特区管辖。特区区长兼忠义救国军司令周伟龙是军统著名的“四大金刚”之一。副区长兼行动总队长赵理君是在上海滩活动多年的老特务与暗杀能手，曾一手指挥暗杀民主人士杨杏佛与史量才的行动。上海沦陷后，戴笠指示他们严密监视那些留沪的军政名人，严防他们与日本勾结，建立伪政权，唐绍仪自然成为特务们重点监视的对象。军统特务除对唐绍仪在上海法租界福开森路的住宅及其起居活动进行日夜监视外，还派情报员谢志磐到唐宅内进行侦察。

谢志磐与唐家有些亲戚关系，所以得以有机会常到唐家走动。1938 年初，他从唐家人员口中得知日本曾派一个叫拙井的专使拜望过唐绍仪，邀请唐出山维持沦陷区的行政事务，唐虽未立即答应，但此后往来不断。谢立即向上海特区作了报告，周伟龙将相关情况向戴笠反映，引起了军统的高度重视。周伟龙要谢志磐继续经常到唐家搜集情报，谢便不断将唐与日方日益加紧的勾结与秘密会谈的消息向军统报告。

蒋介石对唐绍仪背着自己与日方交往十分不满，他担心一旦唐决定下水翻脸揭出内幕对自己大为不利，便命令戴笠转告在香港的杜月笙，要其致函唐绍仪劝其离沪，但唐回信说他宁可当亡国奴也绝不会当汉奸，并云不要怀疑他和逼他太甚。杜月笙对唐如此“不给面子”也很恼火，转告戴笠说唐决不肯离沪。于是，戴笠向蒋介石汇报要求动手。

1938 年 7—8 月间，根据蒋介石的指令，戴笠命令上海特区对唐绍仪实行“制裁”。

1938 年 8 月间，军统开始部署暗杀唐绍仪的行动。但唐的住宅防卫森严，大门紧关，并有租界巡捕日夜守卫，盘查来客，还雇有多名白俄保镖警卫庭园。唐绍仪独居一室，深居简出，不易下手。军统曾拟定了两套刺杀方案，一是让谢志磐买通唐的司机，在唐出外时在马路上狙击，但因考虑马路上难民过多，狙击后暗杀者很难逃脱，方案难行；二是以谢志磐作内线，组织一批人武装冲入唐宅刺杀，又因唐家警卫多，附近的巡捕闻讯会迅速赶来，一时难保成功，如事情张扬出去，将对重庆政府不利。但他们无意中了解到的一个情况却帮了大忙。原来唐绍仪有酷爱古董的嗜好，常向上海的古董商收购一些精美的古董，军统决定利用之，定下一计。

不久，谢志磐带着特务王兴国赴唐公馆，向唐绍仪报告有一古董商带有不少名贵古物，愿意廉价出售。唐绍仪闻之大喜，双方约好古董商 9 月 30 日将文物送到唐公馆，以便鉴定与收购。赵理君设法搞到一件假宋瓷花瓶，放在一只精致的楠木盒内，权当古董。

1938 年 9 月 30 日上午 9 点，赵理君亲自出马，打扮成古董商模样，带着谢志磐与王兴国、李阿大，乘坐一辆借来的小汽车前往唐公馆。他将一把利斧放在瓶盒的夹层中，准备杀唐。

来到唐公馆后，他们在客厅入座。仆人上楼去请唐绍仪，赵理君立即按预定计划，迅速收藏了客厅各处的火柴，李阿大则将小利斧从盒中取出藏在身上。一会儿，唐绍仪由其仆人搀扶着从楼上走下来。唐先招呼仆人给来客敬烟倒茶，但仆人在客厅里四处都找不到火柴。唐绍仪便命仆人到后面储藏室里去拿。仆人走出客厅后，赵理君便请唐绍仪鉴赏文物。年迈的唐绍仪带着老花镜，低下头去细看花瓶。就在这时，李阿大转到其身后，举起利斧，对准其脑部用力劈去。唐绍仪未叫出一声，便一头栽倒在地。赵理君见刺杀成功，便指挥李阿大等出门上车，他自己走在最后。到客厅门口时，还一面抓着门把手，一面假装与里面打招呼告别。他的这一举动果然迷惑了守卫在院中的几个保镖门卫，他们不仅没有阻拦赵一行上车，还与他们招呼告别。赵理君一行上车后，迅速开出铁栅门，向马路上飞驶而去。

待唐府那个仆人回到客厅，见主人唐绍仪已倒在血泊中。保镖听到呼喊，急忙拔出手枪去追，但汽车早已不见踪影。唐绍仪被家人紧急送往附近的广慈医院，但抬上手术台时，人已断气。

法租界巡捕房接到报告后，立即赶到现场查勘。他们根据唐公馆门卫提供的小汽车车牌号线索，出动几辆装甲汽车去马路上巡查搜捕，结果在一个僻静的路口找到该车，但车内早已空无一人。他们又去拉都路谢宅抓捕谢志磐，可早已是人去楼空。几名行动人员已在军统上海区安排下，离沪赴渝。

日方对于唐绍仪的被刺，十分恼怒，却又不敢过分张扬。而重庆蒋介石政府为了遮人耳目，也装模作样地颁布了一个《国府委员唐绍仪褒扬令》，并以蒋介石个人的名义，给唐绍仪家属发去一份唁电，国民政府发给治丧费5万元。渝方还故意散布谣言说，唐绍仪是因不肯出山当汉奸而被日伪特务暗杀。这样一来，搞得社会上关于唐绍仪死因的传说莫衷一是，真相难辨。[1] 日本方面也是哑巴吃黄连，有苦说不出。

---

[1] 此节参考经盛鸿：《民国暗杀要案》，江苏古籍出版社1989年版，第312—325页。

在“关照”唐绍仪的同时，军统局对日帝想拉拢的另一位名人吴佩孚也倍加关注起来。

在中国现代历史上，吴佩孚也算是一位著名人物，这不仅因为他曾发动军阀内战、镇压“二七”工运以及抵抗广东革命军北伐，还因为他在生命的最后阶段，在沦陷后的北平与日伪头目周旋，最终忽因区区牙疾不治而亡，死得蹊跷。于是乎，人们由吴氏之暴死，联系到他生前在与日伪周旋过程中所表现出的种种姿态，得出这样一个结论：日伪逼吴佩孚“出山”充当华北汉奸头目，吴不肯，反向他们提出了不能答应的条件，结果惹恼了日方，惨遭谋杀。如此，吴佩孚便成为一个晚节坚贞的爱国者，同样受到了重庆国民政府的“褒奖”，甚至被称为“民族英雄”。然而，对于吴佩孚之死，一直存在着若干种不同的说法。

自 1938 年 8 月“土肥原机关”派出大迫通贞少将来到北平正式对吴开展“劝降”工作起，到 1939 年 12 月 4 日吴佩孚被害而亡的一年多时间里，围绕吴的“落水”问题，蒋、日、汪、吴四方之间开展了多次复杂的往返交道，但其结果不明显。吴佩孚在各方之间大放烟幕：对日汪的诱降并不明确拒绝，反而与日伪谈条件开价码；与汪精卫信函往返，自称两人“敢谓道同”[1]，但最后又因在汉奸政权中的地位争权等问题而闹翻；他对日本人提出了苛刻的要求，使其难以答应；对于重庆蒋政权大员孔祥熙等人的专使来函劝告，他采取虚与委蛇的应付态度；对中共和爱国力量的警告，他不予理睬。最后，在他的条件不能满足时，他对日本人采取了拖时间的战术，而日本特务并无耐心和他玩猫和老鼠的游戏，在限定时间到来后，吴佩孚最终突然死在了日本医生为其治疗牙疾之时。究竟是日本人杀了他，还是蒋氏特工“牵了牛”、日本人来“拔桩”，其中谜底无从可考，但从有关的材料来看，军统奉命杀吴的可

[1] 有关吴佩孚通敌内幕及其死因考证的具体内容，参见马振犊：《吴佩孚盖棺不能论定》，载《史学月刊》1997 年第 3 期，第 68 页。

能性还是有的。

除了上面的刺杀“南唐北吴”外，国民党特工为了阻止各地伪政权的成立，还对准备“落水”和已经投日的汉奸头目进行了一系列的刺杀与狙击活动，这些行动虽只能“治标”而不能“治本”，但在当时客观上起到了震慑汉奸、鼓舞抗战民心士气的作用。

伪上海特别市政府出笼

1937 年 10 月 11 日，上海沦陷，在日本侵略者占领下的“十里洋场”成为一片“歹土”，而上海租界则成为处于日本魔爪之外的“孤岛”。

鉴于上海是中国最大的城市和经济、金融中心，日本侵略者对之甚为重视，决定成立上海市伪政府来实行殖民统治。10 月间，汉奸苏锡文在日军特务的指示下由北平潜往上海，进行组织伪政权的活动。

1937 年 12 月 5 日，苏锡文在日本的支持下，在上海浦东成立了伪“大道市政府”（盗用《礼记》中“大道之行也，天下为公”名言），公署设于浦东东昌路，由苏任临时“市长”，以绘有太极图的杏黄旗为市旗。一切市政由日军特务部西村班直接控制。

是日，伪“大道政府”发布成立宣言、市长就职布告和市长启事，公布《上海市大道政府暂行组织法》，限令前市府及各局职员 7 天内报到归职，并胁迫上海各报全文披露伪政府成立消息。

随后，苏锡文照会英、美、法等国驻沪总领事馆，并致函公共租界和法租界当局，通告嗣后所有中外交涉地方事件及两租界内相关事务，“由本市长遵照条约照旧继续办理”。1937 年 12 月 5 日，《上海市大道政府暂行组织法》发布，拟定大道政府设置秘书处、特区办事处、社会局、警察局、财政局、教育局、卫生局、土地局、交通局、工务局、肃检局、地方政务总署等 12 个部门。

1938年3月28日，伪中华民国维新政府在南京成立。伪上海市大道政府改隶“维新政府”，4月28日改为督办上海市政公署，由苏锡文任督办，改悬五色旗。从4月28日到10月16日，设立了秘书处、肃检处、教育科、财政局、警察局、社会局、交通局、地政局、塘工委员会、特区办事处等机构。10月15日，公署从浦东东昌路迁到市中心区（江湾）办公，16日改组为伪上海特别市政府。[1]

第四节　上海滩除奸

针对日本在华拉拢汉奸扶植伪政权的“以华制华”战略，中国政府亦动用特工力量，进行应对反制，军统与中统有针对性地对附敌汉奸进行了镇压，上海是其工作重点区域。

刺杀傅筱庵

日军占领上海后，为了维持该市的秩序，急于寻找代理人来“以华治华”。日本军部准备在上海物色一名“有名望、有能力、在上海高层人士中有关系与影响”的人物来充当伪市长。汉奸周文瑞通过关系向日本军部推荐了他的密友傅筱庵。

傅筱庵是浙江镇海人，工头出身，善于经营。早年被盛宣怀夫人

[1] 1940年3月30日，汪伪国民政府成立，伪上海特别市政府改隶汪伪行政院直属，改悬“和平建国旗”。10月11日，傅筱庵遇刺身亡，暂由苏锡文代行伪市长职务。11月20日，汪伪政府任命陈公博以“立法院长”兼任“上海特别市市长”，后陈公博又兼任“上海保安司令”“清乡委员会上海分会主任委员”“新国民运动促进委员会上海分会主任委员”等职。1941年1月1日到5月31日，又改称“上海市政府”。1945年1月15日，由周佛海任“市长”，兼“上海警察局局长”“上海保安司令”。8月，日本投降，伪上海市政府随汪伪政权一起垮台。

收为义子，靠盛发迹于金融、矿业与交通行业，成为大资本家。20世纪20年代，他投靠军阀孙传芳，当上上海总商会会长，曾参与镇压上海工人武装起义，对抗北伐军，先后被武汉和南京国民政府通缉，曾逃避大连。1931年返沪出任中国通商银行总经理、美国钞票公司买办。这时他虽已年过花甲，但精力充沛，政治欲望极强。他与国民党有成见，受气太多，因此急欲登上政坛，一见日方派人来洽谈，马上就答应“落水”。但他也向日方提出了一些要求，如取消伪“大道市”称号，仍称上海市政府；市府要从浦东迁回市中心原市府所在地；市政府各局人事全部由他安排等。日方见大局已操于手，便全部答应之。

傅筱庵

1938年10月16日，傅筱庵正式就任伪上海市市长，以苏锡文为秘书长，日本人甲斐弥次郎为市政府顾问。是日，发布“市长就职布告”“施政方针布告”“就任市长宣言”等。

傅筱庵“落水”后，卖力地为日本侵华政策服务。他每日奔忙于上海各地，建立伪政权组织，镇压抗日爱国人士，宣扬汉奸理论。他还亲自出马与英法租界当局交涉，并亲访英国大使寇尔、美国大使詹森、法国大使戈斯麦等，要求在上海租界不得悬挂国民政府的青天白日旗，改挂伪维新政府的五色旗。当抗日爱国分子在上海开展除奸活动时，傅筱庵又奉日方指示，向租界当局施加压力，要求严厉取缔“抗日恐怖分子”，他还开出黑名单，要租界工部局照单捕人。

1939年5月，汪精卫一行投日叛逃到上海后，傅筱庵以上海伪市长的身份，忙于迎接招待，并投靠了汪伪政权。

起先，重庆当局对傅筱庵还存有一丝幻想，没计划立即制裁他。特别是当汪精卫叛逃上海后，吸引了重庆特务的目光，傅筱庵成为次要角色。1939 年 8—9 月间，戴笠亲自指派高级特务戴炳星与吴赓恕到上海筹划暗杀汪精卫。当时汪精卫住上海愚园路 1136 弄，戒备极其森严，戴、吴无从下手，就企图通过开滦煤矿公司驻上海办事处经理许天民，利用他与傅筱庵多年的私人友情，说服与策动傅筱庵参加暗杀汪精卫的工作。戴、吴的计划是，由傅筱庵设宴款待汪精卫，预伏军统人员席间对汪行刺。许天民是个有爱国心的人，接受戴、吴交代的任务后，就伺机对傅筱庵进行说服动员，说之以民族大义，晓之以个人得失，最后得到傅筱庵的佯允。事实上，傅筱庵不仅不参与刺汪，反而将军统密谋向汪精卫作了报告。1940 年 2—3 月间，汪精卫指示 76 号特工总部，分别将许天民、戴炳星与吴赓恕逮捕，其后，戴、吴被枪杀。

由于傅筱庵的叛卖，不仅刺杀汪精卫的计划遭到惨败，而且丧失了两名少将级的高级特务，戴笠十分恼怒，决定迅速刺杀傅筱庵。重庆军统局本部将暗杀傅筱庵的任务下达给了上海特区。

军统上海特区区长陈恭澍于 1939 年 8 月被派来接替周伟龙与赵理君的职务。刚到上海接任后不久，就受令暗杀傅筱庵。但傅老奸巨猾，防范极严。自从他当上伪市长后，就将府邸从法租界霞飞路搬到虹口日占区的祥德路，层层防卫，外人根本无法接近。傅每天从府邸去市政府大楼时，乘装甲轿车，前后有护卫车四辆，到办公楼后，四周又有大量警卫队保护，刺客难以下手。陈恭澍曾几次派特务对傅筱庵进行狙击，都未成功。一次，傅筱庵刚走出市政府大楼，忽然有人在暗处向他开了两枪，但非但没有打中傅筱庵，刺客却被傅的警卫击中了。这位刺客在临死前高呼 ：“打死傅筱庵！” 傅被吓得胆战心惊，从此进出更加小心，军统的暗杀行动困难更大了。

正当陈恭澍苦恼时，忽然接到属下第二行动大队报告 ：他们已在傅筱庵的府邸中找到了一条内线。原来，傅筱庵家中有位老仆人，名叫朱升，原籍安徽，世代务农。10 岁时丧父，到上海日商纱厂做童工，后因患病被厂方开除。经人介绍，他来到傅家做工。那时傅筱庵刚开始发迹，其父也健在。朱升为人朴实，做事勤快，深得傅父信任。傅父临终时，托朱升日后好好照应傅筱庵的生活，朱升当场发誓不负所托。朱升遂成为傅家两代的“义仆”。二十多年来，他忠心耿耿地执行老主人的嘱托，常年跟随傅筱庵，照应傅的饮食起居。1927 年，傅筱庵被南京国民政府通缉时，逃往大连避居，朱升也随往侍候 3 年，越发得到傅筱庵的信任，其受信任的程度在傅宅中超过任何人。

但朱升却是个有民族正义感的人，他多次劝说傅辞去伪市长职务，退而经商以免遭国人唾骂，但傅总是不听。朱升进退两难，心情郁闷，又性嗜酒，故常到傅家附近的一家酒店饮酒。没想到该酒店乃是军统上海特区的人员为监视傅宅而开设，酒店店主与跑堂的军统人员每见朱升来店，就分外热情接待，美酒佳肴，天南海北地畅谈。在酒酣耳热中，朱升流露出了对主人投日的愤慨，军统特务就因势利导，趁机进言，他们叫朱升再次劝傅筱庵迅速改邪归正，若傅仍不听从，则应大义灭亲，伺机杀傅，为中国除一巨奸，做一个民族英雄留名青史。朱升听了大为触动，答应回去再次劝说傅筱庵速辞伪市长职。但傅仍是不听，朱遂起了杀机。他与军统人员密商暗杀傅筱庵的行动计划。因朱升不会使用手枪，且枪声会惊动府内警卫保镖，不能逃脱，遂决定用菜刀趁傅睡熟时将其砍死。届时军统人员将在傅府外接应朱升逃走。朱升向军统提出，事成后给其 5 万元奖金，让其养老，军统方立即答应了。

1940 年 10 月 10 日深夜 3 点，傅筱庵回到府中，朱升特地端了一碗银耳汤给傅，见傅未吃，就侍候傅睡下。等到夜深人静时，朱升携一把锋利菜刀悄悄进入傅筱庵卧室，借着外面透进来的灯光，举起菜刀，对准傅的喉管、脑壳、面部连砍数刀。傅筱庵被砍得血肉模糊，头部几乎脱落，未哼一声就死去了。朱升将菜刀留在傅的头上，迅速走出傅卧室，关上房门，然后拎了一只菜篮，推上一辆自行车，从容地从傅家后门走出，疾驰而去。他在军统人员的安排下，先藏匿于法租界，后又逃往重庆，开了一爿小型手工卷烟工场营生。

傅筱庵被杀后，日军在傅府四周街道戒严搜查了一整天，却一无所获。傅筱庵被砍下的脑袋由日本军医用针缝到尸体上，再缠以白布，放到棺木中安葬。傅筱庵的儿子被此事惊吓得精神失常。11 日凌晨 5 点，即傅筱庵被暗杀后 2 小时，76 号头目李士群就将这惊人消息用电话报告给南京伪府，汪伪行政院副院长周佛海在当天日记中这样记载道："五时为电话惊醒，士群报告上海市长傅筱庵为其跟随十余年之仆从用刀刺死。人心难测。为之寒心……"[1]

暗杀张啸林

20 世纪 20 年代，张啸林是与黄金荣、杜月笙齐名的上海青洪帮大亨之一。南京政府建立后，这三人为了维护自己在上海滩的势力与地位，投靠国民党政权，还同国民党的政客军阀王柏龄、陈希曾、杨虎、陈群等人结为拜把兄弟，势力进一步膨胀。他们用搜刮诈骗来的巨资投资银行及工商企业，由大流氓一变而为企业家与银行家。上海法租界当局还任命张啸林为法租界纳税华人会会长。国民政府的大员孔祥熙、宋子文等人来沪时，也常常来拜会他。这时的张啸林进入了他一生的鼎盛时期。

但青洪帮内部也有争斗与矛盾。张啸林出身社会底层，粗野无文，为人鄙吝，而比他年轻、资历浅的杜月笙，由于手腕灵活，善于笼络人心，因而在圈内威望与权势日增，张啸林的一些门徒也纷纷改换门庭，弃张投杜，这使张啸林十分难堪与恼火。杜月笙还得到了蒋介石更多的重视与支持，势力与地位渐渐地超过黄金荣与张啸林，使张啸林更是忌妒。30 年代

[1] 蔡德金编注：《周佛海日记》(上)，中国社会科学出版社 1986 年版，第 389 页。

以后，张啸林的势力与地位逐渐下降，这造成他与杜月笙及蒋介石政权间的矛盾与嫌隙日益加深。

张啸林

1937年抗战爆发，上海沦陷前，蒋介石曾指示杜月笙邀黄金荣与张啸林一同西撤。黄金荣以年老多病、不问外事为由，决定不走。而张啸林早就与蒋介石政权关系疏远，这时更以为黄金荣年老，杜月笙离开，正是他独霸上海滩的好机会。因此，他拒绝了杜月笙的邀请，仍留在上海，并伺机与日本人联系。日本特务机关早看上了张啸林。还在淞沪激战开始时，张啸林正在浙江莫干山避暑，日本特务机关就派人潜往莫干山与张密谈，邀张出山当汉奸。

上海沦陷后，张即返上海，开始了他的汉奸活动。根据日本特务机关的指示，他率领众徒组织“新亚和平促进会”，让其亲家俞叶封主持，自己做后台老板，分派徒子徒孙到四乡为日军收购与供应急需的大米、棉花与煤炭等军用物资，为日本侵略效劳。在日方的支持下，张啸林的生意越做越大，大发国难财，给中国的抗日事业带来了巨大的危害。日本人很满意张啸林的效忠行动，1939年底，日伪策划建立伪浙江省政府时，准备让张啸林出任伪省政府主席。

张啸林的投日引起了重庆国民政府与在香港的杜月笙的极大不安。他的活动与其能量会给重庆在上海英法租界内的最后据点造成致命的打击，同时，杜月笙也害怕张啸林在上海的再起会使他有朝一日重返上海时，无立足之地。因此，蒋介石下令戴笠的军统组织尽快设法暗杀张啸林。

杜月笙虽与张啸林是拜把兄弟，表面上江湖义气，明说不愿插手杀张之事，但实际上他对张啸林也十分忌恨与担忧。因此，杜月笙顾不得与张啸林的结拜之谊，暗中指使其徒弟与军统合作，潜赴上海伺机刺杀张啸林。

1938 年底，军统布置实施了一次在马路上暗杀张啸林的行动。军统人员根据侦察到的张啸林的活动规律，由军统上海特区行动股长、杜月笙的徒弟于松乔率领几个行动员，预伏在上海福煦路 (今延安路) 同孚路口。等到张啸林的私人小汽车开来遇红灯暂停时，特务们一拥而上，于松乔举枪向车内射击。由于张的车辆有保险功能，不但车身护有钢板，而且车窗也是防弹玻璃。张啸林的汽车司机十分机警，见有人行刺，立即猛踩油门，闯过红灯，疾驶而去。张啸林在车中已看清刺客乃是杜月笙的徒弟于松乔，认为这次暗杀必为杜月笙所指使，回到家中大骂杜一通，从此视为仇敌。同时张的防范更加严密，增雇保镖多人，日夜在屋内外守卫，他本人则轻易不再出门。

1939 年 8 月，戴笠指派上海特区区长陈恭澍迅速暗杀张啸林。

1940 年 1 月，张啸林的亲家、主持“新亚和平促进会”工作的俞叶封，邀请张啸林到更新舞台楼上包厢，观看京剧名角新艳秋的演出。军统上海特区得此情报，便派人潜入剧场包厢执行暗杀。谁知当日张啸林本允诺去看戏，因临时有事未去，又一次躲过暗杀。特务开枪击中俞叶封，送医院后不治身亡。这件事使张啸林又恨又怕，整日藏匿家中，并在住宅周围布置了大批武装警卫与保镖，还出高价招聘神枪手作为护卫。

张啸林的严密防范给军统的暗杀行动带来了极大的困难。陈恭澍等人多日苦思也拿不出一个可行的办法来。正当他们一筹莫展之际，突然接到上海特区第二行动大队长赵圣的报告，说已在张啸林的家里布置了一条内线，准备伺机下手。这内线就是张啸林的保镖林怀部。

林怀部原来也是杜月笙的门徒，后秘密加入军统。抗战初期曾退居安徽，后被军统局调到上海从事敌后秘密工作。林武艺高强，枪法极准。当张啸林因屡遭暗杀，设法寻觅神枪手担任自己保镖时，军统人员见有机可乘，就通过杜月笙留在上海的管家万墨林，说动张啸林的汽车司机，介绍林怀部进入张家当上了保镖。

林怀部到张家后，几次想下手刺杀，都未有机会。到了1940年8月13日夜，张啸林到上海“六三花园”参加日伪的一次重要会议，林怀部很想随张同去，趁机诛杀。但张啸林仅带一、二亲信前往，将林怀部留在家中看守。第二天，即1940年8月14日，林怀部托病请假，准备出去与军统人员商议下手之策，但张啸林当时脾气不好，非但不准假，反将林大骂一顿，要收回林的手枪赶他走。正在这时，张啸林的朋友、杭州锡箔局局长吴鸿来访，张就请吴同去三楼议事。林怀部见自己将被赶出张门，今后将难有机会下手，于是当机立断，他故意与张啸林的汽车司机大吵大闹，声音传到楼上，张啸林闻之大怒，从楼上把头伸到窗外，厉声责骂林怀部。林怀部早就做好准备，见张啸林探头在窗外，随手挥枪射去两发子弹，均击中张啸林的头部，张立即倒地毙命。但林怀部犹恐张未死，又持枪冲上楼，对倒在血泊中的张啸林补上一枪，还随手一枪打死了在一旁吓得呆若木鸡的吴鸿。

枪声惊动了四周，张家的保镖与赶来的巡捕，将张宅团团包围。林怀部见不能脱身，即用枪对准自己的太阳穴准备自杀，因弹尽未成，遂被捕。后被法租界判刑15年，直到抗战胜利后才被释放。[1]

重庆军统局本部为表彰上海特区制裁张啸林之功，特发给奖金1万元。但林怀部身在狱中，并未得分文。

杜月笙在香港听到张啸林被刺死之讯，尽管内心十分高兴，但表面上却说：“张先生要当汉奸，他之死当然是罪有应得的。不过，我心里明白，这一定是军统派林怀部干的。由我的徒弟杀了我老拜兄，论江湖义气，我

---

[1] 以上两节参考陈恭澍：《英雄无名》第一部《北国锄奸》，载（台）传记文学丛刊，根据多方资料内容综合而成。

实在站不住道理。”

自责也罢，开脱也罢，张啸林的死，对重庆和杜月笙都是好消息，在国家大义上来说也是件好事，它又一次震慑了上海滩上的投日卖国分子。

1937年9月，沪郊镇街上宣传队员正在书写“当汉奸者杀无赦”的抗日标语。

总体来看，汪伪76号特务机构组建于上海，是与抗战爆发后上海的社会环境与国民党特务组织的内部分裂分不开的。因为八一三淞沪抗日战役在此打响，使日本改变了侵华战略路线，决定要攻占南京，以图彻底打垮国民政府。后见一时不能得手，便暗中又施行“以华制华”的政策，开始扶植利用汉奸来瓦解中国政府，包括组建伪上海市政府、“维新政府”及后来的汪伪政权及其汉奸特务机构，为侵华战争效力。而抗战爆发后，国民党特务机构的改组，在某一方面造成了其内部的分裂，一些失意的特务被日本诱惑“下水”，成为汉奸特务，国民党特务从事抗日锄奸活动，使日方急于加大特务力量来对付重庆，这些内外因素共同催生出了汪伪76号特务组织这个历史的毒瘤。

第五节　双料叛徒李士群

“八一三”淞沪抗战爆发后，上海沦陷，只有上海租界还在英、美、法共管之下。尽管日本人在上海滩为所欲为，但要在租界里抓人还是很不方便，国民党特工遂以租界为基地，开展抗日除奸活动，使日伪双方心惊胆战。日本人认识到，如果不能阻止重庆特工针对日本人与汉奸的暗杀，那么，扶植汪精卫的“和平”运动就根本无法开展下去。在76号特务机构成立之前，日本人通过收买上海帮会流氓常玉清的“黄道会”来对付国民党潜伏特务，但这帮流氓只会打打杀杀，并不是中统军统的对手，于是，日本人转而变换了策略，他们开始重视汉奸特务，认为他们了解中国社会情况，方便打入中国政府机构内部，正所谓堡垒最容易从内部攻破。于是，作为国民党特务组织的叛逃者，丁默邨、李士群等人逐渐进入了日本人的视线。

李士群的来历

李士群，浙江遂昌人，1905年4月24日出生。早年在家乡读过几年私塾，1924年来到上海，考入上海美术专科学校学习美术，后转入国共合办的上海大学读书。李士群幼年丧父，家境清寒，生活由其同乡女友、长其5岁的叶吉卿提供。

在第一次国内大革命洪流的冲击下，李士群加入了中国共产党。1927年4月受组织派遣到莫斯科东方大学留学。后转到苏联特种警察学校受训，这是苏军总参谋部开设的专门培养外国红色间谍的学校。在这里他结识了苏成德，以后两人共为76号的骨干。1928年李士群回国，此时国内形势已发生变化，蒋介石发动四一二政变后，国共合作破裂，共产党活动转入地下。李士群以新闻记者的身份秘密在上海租界内活动。不久，李士群被租界巡捕房逮捕，如果被引渡给国民党政府，势必性命难保。在生死攸关之际，又赖其女友救了他的性

76号特务头目李士群

命，叶吉卿打通了上海青帮“通”字辈大佬季云卿的门路，由季出面保出了李士群。李士群遂向季云卿投了门生帖子，从此与上海流氓帮会挂上了钩。

1932 年初，李士群被国民党中央党部调查科捕去，随即叛变，加入了国民党特工组织。由于他系一名普通中共党员，投敌后并未受到重用，最初只是被委派为调查科上海区直属情报员。后来，国民党“CC 系”在上海公共租界白克路（今凤阳路）同春坊新光书局出版《社会新闻》，派李士群任该刊编辑，因此他结识了与中统有关的《社会新闻》负责人丁默邨、唐惠民等人。《社会新闻》专司污蔑、诋毁共产党和社会进步人士之责，对国民党内其他反蒋派系也予以攻击。李士群因发表过一篇讥讽日本天皇的文章，被日本使馆告上租界法庭，是大律师余祥琴为他辩护才得以无罪开释。李士群要给余报酬却被谢绝，李便欠了余祥琴一份人情。

李士群叛变革命后，继续欺骗中共组织，说自己是为革命深入虎穴，并非投降敌人。中共地下组织为了考验李士群，命令他干掉中共叛徒丁默邨。但李士群竟将这一秘密透露给丁，以此来加深两人的关系。他们想出一招李代桃僵的办法，即杀掉国民党中央组织部调查科上海区区长马绍武，以代替丁默邨。

1933 年春，马绍武（真名史济美）被中共“红队”击毙。马绍武当时与李士群、丁默邨在一起吃花酒，出了广西路小花园一家长三堂子（妓院）即被枪杀，丁默邨、李士群两人因此遭到国民党组织的怀疑，被中统逮捕审查。

丁默邨在“CC”中有一定人脉关系，很快由其老友、上海市社会局长吴醒亚将其保出。而李士群当时位卑人微，无人出手相救，被押往南京，关在瞻园路国民党中央组织部调查科特工总部内，并遭受刑讯。之后，李士群在南京走马巷侦行股办事处被关押审查达一年半之久，又是其妻叶吉卿用了大量金钱宝物上下活动，最后并以身相献于中统特工总部头目徐恩曾，总算把李士群救了出来。李士群从此与国民党中统结下了不解之仇。

李士群尽管恢复了自由，但此后一直受到监视，不得随便离开南京。1933 年底，李士群被派到设在南京的留俄学生招待所担任副主任，并兼留俄同学会理事。

抗战爆发后，1937 年 11 月，国民党中统机构撤离以前，在南京设立“留守处”，李士群是留守处成员之一，奉命在日军进入南京之后潜伏下来。可他们未及日军攻城便仓皇从南京逃到了汉口。这时，特工总部已正式扩大为中统局，李士群被安置在中统局临时办事处工作。由于在中统内一直得不到重用，李士群怀才不遇而另生二心。他看到国民党在正面战场上连战皆败，一时对抗战前途失去了信心，遂萌生了改换门庭的念头，也好早点离开他所厌恶的“那帮混蛋”。

1938 年，李士群调任国民党株萍铁路特别党部特务室主任，他认为这是千载难逢的机会，于是在领取了特务经费后，携款绕道广西、云南，避开中统在广州一带的耳目，取道河内逃到香港。抵港后，他设法搭上了日本驻港总领事中村丰一，表示要向日方投降。由于李士群在港人生地不熟，无法发挥作用，中村便将其派回上海，介绍给日本大使馆书记官清水董三。

日本间谍川島芳子

李士群从此“落水”而为日本人从事情报工作，成为可耻的汉奸。

有关李士群落水为奸的经过还有另一种说法。据姜颂平回忆：抗战爆发前，日本女间谍川岛芳子受命在南京板桥火车站潜伏，为日本军方搜集情报。中统发现疑点后派李士群前去侦察，李反被川岛芳子诱惑下水，成为日本间谍，后在川岛芳子引见下，李士群与日本特务机关搭上关系。但这个说法有可能是李士群为了抬高自己身份的吹嘘之说。据有关学者研究考证，川岛芳子当时已是日本高级间谍，并为炮制伪满洲国之事立下“大功”，此时正在北平活动，不可能来南京潜伏。

李士群背叛中统，是国民党特务组织历史上影响深远的大事件，他投日后拉出一批中统老同事，又逮捕诱降了不少军统人员，最后形成了与蒋系国民党对抗的日汪特工组织，给重庆政府及中统、军统带来了大麻烦和大损失。

拉拢丁默邨组建汉奸特务武装

李士群叛逃香港投日，在日本领事馆中村丰一介绍下转到上海，投靠了日本领事馆的清水董三，完成了他落水为奸的过程。

在投敌之初，他在上海也只是给日本人搜集情报，没想有大作为，生活也很拮据。

掌控76号特务组织的汪伪第三号汉奸周佛海

李士群先住在青帮弟兄张师石家中，后来又找到他的朋友袁殊求援，袁殊便将自己在霞飞路一家旅馆的长包房让给了李士群，还给了李士群些钱。但不久后袁殊再见到李士群时，他已经完全换了一副面貌，西装革履，出手大方，袁殊当然明白李士群的突然发迹靠的是日本人的赏赐。李士群只知道袁殊是军统的人，却不知道袁殊还有日本人的背景。因为彼此关系不错，李士群想拉袁殊下水做汉奸，因此对袁殊的活动并不妨碍。袁殊将李士群的意图汇报给军统新任上海区区长王天木，王天木不置可否。袁殊又向他的日方联系人日本驻沪领事馆副领事岩井英一报告，岩井则劝他不要去与李为伍，做那些杀人放火的低级事情。后来，李士群成立了76号特务组织，让袁殊做翻译，还带他去见了李的“老板”影佐祯昭和周佛海。

1938年12月29日，汪精卫响应日本招降的“艳电”发表之后，日本人加紧了培植汪氏汉奸政府的步伐，以实现“以华制华”的目的。上海成为日汪双方互相勾结进行所谓“和平运动”的中心。为了适应这一需要，上海必须有一支足以保护汪精卫一伙人的特别警卫力量，并将上海建成可向外扩展的基地，为汪精卫组织政府铺平道路。

李士群在日本特务机关授意下，于1938年年底开始筹建自己的汉奸武装，他想在短期内拉起一支队伍。以李士群在国民党特工组织中的地位与声望，要想振臂一呼众人响应是根本不可能的。于是李士群想到了他的老熟人、老上司，当年一起办《社会新闻》的丁默邨。

李士群（右）与丁默邨（左）合影

丁默邨，湖南常德人，生于1903年。丁默邨早年参加过中国共产党，后来投靠国民党“CC系”，在上海从事文化特务活动。1934年曾出任陈立夫为首的国民政府军委会调查统计局第三处处长，和戴笠、徐恩曾平起平坐，是老牌的国民党特务头目。抗战后，丁默邨在汉口奉命招待中共叛徒张国焘，戴笠向老蒋密告其贪污招待费，受到追查。1938年8月，国民党特务机构分家，戴笠、徐恩曾分领军统、中统，而丁默邨主持的特务第三处被撤，他仅在军委会挂了个少将参议的空衔，落泊在香港“养病”。

此时，李士群请丁默邨的同乡、已投敌的翦建午找到丁氏，声明李士群甘居次位，请丁默邨来上海出任伪特工组织一把手。事实上，丁默邨此刻已是穷途末路，官场不得志，势利的所谓朋友纷纷远离，好色却无经济实力风流潇洒，且身患肺痨。对于一个没有信仰的人来说，有钱捞、有官做是其最高理想，根本无所谓国家民族利益的考虑。因此，丁默邨落水当汉奸就成了顺坡下驴之事。

丁默邨到上海后，为了掩盖自己的落魄不得志，曾吹嘘自己是奉陈立夫之命而来，他说：“我这次是奉立夫之命而来的，因为在里面（指大后方）大家看到抗战这样抗下去，总不是一个办法。共产党的抗战到底，就是要抗垮国民党，就是唯恐中国不乱。为了国家的前途，立夫要我到上海来开路。一俟时机成熟，他也要来的。不过在未成熟的时候，我们应当代立夫保守秘密。”[1]

急于在日本人手下大干一番的李士群，掏出手枪和钞票放丁面前，赤裸裸地说：“怎么样？你愿意干，就收下这钞票，我们一起干，你仍然是我的上司，一切听你的话行事。不干呢，也不要紧，我李士群是汉奸了，丢了你的面子，你就拿这支手枪打死我！”[2]

丁默邨闻言不语，思索片刻，拿起了钞票……

李士群终于拉来了丁默邨，开始了两人狼狈为奸的一段历史，后来又从国民党中统、军统里拉出大批特务，在日本人的卵翼下，成立了汉奸特务组织，干尽祸国殃民的勾当，成为中华民族的千古罪人。

“中国国民党铲共救国特工总指挥部”成立

在发动侵华战争之初，日本军政当局妄想凭借其优势兵力迅速灭亡

[1] 黄美真等：《汪精卫国民政府成立》，上海人民出版社 1984 年版，第 267 页。

[2] 游国立等：《汪伪特工史》，远方出版社 1997 年版，第 85 页。

中国，但中国军民的奋起反抗，使其“三个月灭亡中国”的幻想化为泡影。1938年夏，为了摆脱侵华战争所陷入的困境，日本决定推行“以华制华”的方针，在中国“建立一个新的中国中央政府。”1938年7月2日，日本内阁五大臣会议议决，立即着手“起用中国第一流人物”，“酝酿建立巩固的新生政权”，并要求“利用、操纵反蒋系统的实力派，使在敌人中间建立反蒋、反共、反战的政府”。

为了实现上述战略目标，日本内阁五大臣会议在1938年7月26日，设立“对华特别委员会”，作为“专门负责以有关重大对华谋略及建立中国新中央政府的执行机关”。该委员会主要由陆军部土肥原贤二中将、海军部津田静枝中将和外务省派出陆军退伍将官板西利八郎中将组成，以旅华二十余年充当特工、号称中国通的土肥原为负责人，外间因此称该委员会为“土肥原机关”，又称“竹机关”。

土肥原上任后，1938年7月在上海市虹口东体育场路7号一幢楼房内设立了办事处，起名为“重光堂”。

1939年2月初，丁默邨、李士群在日本驻沪使馆书记官清水董三的引见下，在重光堂见到了土肥原，出于特务的本能，土肥原一般很少见陌生客人，而这次则是个例外。

土肥原操着一口流利的中国话，外表让人很有好感，丝毫看不出他是一个阴险狡诈的日本大特务。清水董三为丁、李两人作过介绍后，丁默邨开始向土肥原大谈中日友好，表示要与日本人合作。

当时在上海，国民党特工有组织地针对投敌的汉奸进行了多次暗杀行动，甚至在租界里单独或少量结队行动的日本官兵亦常遭袭击，被刺杀的已达百余人。日本方面逮捕了大量嫌疑人，但渝方的暗杀行动并未收敛，且一步步向日军直接警备的虹口区、杨树浦区漫延。上海的日本宪兵特高课对此也无可奈何。

针对土肥原此时正被渝方特工的暗杀活动搞得焦头烂额的状况，丁默邨为其献上计策说：“上海恐怖活动的罪魁祸首是在幕后指使凶手进行现场活动的那些家伙。毫无疑问，这就是重庆特务工作队的蓝衣社地下组织。日本军警可以逮捕现场行凶的凶手，只是对蓝衣社的地下组织，你想搞垮它，却是难以下手的。从去年以来，日本军警到处搜捕，抓了许多恐怖分子，尽管如此，结果恐怖活动减少了没有？”[1]“上海的恐怖活动，其罪魁祸首是国民党的特工，所以要取缔这种恐怖活动，必须粉碎国民党的特工组织。”[2]“要战胜蓝衣社，只有依靠中国特工，他们的组织才能胜过敌人。”[3]

接着，丁默邨、李士群向土肥原大大吹嘘了一番汉奸特工的力量，并表示了全力为日本人效忠的意图。会谈即将结束时，丁默邨再一次向土肥原提出希望得到日方的支持与援助。土肥原对他们的特工活动很感兴趣，但暂时不能以个人名义作出答复。土肥原说：“我正设法进行妥当处理，请稍等一段时间。”[4]

1939 年年初，在“土肥原机关”与日大本营的直接指使与支持下，丁默邨、李士群一伙由情报活动转向特工行动，组织了一支特务武装，自命为“中国国民党铲共救国特工总指挥部”，他们拿着日本人的钱和武器，开始了投敌卖国的罪恶生涯，成为国民党特务史上另类的一群。1939 年 5 月，在日方当局的指令与撮合下，他们又与汪精卫叛国集团合流，成为汪伪政权的特务组织。

---

[1] 游国立等：《汪伪特工史》，远方出版社 1997 年版，第 105 页。

[2] 游国立等：《汪伪特工史》，远方出版社 1997 年版，第 107 页。

[3] 游国立等：《汪伪特工史》，远方出版社 1997 年版，第 107 页。

[4] 游国立等：《汪伪特工史》，远方出版社 1997 年版，第 108 页。

[第二章]

从67号到76号

第一节 “上海特工计划书”出笼

在与土肥原接触后不久后的一天，丁默邨、李士群接到了土肥原的助手晴气庆胤的电话，要与他们进行商谈。李士群亲自将晴气接到 76 号，并向他交上了一份精心拟定的《上海抗日团体一览表》。

丁默邨向晴气介绍说：“这张图表是经过李先生调查的，我来说明一下吧。首先是抗日势力的核心力量，它就是国民党的党组织。在上海的党组织，正统总部是上海特别市党部。下面设有十个党部以及各学校、工会和文化团体等组织中的特别党部。市党部统一管辖这些党部和特党部，规定党的基本活动，并在军统局的领导下开展抗日政治活动。”

“抗日运动的别动队有为数众多的民间团体，如青年抗日会、妇女抗日会、抗日除奸团以及共产党系统的抗日救国会、人民战线等等，他们在各自的部门内开展抗日活动。指挥上海周围地区游击队的统制机关有江南游击队总司令部，它负责与各地游击队进行联络、交换情报、补给武器弹药等任务。

“主要特工组织有蓝衣社、CC 团、三民主义青年团等，都在积极进行地下活动。各团体的组织、领导人、势力和经费情况，在那张图表中都有详尽的记述。自从重庆军队撤往内地，上海成为孤岛以来，这些团体的活动能力逐渐减弱了。但是，近来军统局领导特工以来，它们又恢复了势头。

“在军统局里，第一处和第二处以市党部和蓝衣社为核心，最为活跃。尤其是第一处处长戴笠，他对上海很重视，派遣了三个负责人，使之各自独立，竞相立功。军统局的情报网如你所看到的那样，以法租界为中心，一直扩展到南京、杭州，遍及维新政府内部、上海特别市政府、工部局、铁路、码头、电话局、市场、娱乐场所以及主要百货公司等，他们足不出户即可探知日华要人的行动、市民的动静、掌握时局的变化。蓝衣社干部为了逃脱日本宪兵的追踪，不时搬家，经常改变住所。情报中枢机关常设在一些安全的地方，如在第三国的一家银行楼上或某一国领事馆的地下室里，等等。”

这张图表所包含的信息量是日本特务无法想象的，晴气庆胤不由得目瞪口呆。他想，面对国民党特工准备的强大攻势，日伪方面该如何应对呢？

面对晴气的困惑，丁默邨胸有成竹地回答：“不管怎么说，蓝衣社是最强劲的敌人，而该组织的谍报员为生活所迫而发生动摇则是最大的弱点。蓝衣社的成员未必都是坚贞不屈的。我们要从为我方所逮捕的谍报员那里，顺着他们的联络网，尽可能地接近该组织的上层人物，说服他们为我们所用。然后由他们当侦探，使他们控制的组织成为我们的组织，从而瓦解蓝衣社的组织。”[1]

丁默邨所设想的计划非常巧妙，他要把国民党现有的特务组织网和人马一举争取过来，为自己所用，彻底消除渝方在上海的特工行动，但这一计划可行吗？

丁默邨又递上了李士群、叶吉卿所拟“上海特工计划书”。

[1] 游国立等：《汪伪特工史》，远方出版社 1997 年版，第 139—140 页。

其工作方针是：打倒抗战派，更生并改组国民党，早日建设一个和平中国。为此，要与重庆的特工进行斗争并战而胜之，在上海租界内建立一个和平运动的地盘，召开国民党全国代表大会，修改党章，使之合法化。全国代表大会预定在开始工作后六个月召开。关于工作的开展，要与友邦、现政权进行密切联系。

其工作要领是：夺取敌人的组织为我所用，在瓦解敌人活动的组织力量的同时，有利于发展我方的势力。要开展工作，必须尽量避免流血，但敌人使用暴力的话，就立即予以报复，使他们不敢轻举妄动。而且，要确立纲纪，严守纪律。对通敌者，要诛灭九族。

其行动队是为推进工作的动力进行编制，用于兼施威力的工作和报复。行动队的队员，眼前先从市内的侠义之士中挑选出勇敢而擅长射击的一百五十个人，进行军事训练，逐步与精悍的青年党员轮换。

其情报工作的重点在于侦察了解蓝衣社和市党部的企图，为了弄清蓝衣社的上层人物、市党部委员的情况，暂先查明他们的日常生活。搜集情报的手段除探访、夺取敌人文件外，还要绑架敌人，强迫其坦言。此外，兼用一切其他可能的手段，如科学搜查等，尤其是窃听敌人的无线电通讯，预先掌握敌人的企图。

关于经费，计划在国民党全国代表大会召开前，每月向友邦告借二十万日元以开展日常工作。国民党全国代表大会结束后，就有待于党员提供，不足部分由商人捐献。

关于武器，拟向友邦借用大小枪支三百支和少量炸药，为武装行动队及其开展工作之用。[1]

这是一个以暴制暴的恐怖活动计划。

由于丁、李二人是中统的叛徒，了解国民党特工组织与活动规律，在与重庆特工的对手战中往往占了上风，给国民党特工在上海及其他沦

[1] 游国立等：《汪伪特工史》，远方出版社 1997 年版，第 123—124 页。

陷区的活动造成了巨大的损失。

李士群担心日本人不支持此计划，竟提出以自己的儿子为人质。

日本人对丁、李二人的特工计划非常感兴趣，他们“早就认为要在中国建立傀儡特务组织，最好拉出国民党特务组织里的骨干分子来主持。因为他们富有反共活动的经验，可以驾轻就熟”[1]。

在日军占领广州前，曾有国民党军李福林部向澳门日本特务机关诈降，从日本人手中骗得武器和经费，后又投向国民党。晴气庆胤一想起这件事就很担心，丁、李二人会不会又是一个李福林呢？中国人实在是难以捉摸。晴气只得向北平的土肥原请教。

此刻，土肥原策划的“北吴南唐”工作已陷入困境。他在接到晴气的电话后，对丁默邨、李士群两人在上海的特务活动与计划非常感兴趣，立即表示赞同，但指示晴气再向东京请示。

日本东京，陆军省。晴气庆胤拜见了陆军省军务课长影佐祯昭。

当时，影佐祯昭正在策划扶持汪精卫建立伪政权，妄图实现“以华制华”，使日本早日跨出侵华战争的泥淖，以政治手段达到永久霸占中国的目的。影佐听了晴气的介绍，对丁默邨、李士群两人产生了极大的兴趣，极力想把丁、李二人在上海的特务活动纳入汪精卫的“和平运动”，以此打击上海租界的抗日活动，并保护汪精卫的安全，使上海成为稳定的“和平运动”基地，并逐步向外扩张。

1939 年 2 月 10 日，日本大本营参谋总长给晴气庆胤下达了《援助丁默邨一派特务工作的训令》：

一、大本营援助丁默邨一派的特务工作，作为上海恐怖活动对策的一部分。

二、你在上海应与丁默邨联络，援助其特务工作，协助做好华中派遣军的租界对策。

---

[1] 江苏省政协文史资料委员会编：《江苏文史资料》第 29 辑，第 133 页。

给你配备冢本诚宪兵大尉和中岛信一少尉。而对丁默邨和李士群提出如下条件：

不逮捕和日本方面有联系的中国人。

和汪兆铭的和平运动合流。

三月以后，每月贷款三十万日元，出借手枪五百支、子弹五万发以及炸药五百公斤。[1]

晴气在得到东京日本军部旨意后，立即下令丁默邨、李士群启动特工计划，策反重庆国民党特工，利用其组织为日本人所用，以打击重庆特工在上海的行动，为汪精卫下一步组建政府的活动打下基础。

"当时，日币三十万日元，五元一张的钞票、十元一张的钞票装了两柳条包，是令人大吃一惊的巨款。那笔钱运了进来，在二千坪的公馆内（指 76 号——作者注）新建了很多神秘的建筑物。四周建造了水泥的堡垒，筑起了机枪座和铁丝网。丁默邨和李士群集中了特务工作人员三百余人，其中配备一百五十人在行动队，二十人在市党部和新闻系统，二十人搞情报，四十人在通信密码译解班，其他人也进行了安排。"[2]

自此，援助丁默邨、李士群一派特务势力正式被日方纳入了他们的所谓"汪精卫工作"。

第二节　大西路 67 号扎营

当时，日本在中国的特务活动分为 4 个区域，即华中、华南、华北、东北，分别以梅、兰、竹、菊为代号。梅机关是华中区的日特最高指挥机关，1939 年 8 月 22 日在上海虹口东体育场路 7 号原土肥原特

[1]　黄美真等：《汪精卫国民政府成立》，上海人民出版社 1984 年版，第 302 页。

[2]　黄美真等：《汪精卫国民政府成立》，上海人民出版社 1984 年版，第 303 页。

务机关“重光堂”成立，负责人为影佐祯昭。其任务是扶植汪精卫等人筹建伪政权并为汪精卫集团进行宣传、监护。日本人把这一时期从事的工作以代号称作“梅工作”。丁默邨、李士群的“中国国民党铲共救国特工总指挥部”归于梅机关的领导之下。

76号的幕后操纵者影佐桢昭

于松乔事件

上海大西路67号，是李士群一伙最初的落脚扎营之地。

这是一处幽静隐蔽的院落。院子对门是“云飞”出租汽车行几十米的围墙，长长的空旷的围墙会使敌方杀手根本无法隐藏，利于防卫。西邻是专与日本人做生意的经济汉奸谢筱初的住宅。东邻65号则是美国驻沪海军陆战队的兵营。李士群认为国民党特工绝不会为了几个汉奸而惊动美国人，他自以为住进了保险房子，一时十分得意，没料想，麻烦很快就来了。

李士群心怀鬼胎，干的是见不得人的汉奸卖国勾当，所以丁、李一伙极为小心谨慎，不仅在院里院外到处布置暗哨，还把街头巷尾可疑商贩行人通通赶走。67号车库大门每天都开着，里面停一辆半新不旧的小汽车，车夫在一旁不时擦擦车，聊聊天，给人造成主人始终在家的错觉，其实李士群一般乘出租车外出办事，根本不坐自备汽车，以防被国民党特工袭击。

李士群投敌后，对沪上的国民党特工组织造成了巨大的威胁，军统上海区的行动股股长于松乔奉老板戴笠之命前来暗杀李士群。

可于松乔并不认识李士群，于是，他向汪曼云打听，要汪去偷一张李士群的照片来供他辨认。于松乔对汪曼云说：“今天我来看你，是有件事想请你帮忙。因为最近我奉命要暗杀李士群，但不认识他，知道你和李士群相识，你手边如有他的相片，请借我一用，要是没有，可否设法到他家里去偷一张来。”[1]

可是当时汪曼云早已秘密落水为汉奸，只是大多数人并不知道。汪曼云向于松乔推脱说自己也不认识李士群，暗中却向李告了密。

李士群这下有了防备。

一天，大西路 67 号对面忽然出现了一个盲人算命摊。李士群的打手张鲁人高马大，能使双枪，为人残暴。张鲁像黑塔似的往算命摊前一站，说道："这里风大，你要工作，不妨请到对面房子里去。"对方果然是国民党军统派来暗杀李士群的。杀手见李士群一伙已有防备，只能一声不吭地撤摊走人。

李士群为人向来狡诈多变，他思考再三，为了给自己多留条后路，对于松乔并未穷追猛打，由他自行去了。

有钱能使鬼推磨

李士群有了日本人提供的经费，租了房子，有了根据地，但是，自动来投靠的汉奸并不多。俗语说，有钱能使鬼推磨。李士群利用自己在中统的老关系，找到了中统上海区的情报组长唐惠民，他是当年与李一起办过《社会新闻》的老熟人。同时，他还找了国民党中央宣传部驻沪特派员章正范、国民党上海特别市党部的刘坦公。李士群把日本人提供的崭新钞票在这几人面前一放，没劳多费口舌，这些人立即被李牵着鼻子走了。

汪曼云是上海国民党地下特别市党部委员，也是杜月笙的得意门徒。在国民党内，汪曼云亦有通天的本事，他和戴笠、陈立夫、陈果夫等中央大员关系密切。此时，汪曼云也潜伏于上海。由于汪曼云能接触

[1] 游国立等：《汪伪特工史》，远方出版社 1997 年版，第 131 页。

到国民党上层人物，还能与杜月笙搭上线，李士群因此把汪曼云作为重点工作对象。同样用金钱开路，对于此时受困于上海且性命无保障、政治上无出路、经济来源窘迫的汪曼云来说，一千元不是一个小数目，汪甚至有点受宠若惊的感觉，从此秘密落水当了汉奸。

上海尽管已经沦陷于日本人之手，但杜月笙的黑社会势力依然无处不在，如果不能与杜月笙搭上关系，李士群在上海也很难立稳脚跟。恰在此时，杜月笙的门徒张师石暗通日本人，写了一个《杜月笙在上海的势力》，详细交代了杜月笙在上海的方方面面，诸如杜本人的生辰，有多少门徒以及活动地点，有多少贴身保镖，有多少小老婆及居住地，与其他流氓势力如黄金荣、张啸林、虞洽卿、王晓籁、钱新之以及杨虎、陈群、徐采丞、杨志雄的关系等，也罗列了杜月笙手下的一批虾兵蟹将，如顾嘉棠、高鑫宝、叶焯山、芮庆荣、陆京士、汪曼云、章荣初等。重点强调杜月笙与戴笠的关系，事无巨细，一一道明。

按说，日本人得此情报，本可按图索骥，一举将杜月笙的势力铲除，但狡猾的日本人没有这么做，而是将此情报转给了李士群。李士群看了材料便灵机一动，觉得这是向杜月笙巴结讨好的好机会。当时，李士群正为降低重庆方面中统、军统对他的生命威胁而烦恼，他知道杜月笙与戴笠的关系，便想曲线向渝方示好。

他找来汪曼云说："老杜待张师石不错，而张却出卖了他，未免太无良心。我虽事不关己，由于激于义愤，所以请你来，拿这东西给你看看，也使你和老杜知道知道张是怎样的一个人。这份材料太长，你带回去看吧！不过原文你看过后，仍须还我，因为这上面已经日本人签了字，所以必须原件归还的。"汪问李："能否把这原件带到香港去给杜月笙看一看？"一句话，正中李士群的下怀，于是他便在表面上做了一个顺水人情，满口应允。

汪曼云如获至宝，马上动身前往香港，把这份资料送给了杜月笙。杜叫他的秘书关起房门整整抄了两三天，才交由汪曼云带回上海还给李士群。汪按照杜月笙的吩咐，在香港买了一只金怀表与两套西装料送给了李士群，以示感谢。凭此厚礼，李士群终于和杜月笙搭上了线。此后，每当李士群和军统在上海闹得不可开交之际，总是由杜月笙出面调解，替双方摆平，此乃后话。

苏成德是中统老牌特务，也是李士群留学苏联时的同学。上海沦陷后，他是中统上海潜伏组的负责人。苏成德眼见丁、李二人在日本人手下混得风生水起，加上重庆方面所给经费甚少，深感难以在上海滩这个灯红酒绿的洋码头厮混，竟自动送上门来，一头扎进大西路 67 号，心甘情愿落水当了汉奸。苏成德呈给日本人的见面礼是中统上海组织机构和人员名单，凭此情报，丁默邨、李士群两人在日本人支持下，一举将中统上海组织破坏，除区长徐兆麟逃脱外，中统上海区四十余人以及电台、密码统统被缴获。

这几十名中统特务落水当了汉奸，让丁默邨、李士群顿时觉得身家壮了不少，在日本人面前说话腰杆也直了些，一伸手，又向日本主子晴气讨来 30 万日元，还有大批枪支弹药。丁默邨、李士群一伙在大西路 67 号内挂起孙中山遗像以及青天白日和青天白日满地红两面旗帜，打出汪精卫的招牌，在租界内开始用金钱拉拢各方面的中国人。正如金雄白所描述的那样："从正金银行提来整箱交通银行发行的十元新钞，是有它无比的力量，'和平运动'的潜势力，立时在上海社会上发生了巨大的作用。每一家报馆，不论商办的或官办的，都已有了汪方的地下分子潜伏着，报馆中的动态，重庆来的指示，每一个人的言论，每天都有详尽的报告。若干报纸在消极态度中逐渐转变，对汪方减轻了抨击的成分。甚至帮会方面也发生了关系，青帮如张啸林、季云卿、张德铭等，洪帮如徐朗西等，每个月都送去一笔可观的数目。公共租界与法租界政治部的主要人员，也先后有了默契，避免了无数工作上的困难。上海社会之间，有人竟然偷偷摸摸地钻寻门路，有人竟然洋洋得意地告诉别人将不日飞升。任何一个政权的创建，定然会有大批攀龙附凤的人。汪政权在未成立之前，已经有了一个在沦陷区中的有利环境，以及足够的经济力，这种现象，应该他同样不足为奇。”[1]

吴四宝入伙

青帮是自清代康熙以来占据上海滩的第一大黑社会势力，影响极大。民国后被国民党政府加以利用，成为统治者的工具。抗战前，李士群得到过青帮头子季云卿的帮助，此刻，李士群不由得垂涎起青帮手里遍布上海滩的徒子徒孙们。那些流氓打手有奶便是娘，李士群准备用金钱将其收买过来，扩充自己的汉奸特务势力。他找到季云卿请求帮忙，季云卿先把在沪西开赌台的朱顺林、许福宝介绍给李士群，但这两人因赌台收入丰厚，不肯为76号卖命。其后，在李士群的极力要求下，季云卿将干女婿吴四宝介绍给了李士群。

吴四宝（居中坐者）与其手下

吴四宝，又名世宝，发迹后号云甫。江苏南通人，生在上海。其父母以烧老虎灶卖开水为生，可算是地道的城市贫民出身。年幼时，父母双亡，吴四宝随姐姐生活。因其姐夫

[1] 朱子家（金雄白）:《汪政权的开场与收场》第十二节“七十六号中的丁李搭档”，网络版 www.doc88.com。

是上海跑马厅的马夫，吴四宝也成了跑马厅马童，同时还替巡捕房办些杂事，人称“马立斯小四宝”。

成年后的吴四宝身材魁梧，凶狠好斗，因与人结怨，仇家以一副金手镯的代价唆使佣人放火烧死了吴的儿子。不久，吴四宝又发现妻子与人私通，因对方来头很大，吴不敢出面与之争斗，只能暗中生气。一次酒后与其小兄弟们倾诉，他的狐朋狗友即出面帮他将仇家杀死，从此落下命案。为避祸，吴四宝逃到了济南，先在张宗昌手下直鲁联军里当机器脚踏车队队长。二次北伐后，张宗昌兵败，吴四宝就投向白崇禧的部队。四年后，他又回到上海滩，先给青帮“通”字辈流氓荣炳根当司机，后又给季云卿当司机兼保镖。

那时青帮中人都私藏各式手枪，凡是损坏了就送回老头子季云卿处，交由吴四宝转给他开修车行的同乡，利用车行的车床设备去修整，修好之后，给吴四宝到郊外试枪，因此吴四宝枪法逐年进步，各种枪支由他试过，万无一失。在季云卿门下，吴四宝以心狠手辣而出名，又有一手好枪法，每每需要用枪的事，都由吴四宝下手。

季云卿在江湖上结下不少冤家，也怕寻仇，他不用保镖，就由司机吴四宝任保镖，遇事由吴四宝开枪射击，百发百中。

不久，吴四宝结识了另外一个影响其一生的女人——佘爱珍。

吴四宝旧宅

佘爱珍原籍广东，生长于上海。其父是茶叶商，佘爱珍虽为三姨太所生，但她自幼聪明伶俐，最讨其父宠爱。佘爱珍毕业于上海启秀女中，风流出众、精明过人，是季云卿的干女儿。佘爱珍有过一段失败婚姻，后与吴四宝结婚。她随吴四宝练就了一手好枪法，而且能左右开弓，双手发射。在后来的汪伪特工活动中，佘爱珍积极出谋划策，专门负责拘捕审讯及对女犯用刑，心狠手辣，是76号特工活动主要参与者，双手沾满了抗日人士的鲜血。她在战后被国民政府判刑10年，提前获释后经香港前往日本，1955年与胡兰成在日本结婚，此乃后话。

76号成立之初，组织还不够庞大，李士群派出去的杀手刺客，常击而不中逃了回来，唯有吴四宝打一个中一个，因此他就变成了行动组的老大。

在76号中杀人最多、立功最大的就是吴四宝。短短半年，他就成为76号的主要人物，只要李士群开出名单来，他都可按图索骥，置对方于死地。后来，杀手逐渐增多，吴四宝才减少了亲自出马的机会。[1]

吴四宝凭借季云卿的关系，一跃成为李士群手下拥有三十多人队伍的警卫大队队长。他还带来一批流氓打手充作特务，如张国震、顾宝林、赵嘉猷、夏殿元、郭忠和、王吉安等。吴四宝带领这些流氓打手，杀人越货、盗车绑票，直闹得上海滩人心惶惶，不得安宁。吴四宝由车夫成为76号的警卫大队队长，从此对李士群死心塌地，感恩戴德，追随丁、李一伙干尽坏事，种下累累恶果。金雄白描绘说："特别是吴四宝，更为沪人所切齿，他原是一个黑社会中的流氓，一个汽车司机，识不了斗大几个字，但是有魁伟的身体，体重最少在一百五十磅以上。他是江苏南通人，却像是燕赵间的产物，他生成粗鲁野蛮的性格，但知道怎样对上司恭顺，只要能博得他上司的欢心，他毫不考虑、毫不迟疑去执行，别的行动大队所不肯做或不敢做的事，他奋勇当先，做得彻底，做得干净。什么江苏农民银行职工宿舍的集体枪杀事件，中国银行的定时炸弹惨案，都是他的'杰作'。凡是给'七十六号'所拘捕的人，

[1] 参见陈存仁：《抗战时代生活史》，广西师范大学出版社2007年版。

只要撞在他手里，没有问一句话，先给他一顿皮鞭打得血淋淋的下马威。他的妻子佘爱珍，倒是在启秀女校受过中等教育的人，但她也相夫‘有道’，能够亲自审讯女犯人，也能够携了枪械出去行动，当时人们对‘七十六号’的畏惧，并不下于日本的宪兵队。他的参加‘七十六号’，因为他与李士群都是拜青帮季云卿为老头子的同参弟兄。”[1]

随着汉奸特务势力的扩张，大西路67号已不够藏身。由叶吉卿出面，又租下忆定盘路（今江苏路）95弄10号作为特务活动的另一场所。由于该处位于弄堂底部，汽车无法调头，对特务行动大为不利，不久，通过日本宪兵队的关系，整个特务组织搬进了极司菲尔路76号。

第三节　极司菲尔路76号魔窟开张

极司菲尔路现称万航渡路，76号本是国民党将领陈调元的公馆。陈调元原是北洋军阀直系将领，北伐时投向蒋介石，曾任三十七军军长以及山东省主席、军事参议院院长之职。陈公馆盖好后不久，上海沦陷于日敌之手，富丽堂皇、豪华宽敞的陈公馆被日军强占。不久，日本宪兵队将76号陈公馆拨给了丁默邨、李士群一伙特工使用。

76号名称的来历

丁默邨、李士群两人的特务势力最初在日本人的操纵下活动，自搬进极司菲尔路76号后，日本人就将他们移交给汪精卫集团，但开始并没有正式名称，对外以76号相称，直到1939年8月底汪记伪国民党六大召开后，伪特务委员会正式成立，76号才成为伪特务委员会下属的

[1]　朱子家（金雄白）:《汪政权的开场与收场》第十二节“七十六号中的丁李搭档”，网络版 www.doc88.com。

极司菲尔路76号特工总部大门

特工总部。

伪特务委员会由汪伪第三号人物周佛海掌握。

周佛海早年曾参加中国共产党，还曾出席中共一大，然意志不坚，后自行脱离中共投靠了国民党，成为蒋介石的谋士和机要。但他在思想观念上却与汪精卫相投，是汪精卫派系的主要成员。他在南京时就组织过倡言“战必大败，和则未必大乱”的“低调俱乐部”，反对抗日。他对于抗日的“低调”态度及策划“和平运动”的叛国理论，可见于他叛逃前后的许多言论中。概括起来说，就是他坚决认为中国不能抵抗日本的侵略，只能以“和平”方式来结束这场战争。并且，他与汪精卫都相信日本人是“有诚意”与中国“和平提携合作”的，这样可以使他们在“不至亡国”的条件下求得苟安。出于这种动机，他自始至终参与了汪氏的“和平运动”，加上他在蒋介石的手下始终得不到重用，便决定随汪“落水”叛国，成为汪伪政权的主要策划者与统治者。

汪精卫对周佛海十分信任，委以重任，周由此成为汪伪政权的第三号人物，掌管财政、内务及特务工作。于是，周佛海就成为了 76 号的顶头上司。

日本人曾这样评价 76 号的作用与地位：“在支那事变史上占有重要地位的是躲在幕后的 76 号，和重庆特务队的拼死搏斗。如果没有 76 号的保卫工作，大概连汪精卫以下的所有要人都会被重庆的恐怖活动所

周佛海

暗杀，建立南京政府大概就办不到了吧！”[1]而金雄白认为：“汪氏在上海那一段时期，尽管对外标榜的是和平运动，但敏感的上海人，都明白将是在沦陷区建立政权的前奏。丁默邨与李士群所主持的‘七十六号’，虽然是一个特工机构，但开始所吸收的各阶层人物，却并不限于从事特务工作的人员。‘七十六号’除了担负特务工作以外，也成为对外最活动的公开机构。许多不甘寂寞而希冀得道飞升的人，都在辗转设法，钻头觅缝地寻觅门路。一向冷落的极司斐尔路，顿时显得热闹起来。平时高喊抗战到底的人，有时出乎你意料之外，会在‘七十六号’的会客室中出现。租界以内的渝方报纸，逐渐展开了猛烈的抨击，但若干编辑与记者，却又于暗中取得了默契。汪方的中华日报，也已经恢复出版，由梅思平等轮流主持着社论。在特工战之前，当二十八年的秋季，首先展开的是与重庆方面的言论战。”[2]

76 号的组织与发展

76 号前后的主要人物都是来自国民党中统与军统中的叛徒和上海帮会分子。除丁默邨、李士群之外，还有苏成德、马啸天、吴四宝、林之江、万里浪、胡均鹤、夏仲鸣、潘达、戴昌龄以及后来投汪的军统干将王天木、陈恭澍等人，在丁默邨左右的人员，有顾维武、黄香谷、凌宪文、李子云等，跟随李士群的则有傅也文、黄敬斋、唐惠民、叶耀

[1] 转引自黄美真等：《汪精卫国民政府成立》，上海人民出版社 1984 年版，第 301 页。

[2] 朱子家（金雄白）：《汪政权的开场与收场》第十二节“七十六号中的丁李搭档”，网络版 www.doc88.com。

先、孙时霖等。

76号还采取利诱、威吓手段，将其他行业人士拉入汉奸特务队伍。76号一般先派出熟人来拉拢，许以官位、金钱，如果你不上钩，随后而来的就是恐吓信了，假如你还不肯就范，最后一招即是绑架。

上海吴淞中学校长程宽正曾回忆自己被胁迫加入76号的经过：

“一天傍晚，有A先生来校约去散步，到了法国公园，他说：汪派的‘和平’运动的力量，一天大似一天，我们教育界人士，先后加入的，听说不在少数，据说生活费很好呢，老兄打算怎样？如果有意加入的话，我们可以一起加入（后来得知他在那时早已加入了）。

“隔不了多久，又有B先生者来约谈，寒暄之余，B先生就说道：‘现在上海教育真难办，不但日本人要寻着我们，就是干和平运动的汪派，亦要找到我们，要是坚决拒绝的话，实在是现实环境所不许。我想了好久，还是和汪派取点联系为是。’

“A、B二人如是利诱者至再至三，然尚不至加以威胁，直到七月中旬，A竟直截了当地说：‘丁先生（即丁默邨）要我请你参加和平运动，月薪从丰，务请勿再踌躇——兄名既经指定，无论怎样，不容拒绝。’

“C先生来说道：‘丁先生已将上海教育界名单交来，名单中的人，非请他参加和平运动不可，否则将以行动对付……在数日之间，必定有行动表现给你看，或在贵校门口放一炸弹，老兄爱校心切，其将何以应付？或乘兄走过僻静弄堂中，拦路拳击，甚且以手枪对付，老兄性命又将何以自保？’

“七月中旬某日，有老同学D请我及其他老同学二人，在他家里吃中饭，至则除原来的老同学二、我外，尚有C及E连主人共六人，共话一堂。饭后，C约游兆丰公园，汽车二部，呜呜向静安寺进发，到极司菲尔路不远，即在双门紧闭的巨厦前停住，C下车于门隙中向内招呼，大门顿时开启，车即连人载入而去了。当时心知有异，大家面面相觑而已。汽车一入门口，C 叫我们下车，连忙和 D、E 各签了名，神态慌张，带我们一起向警卫森严的大门，跨进左右架着机关枪的二门走去，一路上五步一岗，刀出鞘，枪实弹，我们以为是到了日本宪兵司令部了，凶多吉少，任他自然，绝不知就是汪精卫的暗杀机关、绑票机关所在之地七十六号。我们被送入了大厅，女招待花枝招展，敬烟奉茶，备极殷勤。这时候惊魂忐忑，方寸大乱，听天由命，唯有静待横逆之来。C、D 匆匆走上二楼，引下一个西装漂亮的主人，经介绍知是唐惠民，他恭而敬之带笑说道：'蒙诸位前来参加和平运动，不胜欢迎之至，请诸位万勿见疑，我们要为和平运动去努力，去奋斗。' 一篇短短演词，我们深知就里了，且亦推知 D、E 早是此间的分子呢！可怜我们其余三人，处此进退维谷之际，真是哭笑不得。过了一刻，又被导入别室，由一病容满面、骨瘦如柴的骷髅人出来接应，经 C 介绍之下，才知是所谓丁默邨者，嘱令宣誓，签署和平运动誓书，还须捺红手印于自己的名下，在暴力挟持之下，事事行礼如仪，不敢有丝毫违拗，同时呼吸不能自主地迫促异常，心脏跳动，更觉突突其来，下水之人，从此为世所唾弃了。”[1]

参加 76 号的手续很简单，来人只要先填写一张宣誓书，然后在 76 号的会客室举行宣誓仪式，由介绍人担任司仪，丁默邨、李士群、唐惠民三人中的一人出来负责监誓，一会儿，介绍人就会把钞票发给参加者，宣誓书则存入 76 号登记科，一切手续即告完成。

丁默邨、李士群接手 76 号陈调元公馆后，立即着手对房屋进行了改造，以满足特工活动的需要。

76 号的第一道大门被拆除，第二道门改建为中式牌楼，牌楼横额上刻有“天下为公”四个蓝底白色大字。两侧墙上各开一个枪孔，架上

---

[1] 黄美真等：《汪精卫国民政府成立》，上海人民出版社 1984 年版，第 374—376 页。

两挺轻机枪。

进入大门的东侧，新建起二十多间平房，作为警卫队的住所和审讯室，头首两间是76号警卫总队长兼第一特务大队长吴四宝的办公室。西侧建了两栋宿舍，电台也设在里面。公馆的大花棚被改为看守所和刑讯室。花棚前面是一幢三开间的平房，由上海日本宪兵队本部派来监视和指导工作的日本宪兵特务所占用。76号的行动必须得到日本宪兵和特务的同意，并由他们现场监视，如果行动失风，则由日本人出面庇护，租界当局一般怕惹事，从不敢深究。

76号里有两幢主楼，东楼是丁默邨、李士群等居住与办公之处。西楼用作办公，并改建出一个礼堂，后来伪国民党“六全大会”就是在这里召开的。

吴四宝是李士群手下的得力干将。此人虽不通文墨，但为人精明狡诈。吴四宝在76号门外开设了几家铁皮店、杂货铺，安排特务放暗哨，从曹家渡到地丰路一带设置水果摊、算命摊、小吃摊等作为流动哨，一有风吹草动，即可通风报信。

76号的大门则一直紧闭，只有汽车可以出入。一般人员出入只能从边门通过。外来人员进入76号有严格的手续。一道门出入须有昌绍中学的通行证，证件印有本人姓名和照片，活动范围仅限于院内的平房。经过警卫队的大铁门，在进入丁、李两人的办公楼前，要核对一本贴有照片与密码的本子，只有来人与照片相符方能进入。若想进入丁、李两人居住的楼层，没有两人的亲笔批条，任何人也不得进入。

丁默邨、李士群征得日本特务机关同意，又占据了76号右侧一条名叫华村的弄堂，并将居民全部赶走，二十余幢洋房被76号特务家属占据。华村的出口被封死，另从76号开门出入，同样戒备森严。

76号特工总部成立之初，日本宪兵涩谷准尉、板本曹长等8人长驻76号内，伪特工总部的任何行动都在日本人的监控之下，76号所采取的暗杀、拘禁行动都事前通知日本人，前往日军驻扎区域还要有他们陪同，76 号枪毙人时，有日本人在场监刑。伪特工总部每日工作情况、拘捕人数、所收集的情报等，都要向日本人汇报。特工所使用的枪支、手榴弹、定时炸弹等武器，均由涩谷等人向日本宪兵队取来，并作登记。梅机关在 76 号斜对面设有一分机关，总负责人是晴气中佐，其副手为中岛信一大尉。

76 号内设有 3 个机构，即伪特工总部、社会部及肃清委员会。

这 3 家机构的负责人都是丁默邨，这些机构照例应设在愚园路 1136 弄伪党部所在地，但丁默邨害怕每日往返两处办公，会遭受渝方特工的暗算，老谋深算的丁就请准汪精卫的同意，将所兼职伪社会部、肃清委员会两机构也设在 76 号内，以方便自己办公。伪社会部名义上是组织人民团体从事民众运动，实际上就是拉拢各行各业的败类来加入汉奸组织。伪肃清委员会专门收编重庆方面的散兵游勇，主任委员由周佛海兼任，丁默邨除任特工总部主任外，又兼肃清委员会的副主任委员及社会部长，因此肃清委员会也设在 76 号内。肃清委员会的任务大多由特务兼任，如王天木、何天风都是老牌军统特务，在此转而做军事工作。王天木任“和平救国军”总指挥，丁锡三、谢文达、李宗盛等任各路司令，实际都是分散行动，各行其是。通过收买等方式，汪伪特工总部在各地收编了不少军统的“忠义救国军”等零散部队，扩充成特工行动队伍。例如，无锡有周煜、严文耀、张更欣三个特工大队，武进有蒋鼎生、张英两个特工大队，常熟、昆山、松江、青浦等地也都组成了这种乌合之众的特工队伍，壮大了汪伪特工总部的声势。不过，在何天风被杀、王天木被押后，加之伪军中的实力派人物叶蓬的反对，肃清委员会在 1939 年年底被迫取消。

从 1938 年 8 月 28 日汪伪“国民党六大”召开到 1940 年 4 月 26 日汪伪政府“还都”，76 号特工总部势力在这段时间里取得了快速的膨胀。

76号特工总部成立之初，在主任丁默邨、副主任李士群、唐惠民之下，秘书主任先后为茅子明与庄滢，秘书有庄滢、曹慎修，外事秘书夏仲明，会计主任叶耀先，总务科长萧一诚，交际科长丁时俊，警卫大队长吴四宝，直属警卫大队长张鲁，第一行动队长林之江，第二行动队长杨杰，第三行动队长张劲庐（女），租界警卫队长潘序东，直属行动组长王佩文，极司菲尔路55号招待所主任由张劲庐兼任。此外，还有一个警官训练班，亦即特务训练班，对外名称叫"聚川学院"。班主任丁默邨兼，教育长茅子明兼，主任教官余朴。其后，又加了3个委员会：第一委员会主任委员马啸天，第二委员会主任委员顾继武，抚恤委员会主任委员李士群兼。不久后，除原有的科、队、会外，又增设了4个厅：第一厅厅长王天木，第二厅厅长林之江，第三厅厅长何天风，第四厅厅长苏成德。为时仅一个月左右又把各委员会和厅一并撤销，改为4处4室。4个处为：第一处处长先后有陈明楚、谭文治（又名质彬）、万里浪，副处长罗梦芗；第二处处长先后有马啸天、胡均鹤，副处长先后有石林森、魏曙东、姜颂平；第三处处长张劲庐，副处长沈风岗；第四处处长潘达，副处长钱人龙。4室则为：督察室，主任先后有杨杰、裘君牧，副主任王佩文；专员室，主任沈信一，副主任季庆仁；审讯室，主任先后有汪瀚章、蔡鼎成、康焕栋、张炳康、张炳扬；化验室，主任姚任年（原名姚人彦），副主任岳光烈。由于特务活动的疯狂扩展，人事增多，接着又增添了4个处，发展到8处4室。增加的4个处为：机要处，处长傅也文，副处长钱新民；总务处，处长叶耀先，副处长孙时霖；情报处，处长唐克明，副处长王道生；电务处，处长晋辉，副处长先后有余玠（原名李开封）、周鼎，余与周还先后担任过无线电侦察总台台长。4室分别为督察室、专员室、审讯室、化验室。此外，76号还设有修械所、看守所、招待所、警官训练班、警犬训练班、女特务训练班等附属机构。

上述机构人事变动，除了何天风、陈明楚、钱人龙、谭文治等人先后为重庆特务所暗杀，又如王天木因涉案被76号关押外，其余人事更迭大都是丁默邨与李士群之间争权夺利、互相倾轧的结果。

76号内部8处4室的工作分工为：第一处处长原军统人员万里浪，主要负责对付军统；第二处处长原中统人员胡均鹤，主要负责对付中统；内部附设CP股对付共产党和新四军；第三处处长张劲庐，对付忠义救国军；第四处处长潘达，对付租界；机要处处长傅也文，李士群的妹夫，管人事、文书、档案、收发等；总务处处长叶耀先，李士群的小舅子，管事务、财务、会计；电务处处长晋辉，是被俘军统电台负责人，管电台、电报收发；情报处处长唐克明，管情报收集、编审、指导。

1940年3月汪精卫伪政府在南京登场时，丁默邨已被李士群踢出了76号。李士群随即把76号的人事机构重又调整一番，他把原来丁默邨的班底，如茅子明、庄滢、萧一诚、曹慎修、丁时俊等都免了职。增设了主任办公室，以原来的机要处处长傅也文任书记长，另以黄敬斋为秘书，以余百鲁接替了张劲庐的兼职，而为招待所主任，副主任为王佩文。以宋负薪为修械所（后改为复兴兵工厂，厂址在愚园路）主任。以叶观达、朱照生先后为特工总部看守所（在76号内）主任，以王吉安为南市看守所主任。并将吴四宝的警卫大队改为警卫总队，下设5个大队，以吴四宝为总队长兼第一特务大队队长，驻76号；以郭忠和为第二特务大队队长，也驻76号；以张国震为第一行动大队队长，驻极司菲尔路55号；以顾宝林为第二行动大队队长，驻星加坡路（今余姚路）青云里24号；以王吉安兼南市警卫大队队长，驻南市警卫厅路集贤邨6号。南市看守所也设在里面。

除上面所说的特工总部警卫总队之外，76号为加强行动力量又添设了特工总部行动总队，下设6个行动大队：以林之江为总队长兼第一行动大队队长，驻忆定盘路 37 号；以吴振明为第二行动大队队长，驻康家桥 62 号；以杨杰为第三行动大队队长，驻忆定盘路 35 号；以万里浪为第四行动大队队长，驻愚园路 818 号；以张劲庐兼第五行动大队队长，驻马路桥钱家巷 38 号；以潘公亚为第六行动大队队长，也驻康家桥 62 号。这类行动大队，后来增设到 20 多个，分别驻在江浙各地区的特工站内，配合当地的特工站从事特务行动工作。另外，还有一个警犬训练班，委任傅志远为主任，从事警犬的训练。此外，还有租界警卫队、直属行动组、直属情报组、《中华日报》警卫组、《时代晚报》警卫组、《平报》警卫组等。

除上面这些机构外，又建立了若干个 76 号的外围组织，如设在极司菲尔路 75 号，以李士群为社长，胡均鹤为书记长的“海社”；由夏仲明负责的“上海法院同仁会”；以叶耀先、孙时霖任正副经理的“立泰钱庄”（后改为立泰银行，行址在宁波路即今淮海东路）；以黄敬斋任经理，蒋晓光为总编辑，胡兰成为主笔的《国民新闻》社；以尤菊荪为经理的“东南贸易公司”（设在 76 号，后迁杭州），等等。通过这些组织，76 号将特务触角伸向文教、司法、新闻、金融各界。

在财政经费方面，李士群投日后的特务费用，开始是由日本军方供应的，但随着组织的形成与扩大，他们也开始自找财源门路，以求用钱自如方便。

本来，这些汉奸人渣落水的动因之一就是贪图金钱享受，所以，他们在搜刮敛财方面是心狠手辣、毫不含糊的。

特工总部经费虽然庞大，但仍然不能满足特务们的贪欲。李士群的老婆叶吉卿亲自掌管着财务保险柜，她天天催逼李士群想办法捞钱，因此 76 号就通过包烟、包赌、绑票、勒索来增加“外快”补充经费。吴四宝等人时常带着手枪上交易所“交易”，赔了就拔枪翻脸抵赖，所以他们的买卖是永远赚钱的。76 号特务还偷窃停放在马路上的漂亮汽车，先用白俄发明的“百搭”钥匙打开，将汽车开到76号里面，再把引擎上的号码弄模糊，车身换上一种油漆的颜色，转手之间，一部赃车可以赚上好几千块。至于强占地皮房屋、欺行霸市、包赌包娼等等，那更是司空见惯。

1940年汪伪“还都”以后，鉴于76号特工组织不断发展，经费不足，李士群便向伪财政部请领，但周佛海以“预算所限不好随便批准”为由加以拒绝。李士群就向梅机关老板晴气庆胤申诉：“没有足够经费，特工是没法办的。”在晴气的授意下，76号决定成立一家“东南贸易公司”，由梅机关派出日本人中岛主持，从事与蒋统区“交换物资”走私的生意，获利无数。

东南贸易公司总公司最初设在76号内，后来移到杭州。总经理是尤菊荪，秘书为其子尤增寿，他们在上海收购棉纱、棉布、西药等，在76号斜对面梅机关分部包装好，向日军请领派司，起运杭州，然后转运往内地。交易的货物有桐油、柏油、木材等军需物资，资本最先由特工总部负担，后来因交换物资多了，资本周转不灵，后来由梅机关给予垫付。为帮助东南贸易公司，梅机关还特地在杭州设了一个分机关，贸易所得除日本人抽头外，均拨为特工经费。东南贸易公司一直经营到1943年李士群暴毙为止。李士群凭此公司获得大量特工经费，76号的组织和活动大大地发展起来。

76号的触角像八爪鱼一样，疯狂伸向上海滩的每一个角落，控制着形形色色的外围组织，例如海社，以李士群为社长、胡均鹤为书记长，专在学生中从事特务活动；由夏仲明负责的上海法院同仁会，专司分化拉拢租界国民政府法院人员；以黄敬斋为经理、蒋晓光为总编辑、胡兰成为主笔的《国民新闻》，是特工系统的宣传工具；还有前述的东南贸易公司，是76号的钱库；以叶耀先为经理的立泰银行、以朱海初为经理的上海实业银行，这些都是76号特工总部的经济运转机构，这两家银行在南京、苏州、嘉兴、杭州都有支行，具有较强的实力，甚至发展为李士群与周佛海在经济上抗衡的工具。

汪伪政府在南京成立后，为了方便特工公开活动，也为了安置更多投靠的汉奸，在伪政府里设立了警政部，作为公开的特工组织，周佛海任部长，李士群为政务次长，实际负责部务。周佛海又兼任伪财政部部长，李士群常因申请特工经费与周发生矛盾，成为两人以后不和的诱因。

76 号与日本梅机关的关系

丁默邨、李士群在日本特务势力的支持下，逐步形成了汪伪特工组织。特工总部名义上是汪伪的特工机构，实际上，76 号的一切都操控在日本人手上，无论是人事安排、机构设置，还是经费，无一不听从日本人的安排。梅机关就是 76 号伪特工总部的幕后操纵者。

1939 年冬，李士群在晴气庆胤的安排下，带着翻译夏仲明前往日本访问，此行虽未见到级别较高的日军官员，但也见到了一些佐级军官，李士群在宴会上向日本人大肆吹嘘：“苏浙皖三省和沪宁两市的治安维持得很好，所有军统、中统分子大部分都捉住了。”[1]

日本人大大表扬了李一番。晴气向李士群表示：“经费不成问题，有何人留难尽管对我说，工作要和宪兵队联络，只要林少佐（特高科长）说句好话，前途未可限量的。”[2]

李士群得到日本主子的鼓励，回国后越发积极地发展起特工组织。

梅机关还一手策划了李士群主办的汪伪政府“清乡”工作，企图以此消灭遍布广大农村的抗日力量。

早在 1940 年底，晴气就告诉李士群，日本人准备开始“清乡”，晴

[1] 黄美真等：《汪精卫国民政府成立》，上海人民出版社 1984 年版，第 286 页。

[2] 黄美真等：《汪精卫国民政府成立》，上海人民出版社 1984 年版，第 286 页。

气对李士群说："影佐预备招待你到台北去过新年，休息休息。他对你印象很好，不妨和他亲近亲近，如果他有意思要你做什么事，你最好接受下来，有困难，对我说好了。" [1]

不久，李士群带上秘书夏仲明、鲍君甫以及梅机关的中岛信一，一起飞往台北。影佐祯昭已先期到达，在台北温泉旅馆，影佐对李士群的特工工作大为赞赏，影佐说："我们预备从江苏省开始清乡，你有特工力量，你来做一定很好，不知你愿意不愿意？" [2]

李士群受宠若惊，一口答应："我绝对负责。"这就是李士群在日本梅机关的支持下，从周佛海、罗君强手中夺过"清乡"大权的由来。

梅机关为了全力配合与监督汪伪的"清乡"工作，在苏州葑门十全街64号设立分机关，中岛信一为总代表，梅机关共派出十多名工作人员，与伪特工总部驻苏州办事处同在一处合署办公。杭州的梅机关则负责安排汪伪特工"清乡"时在日军控制地区的行动，并由日本宪兵陪同前往。在汪伪"清乡"中，伪军警与特工人员的各种行动，都在日军的监督与安排下进行，梅机关在苏州的办事处，不仅负责日伪双方的联络与沟通，还对李士群进行监督。1941年底，一名县长向李士群的老婆叶吉卿行贿，送其一枚宝石戒指。此事被特工总部驻苏州办事处主任黄尔康所知，报告了梅机关的中岛信一。李士群遭日本人责问后大发雷霆，一怒之下撤销了驻苏办事处，黄尔康被免职。李士群借"清乡"之机，投机钻营，大发横财，连梅机关的日本人也看不下去了，结果梅机关的十几个工作人员在黑田的带领下拂袖而去，这也是日本人后来逐渐反感李士群的一个重要原因。

1942年，汪伪军事委员会在杭州设立了"闽赣浙皖四省边区行营"，收编各方散兵游勇，李士群派傅也文担任行营秘书长，实际上把

[1] 黄美真等：《汪精卫国民政府成立》，上海人民出版社1984年版，第290页。
[2] 黄美真等：《汪精卫国民政府成立》，上海人民出版社1984年版，第290页。

此行营也做成了一个特工机关。李士群所收编的杂牌部队，也要经过梅机关的同意，并在梅机关的安排下进行训练。1942 年冬，晴气庆胤被调往华北工作，李士群便组织了特工“华北工作团”，在晴气的支持下在北平、天津两地开展特工活动。但此时的李士群已随着日本对华政策的变化，以及其自身污点的增多，在日本主子眼里渐渐失去了利用价值。

1944 年，日军为打通中国大陆南北交通线，策应南洋战场，在中国大陆发动了“一号作战”（即豫湘桂战役），深陷战争泥淖的日军对汪伪政权放松了控制，这一年，影佐祯昭调离中国到南洋任师团长，日特梅机关随即被撤销。

76 号的喉舌《国民新闻》及其主笔胡兰成

上海全面沦陷后，在日军占领下的上海滩只允许有 7 份报纸存在，日军直接控制了其中 2 家，即日本陆军的《新申报》和日本海军的《新闻报》，另有汉奸林柏生主办的《中华日报》，周佛海控制的《平报》，由金雄白经营的“兴亚建国系”的《新中国报》，负责人是袁殊，再有一份就是 76 号特工总部的机关报《国民新闻》。这 7 家报纸中，汉奸特务头目周佛海兼任了《平报》《新中国报》《国民新闻》3 家报社的董事长，而《国民新闻》是 76 号的宣传喉舌，它的主笔人就是因与著名女作家张爱玲的爱情故事而名闻一时的落水文人胡兰成。

胡兰成，1906 年 2 月出生于浙江省嵊县下北乡胡村，小名蕊生。他出身贫寒，从小聪明好学，有“乡间才子”之称。1918 年考进绍兴第五师范附属高小二年级，高小毕业后进入绍兴第五中学，后因学潮回到胡村。1920 年进杭州蕙兰中学，因编辑校刊得罪校务主任方同源，被学校开除。后师从海宁周承德先生学书法。

1923 年 10 月，娶唐玉凤为妻，婚后在胡村小学教书。因自视甚高，不甘心在家乡当一辈子“孩子王”，不久便离开家乡闯荡四方，但总郁郁不得志。

1926年3月，胡兰成到杭州邮政局当邮务生，3个月后因犯错被开除。9月，进燕京大学副校长室抄写文书一年，并旁听燕大课程。次年2月，北伐军占领杭州及浙江全省，胡从北京回家。1930年起在中山英文专修学校、广西一中等地教书。1933年写出散文集《西江上》。1936年应第七军军长廖磊之聘，兼办《柳州日报》，鼓吹对日抗战必须与民间起兵相结合。“两广事变”期间，他在《柳州日报》发表一系列政论文章，积极鼓吹两广与中央分裂，引起各方注意。5月间，他被第四集团军总司令部监禁，经函求白崇禧，于1937年初被释放。

梅思平

经广西一中的同事、任职《中华日报》的古泳今介绍，胡兰成加入了汪精卫派系的《中华日报》，并被聘为主笔，赴沪谋生。7月，中日战起，八一三事变爆发，胡与妻儿避居法租界。1938年初，他被调到香港汪派林柏生主办的《南华日报》任编辑，用笔名“流沙”撰写社论，与林柏生、梅思平、樊仲云等研究战时国际情势，按月写出报告送汪精卫参考，10月间，其所著《最近英国外交的分析》由商务印书馆出版。

1938年12月19日，汪精卫脱离重庆到河内，响应近卫声明，12月30日发表“艳电”。胡兰成连续发表文章，大力宣传汉奸理论，不断被林柏生用作社论。他写的社论《战难和亦不易》深受汪精卫及其夫人陈璧君赏识。而陈璧君依仗着她的早年“革命资历”和其夫汪精卫的政治地位，绝对是个政坛“女汉子”，她习惯于插手政治，代汪做主，在汪叛逃事件上起到了推波助澜的作用。她命林柏生提升胡兰成为《南华日报》总主笔，使胡接近了汪精卫集团的上层。次年2月，陈璧君到香港，又下令召见胡兰成。当时，胡正害眼疾无法前往，陈便嘱咐为其加薪治病，将其月薪增为360元港币，另发2000元机密费。

5月初，汪精卫离河内抵上海，经陈璧君的推荐，电邀胡兰成到上海，充当汪的侍从秘书。胡随即离港到沪，从此正式“落水”为奸。

8月底，汪记“国民党六大”召开，伪中央党部成立，胡兰成被任为伪宣传部政务次长、国民党中央执行委员，兼《中华日报》总主笔，成了以陈璧君为首的汪的嫡系“公馆派”的一员“儒将”，被称为汪精卫的“文胆”。

1940年1月，胡兰成的社论集《战难和亦不易》由中华日报社出版，他成为著名的汉奸文人、汪伪政权的笔杆子。3月30日，汪精卫伪政府在南京成立。胡任伪宣传部政务次长兼《中华日报》总主笔。当年夏，辞去《中华日报》兼职。

期间，胡兰成与76号特务李士群、吴四宝接近。1941年2月28日，胡应李士群之邀出办《国民新闻》，任总主笔，撰写了《国民新闻发刊辞》。

胡兰成非广东籍，在派系林立、个人势力倾轧激烈的汪系集团内，显然缺乏过硬的政治实力，但他与日本大使馆的池田笃纪领事私交极好，来往密切。

胡以其文人的清高作风，看不起伪宣传部次长林柏生。1943年，他向池田书面报告了汪伪内部派系斗争内幕，重点攻击了伪宣传部。池田将胡的报告私下转给伪宣传部司长黄菩生看，黄即向林柏生告密，林柏生气愤不已，跑到汪精卫面前哭诉。

汪精卫夫人陈璧君早年留影

林柏生

汪闻之大怒，加上胡因不赞成伪政权跟随日本向英美宣战之举，已和汪有隙，于是汪下令林柏生的特务组织政治局将胡兰成关押，后因日本人的出面庇护而释放。胡兰成随即避往上海。

《国民新闻》是76号特务机关报，由李士群兼任社长，胡兰成、黄敬斋为副社长，专门宣传亲日汉奸理论，同时，该报也是汉奸势力互相倾轧、争权夺利之所在。李士群与周佛海争权时，李曾指使《国民新闻》发文攻击周佛海。一次，《国民新闻》发表社论，指责周佛海与梅思平生活腐化，在社会上造成极大影响，使周佛海很是难堪，但李士群事后一推了之，胡兰成也将责任推给陶希圣留下的学生鞠远清，由这个小人物顶包了事。周佛海一气之下，辞去兼任的《国民新闻》董事长。

胡兰成在南京被伪政治局扣押期间，偶然读到一本苏青主办的《天地》杂志，上面刊有张爱玲的小说《封锁》。他阅后大为激赏，文人之间的那种惺惺相惜，使他对作者张爱玲充满了好奇，遂写信向苏青打听张是何人。苏青回信说，是个女人，这便引得好色的胡浮想联翩。不久，他又收到了苏青寄来的《天地》第十二期，上面不仅有张爱玲的文章还有她的照片，于是，他决定一定要结识张爱玲。

胡兰成获释后回到上海，即向苏青讨要张的地址，从此开始了他与张爱玲的一段姻缘。

张爱玲，1920年9月30日出生于上海，原名张煐。她是清末洋务派名臣李鸿章的曾外孙女，4岁开始接受私塾教育，又跟着母亲学画画、钢琴和英文。张爱玲对色彩、音符和文字都极为敏感，她曾在《天才梦》中说：“我是一个古怪的女孩，从小被目为天才，除了发展我的天才外别无生存的目标。”10 岁时，被母亲送进学校读书，正式取名张爱玲。1931 年秋，就读于上海圣玛利亚女校。

张爱玲

1932 年，她即在圣玛利亚女校校刊《凤藻》上刊载短篇小说处女作《不幸的她》。这是她发表的第一篇小说，从此开始了她的写作生涯。

1937 年夏天，张爱玲从圣玛利亚女校毕业，虽然考取了英国的伦敦大学，却因为战事激烈无法前往。1939 年，她改入香港大学专攻文学。

1940 年 4 月，她的《天才梦》在《西风》月刊三周年征文中获奖。

香港沦陷后，1942 年张爱玲未及毕业即回上海，给英文《泰晤士报》写剧评、影评，同时替德国人办的英文杂志《二十世纪》写文，先后发表了许多作品，名声渐起，直至与苏青、关露、潘柳黛并列为蜚声上海文坛的四大才女。其间，她结识了周瘦鹃、柯灵、苏青等作家。

当时在上海，张爱玲不仅是个有名的才女，更是著名的时尚中人。她穿的衣服都由自己亲手设计，或由好友炎樱设计，这些服装在当时无论是样式还是颜色都显得很大胆，这也成为当时上海报纸和圈内人士津津乐道的话题。

张爱玲的性格中聚集了一大堆矛盾：她是一个享乐主义者，又是一个对生活充满悲剧感的人；她是名门之后，却又常常宣称自己是一个自食其力的小市民；她在文章里同读者拉家常，人情练达，但生活中却始终与人保持着一定的距离，不让外人窥测她的内心。这一切似乎都在预示着她后半生的凄凉结局。而这一结局的开始就是胡兰成的出现。

胡兰成回到上海之后就去找苏青，他要以一个热心读者的身份去拜见张爱玲。苏青婉言谢绝了，因为张爱玲从不轻易见人。但胡兰成执意想见，向苏青索要地址。苏青迟疑了一下才写给他——静安寺路赫德路口 192 号公寓 6 楼 65 室。胡兰成如获至宝，虽然此时他早已是个有妻室的人，而且还是他的第二次婚姻，但这并不能使他淡定。

胡兰成按地址找到了位于静安寺路的张爱玲姑姑张茂渊的家。第一次，胡兰成并没有见到张爱玲，因未带名片，胡留下字条。张爱玲向来不爱见人，但这次例外，也许是张爱玲已知胡兰成的名声，也许是有缘，在见到字条的第二天，她就与胡通了电话，约定午饭后即往胡兰成在上海的住所大西路美丽园造访。在美丽园，胡、张二人初次见面，相谈甚欢，一坐 5 小时，直到傍晚，胡兰成才意犹未尽地送张爱玲出门。

美丽园与常德公寓相距不远。第二天，胡兰成来到张爱玲家。胡兰成说："她房里竟是华贵到使我不安，那陈设与家具原简单，亦不见得值钱，但竟是无价的，一种现代的新鲜明亮断乎是带刺激性。"[1] 胡兰成出身乡下，从未接触过张爱玲这种真正的贵族，直到当上汪伪政权的高官，才有机会踏入"上流社会"。张爱玲炫目的家世、出众的文才，无一不使胡兰成倾倒，而胡兰成在张爱玲面前能炫耀的只有他的阅历。胡兰成当年已 38 岁，经历过婚姻和女人，23 岁的张爱玲恋爱史还是一片空白。因此，登门拜访的胡兰成"在她房里一坐坐得很久，只管讲理论，一时我又讲生平，而张爱玲亦只管会听"。从此，胡兰成每隔一天必去看她，两人随即坠入爱河。

此时，胡兰成原配夫人已死，续娶之妻全慧文患有精神病，无法料理家务，胡兰成当时还与艺名"小白云"的歌女应英娣同居，家安在南京，胡兰成在南京伪政府做官，每月往返于沪宁二地。与张爱玲相恋后，胡兰成回上海总是先回张爱玲处，一进门就说："我回来了。"应英娣发现胡、张恋情之后，与胡大闹并提出离婚，胡兰成遂提出与张爱玲正式成婚。

1941 年 10 月，胡兰成被免去宣传部次长职。12 月 8 日，太平洋

---

[1] 胡兰成：《今生今世》，中国社会科学出版社 2003 年版，第 145 页。

战争爆发，稍后他随汪伪代表团去日本访问。1942年2月又被任命为伪行政院法制局局长。9月，胡的社论集《争取解放》由国民新闻社出版。12月底，汪精卫访日回国后召见胡兰成时，因胡不赞成对英美宣战，二人再生罅隙。1943年2月，伪法制局撤销，胡转任经济委员会特派委员。1944年2月，胡在《新东方》杂志上发表《〈中国之命运〉的批判》一文，5月，又在《新东方》杂志上发表《中共的存在及其性格》，公然与国共两党为敌。

8月，胡兰成与张爱玲结婚。两人并无正式婚礼，仅有双方自行手书之婚书："胡兰成与张爱玲签订终身，结为夫妇，愿使岁月静好，现世安稳。"前两句为张爱玲所撰，后两句为胡兰成拟就。但胡兰成是个好色之人，后来他移情别恋时，张爱玲曾诘问他："你说过要给我现世安稳，为什么（这样）？"

李士群死后，胡兰成在日本人池田资助下办了一个《苦竹》月刊，仅出4期，即刊有张爱玲的3篇文章，谈图画，说音乐，以炎樱的画为封面，满幅竹枝竹叶。[1]

1945年2月，胡兰成在汉阳以学者自居，作一系列哲学演讲，通过日本军政界的少壮派人物宇垣一成，被日方派往武汉主持华文《大楚报》，任社长，为日本"大东亚主义"张目，他得到日本驻武汉吕部队参谋人员的同意，发表拥蒋媾和、日军撤退的谋略文章，并公开发表演讲。

胡兰成到武汉不久，即与护士周秀德同居。

日本投降后，胡兰成逃亡到故旧浙江温州斯家，由斯家小妾范秀美助其外逃，一路上两人又开始同居，以夫妻相称，避人耳目。张爱玲来温探视，见此情形大恸，回上海后即来信与胡分手，信曰："我已经不喜欢你了。你是早已不喜欢我了的。这次的决心，我是经过一年半的长时间考虑的。彼时惟以小吉故，不欲增加你的困难。你不要来寻我，即

[1] 胡兰成：《今生今世》，中国社会科学出版社2003年版，第171页。

或写信来，我亦是不看的了。”[1]

晚年的胡兰成与佘爱珍

胡兰成后潜伏在浙江一带教书，在温州亲见解放军进城。1949年经上海逃往香港，在港时，他穷困潦倒，向大汉奸熊剑东的遗孀唐逸君、吴四宝遗孀佘爱珍等告借路费偷渡日本。1955年，胡兰成又在日本与吴四宝遗孀佘爱珍成婚。1974年往台湾教书著文，影响了台湾的一代文风。后因汉奸经历及言论受到台湾舆论攻击，1976年被逐出台湾，重返日本客居，1981年7月25日病死于日本东京。

胡兰成以其文笔著称，但他一生主要效力于日本侵略者与汪伪汉奸政权，致死不悟。1975年9月7日，他在写给蒋介石秘书秦孝仪的信中说：“去年来此之前，曾奉书与先生，即已料到在台湾之文化人将以仆与汪氏之旧事为言，今当然不作辩解。惟因先生是关系民国史学之人，于兹敢举一史实奉告：金荣华（中国文化学院教授）告仆，彼在墨西哥时闻朱庸寿言（朱是抗战时外交部护照课长），汪之出走，蒋公是知道的。朱云：那天忽然汪副总裁派人来要出国护照，朱不敢做主，请示外长王宠惠，王外长即以电话向蒋公请示，是蒋公说可以发给的，否则不可能出国。汪之出走，原意为缓兵之计，并照顾沦陷区人民，此是最高度的秘密。但其后汪氏主张当真与日本讲和，这才是与蒋公相违了。战后第六年日本恢复独立后，每日新闻曾又全文重载汪氏对记者的谈话：‘我们与日本讲和，不是怕打下去中国会被日本征服，日本是不能征服中国的；乃是怕战争延长下去，中国会亡于共产党。而于日本，战争延长下去亦将招来其在国际地位上的大祸，故中日两国有可讲和的

[1] 胡兰成：《今生今世》，中国社会科学出版社2003年版，第274页。

利害交点。'

"汪氏在河内遇刺幸免，其甥曾仲鸣死之。当时主持此一暗杀之陈恭澍后来被汪政府在上海之特工机关破获，而被任用，但彼实际仍继续与重庆方面联络，语人曰：'汪先生在河内并非幸免，当时若为刺他，有几个汪先生也刺杀了。'此亦是一证据。尚有汪氏殁后第十五、六年，香港杂志上初发表汪氏的遗书，其中只字不提大亚洲主义与亲善合作的话，而纯然是与敌谋和的敌意的语气，仆当时读之讶其不类，然细审之，又确是汪氏病笃中之作。今证以朱庸寿发给出国护照之言，与陈恭澍非刺汪先生之语，乃弥为之慨然。仆初来台湾时谒岳军先生，岳公曰：'汪先生他也是为国家。以汪先生这样的人，他一定是有他的想法的。'然此不足为外人道也，当俟他日……后，其时国家修史，有良史识者或可稍存恕心乎？"[1]

这种观点，俨然还是在为汪伪辩护，说明胡兰成的政治立场依旧，他晚年在台湾受到爱国人士的批判与攻击便是十分自然的事了。

抗战胜利后，76号特务机关报《国民新闻》被戴笠的军统局接收。

第四节 魔掌伸向四面八方

1939年，汪精卫伪政权尚未在南京成立之前，丁默邨、李士群领导的76号，已在日军的指挥下，分别在杭州、苏州、南京、蚌埠等地，以及沪杭、沪宁、津浦南段各铁道线设立特工区站，普遍开展了特工活动。

---

[1] 《胡兰成谈汪政权秘闻》，载《胡兰成致秦孝仪函》(1975年9月7日)，http://tieba.baidu.com/p/12067439。

76号特工总部南京区的建立

1937年12月13日，南京沦陷，日军在开展疯狂的南京大屠杀之后，还派特务与宪兵严密控制南京社会，四处抓捕抗日人士，破坏抗日组织。同时，日本当局还扶植了汉奸组织伪维新政府做爪牙。

中国人民不甘屈服于日本法西斯的统治，中共地下组织和重庆中统、军统人员陆续在南京开展了抗日锄奸工作。特别是1939年6月10日晚，在驻南京日本总领事招待日伪高级官员的大型宴会上，发生了中国仆役詹长麟、詹长炳兄弟两人以毒酒毒毙日伪高官数人事件，此事令日伪胆寒，极大地打击了日本侵略者的嚣张气焰。日本人为了维持其殖民统治，不得不运用汉奸特务来抵抗与镇压重庆特工。

1939年5月，汪精卫在日本人保护下到达上海后，加紧筹组伪政权，以南京为“还都”组府目的地。因此，他们需要南京社会秩序的安定。丁默邨、李士群在上海组建汉奸特工队伍后，在与重庆特工的对手战中屡屡获胜，使日本人深受启发。

上海的日本特务梅机关一直在积极协助汪精卫组织伪政府，梅机关此刻下令76号特工总部派人往南京建立分部，以便协助汪组织政权并在汪组府后承担武装保卫工作。76号特工总部也想借机扩大自己的势力，丁、李二人遂派唐惠民在汪组府之前赶往南京，赶建76号特工总部南京分部。

76号在南京的活动

在汪伪政权尚未成立之前，“特工总部”已在日军引导下，在杭州、苏州、南京、蚌埠等地，以及沪杭、沪宁、津浦南段各铁道线上分别设区立站，开展特务活动。

1939年8月，汪记“国民党六大”即将召开，76号特工陈明楚首先带人到达南京，筹建伪特工基地，为汪精卫“还都”做准备。

陈明楚带人到达南京后，为了取得日本人的信任，工作十分卖力，不久，即破获了以余玠为首的军统地下电台。随后，又将中统特工温让的电台破获，并逮捕了军统潜伏于南京的负责人王道生及地下人员多人。陈明楚的一系列得手使日本人兴奋不已，更加支持76号在南京的行动。

1939年9月初，76号特工总部在上海成立，不久76号特工总部南京区也开张了，这是76号伪特工势力向上海以外地区扩展的第一站。唐惠民（化名孔九如）为首任区长，陈明楚为副区长。

唐惠民带了一班人马开到南京，先驻扎在城北中央门大树根76号，不久搬到颐和路21号。当时，汪伪政权尚未正式成立，他们很难插手伪维新政府的工作。因此，76号南京区的对外名义暂时使用日本南京宪兵特务班。其后，76号南京区也用过其他代号，如金公馆、冯公馆，姜凌华、冯又新等，又曾以振华中学作为证件代号，对外用过南京第一号信箱，但21号一直是这一南京特务组织的代名词。[1]

南京区成立后，本部有总务、情报、组训、侦行4个处及秘书、译电、会计室和看守所。其主要任务是建立情报网，防止国民党中统、军统特务分子的破坏活动，协助伪政府“还都委员会”接收“维新政府”，确保“还都”的安全。[2]

南京区成立之初，日本梅机关就派一个班的便衣特务住在区本部监视，南京区的行动都要征得梅机关的特务同意后才能执行。如有逮捕共产党或国民党地下人员的行动，日本宪兵都要参加，审讯记录也必须交给日本宪兵过目，日本宪兵会记录下相关线索送交驻地日本宪兵队参考，并报梅机关备查。驻站的日本宪兵每天会索阅伪特工所搜

[1] 江苏省政协文史资料委员会编：《江苏文史资料》第29辑，第161页。

[2] 江苏省政协文史资料委员会编：《江苏文史资料》第29辑，第162页。

集的情报，凡认为有价值的，则记录下来并报送驻在地日本宪兵队。南京区每天收到下属站的情报资料，经编审后复写3份，1份送上海76号特工总部，1份送驻区的梅机关便衣宪兵，1份存查。[1]

不久后，由于颐和路21号房屋不够使用，又在后院添建了多间新房，为了方便车辆进出和警戒，在灵隐路8号重新开了一个大门，颐和路21号成了后门。中央门大树根76号改作临时看守所。宁海路25号另建一新看守所。被捕后投日的原军统人员余玠在慈悲社14号建立秘密电台，作为南京区的电讯侦察机构。

南京区本部之下设东、南、西、北、下关、浦口6个分区，东区在严家桥2号，南区在剪子巷12号，西区在朝天宫西街112号之2，北分区在下关永宁街海房里14号，另在大板巷57号增设一个中区。各分区设主任1人，工作机构是根据区本部的组织系统设立，也有组训、情报、侦查等项业务，只不过班子比本部小一点。

例如东分区所管辖的范围，东起孝陵卫，西到新街口，南北从白下路到城边为止。东分区主任高宗山，南京人，他对南京情况很熟悉，社会关系也很复杂，一手掌握了南京市商界和青洪两帮。[2]东分区的核心人物高宗山和赵运城都是南京人，原来都是国民党中统分子，甚至还有灵谷寺、古林寺的两个方丈，过去也是中统分子，他们负责收集商业和佛教方面的情报。各分区领导街道保甲长，接受基层情报人员的汇报，保甲长如知情不报，则以包庇罪论处，因此南京各个街道都有情报站，南京人民的生活完全处在汉奸特务组织的魔爪之下。[3]

在76号南京区的疯狂打击下，国民党中统南京区组织完全被破坏，中统负责人姜颂平落网，他事后回忆道："1939年9月29日深夜，日

[1] 江苏省政协文史资料委员会编：《江苏文史资料》第29辑，第199页。

[2] 江苏省政协文史资料委员会编：《江苏文史资料》第29辑，第169页。

[3] 江苏省政协文史资料委员会编：《江苏文史资料》第29辑，第170页。

寇驻汪特南京区便衣宪兵班长永野率领汪特南京区行动科科长童国忠及侦行员数人，闯进我们的住房。永野用手枪对准我的胸腔，高喊不准动。这时童国忠拿着手铐把我两手铐了起来，逼令我坐上预先停放在院子里的小汽车，译电员黄杰，也被铐上双手，送到我坐的车上，电台台长奚永修和助理员黄延2人送到另一辆小汽车上，然后一起开到城东北隅大树根汪特南京区临时看守所内。我被关进只有铁栅门而无窗户的漆黑单身房间里。黄杰等3人则分别关在其他住间里。隔了不一会就被提审……"[1]

76号南京区长唐惠民原是中统特工，投汪后又秘密与中统联系，他为中统在南京开办培训班，积极培植私人力量，收编土匪常海波、李义林，其弟唐公福也在南京周边拉关系，准备建立自己的武装势力。这些终于引起76号特工总部的警惕。加上唐惠民是丁默邨一派，李士群为了打击丁默邨，借此由头，将唐惠民骗回上海，软禁在新亚酒店并被解除一切职务。

唐惠民下台后，苏成德接任区长。苏成德抗战前曾长期在中统南京本部工作，十分熟悉南京的情况。他上任后的第一件任务是保卫汪精卫"还都"。

1940年1月27日，苏成德担任了"还都筹备委员会"的委员，2月22日又任伪中政会秘书处警卫组组长，指挥南京区的特工负责汪伪中政会和"还都"典礼的警卫工作。

苏成德周密的特工保卫工作，使得汪精卫对其大为赞赏。其后，他又兼任了伪警政部的特种警察署长，极力为日伪卖命。

这一时期南京区设有总务科、情报科、侦行科、组训科、治安科、司法科以及看守所、会计室警卫大队、无线电台（不久即撤，特工总部电讯处在南京设台，与南京区合用），其主要任务是搜集国

[1] 江苏省政协文史资料委员会编：《江苏文史资料》第29辑，第183页。

民党、四郊新四军游击队及其他抗日武装的情报，逮捕镇压爱国分子和国民党中统、军统潜伏在南京的活动分子，布置伪政府“还都”南京以及伪军政机关的警备工作，进一步在基层建立情报网，发展情报员等。[1]

苏成德任76号南京区区长时，破获的国民党中统、军统组织成果最多。

苏成德原是中统苏沪区副区长、上海行动总队长、西路党部调查室主任，他掌握苏沪区中统特工名单，投敌后便把中统沿沪宁线的人员一网打尽，仅在上海一地就抓了四十多人。南京国民党地下市党部也被苏成德带人破坏，陈觉吾、陆玄南、邓怡、刘少华、朱菊人、张至仁等20余人被捕，陈觉吾、陆玄南被杀。军统在南京的组织也被苏成德消灭殆尽，军统武装“忠义救国军”南京行动总负责人何柏椿秘密投伪后，其手下人员来南京活动时，也被76号南京区的特工一一抓获。

苏成德家住宁海路14号，靠近34号汪公馆，他大走“公馆路线”，与公馆派核心人物陈璧君、陈春圃往来密切，引起76号特工总部丁默邨、李士群的忌妒与不满。恰在此时，丁默邨的二弟丁时俊在酒吧与他人起争执，被一白俄用酒瓶砸死，苏成德当时在场，由于苏与丁默邨素有矛盾，因此怀疑是苏指使所为，苏成德因此被调职。

1940年10月，马啸天接苏成德任南京区区长，王玉华及张成霞先后任副区长，下设总务、组训、侦行、情报、治安、司法6科，秘书、会计、电讯、专员、督察5室及看守所、警卫队等。

马啸天任区长期间，南京区的特工成员大部分先后在汪伪警政部政治警察署及政治警卫部署兼职，并参加了洪帮“乾坤正气山”组织。

“乾坤正气山”最早成立在湖南醴陵，国民党中央党部调查科曾利

[1] 江苏省政协文史资料委员会编：《江苏文史资料》第29辑，第166页。

用它作为外围特务组织，将“山主”请到南京，调查科不少人参加了这一组织并担任核心领导职务。抗战爆发后，该组织被李士群等人利用。最初他们把香堂设在南京严家桥 2 号，由南京区东分区主任高宗山和伪中央感化院长黄凯主事，以后香堂迁到灵隐路 8 号马啸天公馆。南京区的特工为了迎合上司，纷纷捐资参加这一组织。[1]

南京区还控制了一批工商企业单位、帮会、群众团体，组成情报网络，专门猎取情报，侦察敌对人员的行踪，以便于逮捕暗杀。因这些单位均处于闹市，各方人员经常出没，便于特工活动，猎取情报。如夫子庙贡院街的新亚舞厅，就是一个由 76 号南京区直接领导的情报机构，其负责人为邢长宝；建康路上的国际理发厅，则是由上海 76 号特工总部资助、南京区出面开设的情报点，负责人代号为 3 号；还有中央饭店、国际饭店、太平洋酒菜馆、凤凰舞厅、南京市商会五洋公会、大中华记橡胶号、糖业公会、安清同盟会、兴中银号、兴中商场荐头行等数十家商号被南京区特工纳入了情报网。

为了专门对付军统忠义救国军南京行动总队的活动，1941 年底，汪伪特工总部在其所属的“警政部政治警察署”内，特设了“肃清渝忠义救国军工作团”，简称“肃工团”。团长由特工总部南京区情报科科长张成霞（后为副区长）兼任，副团长先后由姚光才、刘天等继任。该团先在南京区情报科内，1942 年 3 月迁居安里 77 号，是特工总部南京区的外设机构之一，由情报科具体指挥。1943 年撤销。

马啸天任区长后，抓获了军统潜伏在南京的特派员邵明贤、王林，缴获电台及武器，邵明贤经汪精卫指示后被枪决。

军统为打击汪派特工势力，再次派遣特工强一虎秘密潜来南京，准备暗杀马啸天等伪特工要员。强一虎来宁后，买通了 76 号南京区警卫大队长刘良，拟由刘良将毒药带进马家厨房下毒，但此事被马啸天侦

[1] 江苏省政协文史资料委员会编：《江苏文史资料》第 29 辑，第 170 页。

知，暗中派人调查强一虎的行踪。此间，夫子庙贡院街的新亚舞厅发生爆炸案，炸死舞客一人，炸伤舞女多人，南京区特工在状元境一家旅社逮捕了强一虎，并搜出了炸药与毒药，强一虎后被枪决，刘良被判无期徒刑。

马啸天还指挥特工破坏了中央大学中的地下三青团组织，逮捕了三青团南京地区负责人秦杰。秦杰是中统高级特工，他被捕后，又提供线索，使中央大学栾宝华等三人被捕，秦杰与马啸天、李士群都很熟悉，后被放回重庆。

马啸天对南京学生发动的拒毒运动进行了大肆破坏。当时，在日伪统治下的南京，烟毒泛滥，学生们得知中央饭店藏有大量烟土，是日本方面拨给伪军任援道充作军饷之用的。于是，各校学生聚会游行示威，准备直冲中央饭店搜查。马啸天纠集特工在南京新街口、白下路等重要路口设卡阻截，使任援道得机将毒品转移，游行的学生在白下路被迫折返夫子庙，最后只捣毁了几家烟馆。

到了抗战后期，中共领导的新四军日益壮大，在南京近郊也开展了抗日活动，对日伪形成了巨大的压力。伪特工组织被迫转而对付新四军，加紧收集有关的情报并在南京各城门、码头普设检查组，盘查来往客商，随时逮捕新四军嫌疑。到 1941 年，国民党不断制造国共军事摩擦，新四军被迫从江南撤往江北。

这年秋季，有一队新四军官兵从江南乘船前往江北，在八卦洲被南京分区的伪特工发现逮捕，押往宁海路 25 号看守所，后一直被关在太平路的伪“全国感化院”，直到抗战胜利后才获释。

在这里，还有一件史实需要澄清。据时闻所著《汪伪特工总部南京区始末》一文中记载：1941 年春，76 号“南京区情报科长陆怡然利用大汉奸梅思平的关系，秉承他的旨意，收买了新四军二支队情报处长陶寄尘……南京区又派了南分区主任王辅仁前往句容县赤山附近的陶家村，建立了新四军二支队内线组，组长陶寄尘……专门搜集二支队及江宁、高淳、句容、溧水四县的情报，所有情报经潘公权送南京分区转情报科，再编成新四军二支队专报供日军参考。”[1] 这段内容存在根本错误。

陶寄尘 (1890—1943)，本名陶家齐，抗日烈士，南京江宁县湖熟镇人，时任江宁县抗日民主政府赤山区区长。

陶家齐出生在一个商人家庭，幼读私塾，成年后当过学徒，后入伍。1932 年一 · 二八淞沪战役发生时，陶家齐在上海参加了十九路军抗战，战斗中被震聋耳朵。一 · 二八淞沪抗战后，他因耳聋回到了家乡，在湖熟燕丹乡做政府文书，后又当了乡长，成为湖熟地区有名的士绅。

抗战爆发后江宁沦陷，日军在乡村各地大肆杀掠。1937 年夏，新四军第一支队东进来到江宁，支队领导上门动员陶家齐出来一起抗日，陶家齐毅然答应，主动要求承担了为新四军搜集情报的任务。为此他加入了南京安清帮，利用门徒广为搜集日伪动态，为新四军取得赤山伏击战的胜利及时提供了情报。1941 年 1 月，陶家齐被伪自卫团逮捕后经帮会关系保释出来，紧接着日军逼迫他到渡桂去成立伪自卫团，陶家齐经报告新四军十六旅代政委钟国楚同意，打入敌人内部。

1942 年 6 月，钟国楚等新四军领导任命陶家齐为江宁县抗日民主政府赤山区区长。此后，陶家齐以抗日民主政府区长的身份公开进行积极的抗日活动，引起日伪的仇恨。1943 年农历八月十五中秋节，陶家齐带着几名游击队员路过林家庄时，适逢小儿陶和寿过周岁，便在家中停住一夜，不料被人告密，不幸被捕。11 月 12 日的傍晚，他和夫人朱维珍一起被日军杀害。[2]

---

[1] 江苏省政协文史资料委员会编：《江苏文史资料》第 29 辑，第 183 页。

[2] 孙月红：《喋血赤山——抗日区长陶家齐》，载《党史纵览》2012 年第 7 期。

陶家齐(寄尘)没有加入过新四军，他的身份并不是新四军二支队的情报处长。这就根本谈不上所谓在新四军内部建立情报组一事。退一步说，即使陶家齐曾经以伪装的身份和76号的人接触过，也没有他为日伪提供新四军情报的任何证据。

由此可见，陶家齐是一位英勇的抗日烈士，所谓他为76号工作搜集新四军情报一说，并无确切的证据。上述时闻文章的记录是完全错误的，不符合历史真相，也玷污了烈士的名誉。此事涉及烈士的历史身份界定，必须拨乱反正以维护抗日烈士的形象。

另外，1943年，南京区溧水站汉奸特务，杀害了当时抗日民主政府参议员庄坤寿，并将其人头悬挂于城隍庙旗杆上。同年秋，溧水站小头目杜乐山带领伪警、日本警备队及便衣特工多人，袭击新四军一所后方医院，打死伤病员多人，捕走10余人，药品也被劫掠一空。此外，特工站的小股武装特务经常袭击新四军游击队及地方干部的零星人员，对抗日根据地造成危害。[1]

1943年后，马啸天因与李士群发生矛盾下台，改由晋辉任区长。9月间，李士群暴死之后，特工总部改组，马啸天带一部分特工转入汪伪内政部烟毒查缉处。

76号在各地的组织与活动

除南京外，76号还效仿军统与中统设立了一些地区组织。

上海是汪伪特工总部76号所在地，一切特务活动径由76号直接指挥，所以在初期李士群认为无设区的必要，直到汪精卫在南京建立伪政权后，周佛海、丁默邨、李士群等在伪政府中都有任职，不能长住上海，76号遂又设立特工总部上海区，由胡均鹤、万里浪、朱岑楼先后任区长。1940年下半年，76号特工总部还在上海设立了特工总部日警

[1] 江苏省政协文史资料委员会编 :《江苏文史资料》第29辑，第184页。

区。因为侵华日军内部各自为政，日本海军与陆军之间各为利益相争，矛盾重重，在日本陆军控制下的汪伪特务，如果在日本海军的防区执行任务，就会遭遇麻烦。同样，日本海军雇佣的中国汉奸特务，也会在日本陆军的防区内遭妨碍甚至被逮捕。为了统一伪特务势力，日本宪兵默许76号在上海虹口建立了特工总部日警区，由钱新民主持，从事特务活动。翌年初，又在上海虹口日本侵略军海军控制的狄思威路设立了分站。

在苏南地区，76号本来在苏州设有一个特工站，由王道生、谢雪荪、黄尔康先后担任过站长，后经胡均鹤改组为特工总部江苏区，继又改为特工总部江苏实验区，先后由胡均鹤、谢文潮（李士群的妹夫）任区长。在苏北江都的扬州站，也在同年改为特工总部苏北区，先后由葛志民、李乃光任区长。

1940年初，76号派石林森去杭州建立了特工总部杭州区，地点先在杭州民生路45号，后又搬到东街100号蕙兰中学内。在汪精卫“还都”南京后，石林森捷足先登，攫取了浙江省警务处处长一职，继石林森之后而为杭州区长的，先后有傅胜蓝、谢文潮、罗梦芗、谢叔锐、万里浪等。

同年，76号又派何国义到广州建立了特工总部华南区。其后任有杨鼎勋、王玉华、廖公劭、汪屺（汪精卫的侄子）等人。同样由于当地日军的反对，成立不到半年，广州区工作也停顿了。

1941年，76号派姚筠伯到汉口成立了特工总部武汉区。继姚而任武汉区长的，则有傅胜兰、张梦青。原特工总部南京区的芜湖站，同年也由王玉华改组为特工总部安徽区，由王玉华、魏曙东先后任区长，因魏病死，不到半年也被撤销。

李士群也注重将76号势力向华北扩张，他认为石森林原籍北京，有利于在北方发展，遂派石林森为北平特派员，但北平日伪当局对76

号采取排斥态度，石森林到职不久，就被华北日军赶了回来。

由此，在汪伪统治所能及的地方，几乎都渗入了特务势力，76号魔爪越伸越长。

[第三章]

与汪伪集团同流合污

汪伪政权是由一班失意政客、落伍军人、野心文人、投机党棍拼凑而成。汪精卫初到上海之时，手中没有一兵一卒，所依靠的正是仰仗日本人鼻息的丁默邨、李士群一伙特工。日本人认为，如果没有丁、李一伙拼死抵抗重庆对汪伪汉奸的暗杀行动，恐怕没有人敢来组织伪政权了。丁、李一伙也正是由于靠上了汪精卫这条贼船，在日本主子的导演下，在沦陷区演出了一幕幕血腥丑剧，留下了千古骂名。

第一节　汪精卫出逃组建伪政权

在对付日本侵略的问题上，国民党内一直存在着抗战派和妥协派的分歧。作为国民党总裁的蒋介石，由于日本的侵略直接损害了他的统治权，日本人客观上已将他作为敌手，欲予消灭之而后快，这就使他不能不抵抗。同时他也害怕若与日方以妥协来谋求和平，他的政府会被国内舆论冲倒。因此，他在准备抗战之前，也不排除试探妥协的可能，起码首先要通过与日方的接触来摸清其底牌。这就是蒋介石在抗战爆发前后的真实态度。

相比较之下，汪精卫则与蒋介石不同。时任国民党副总裁、中政会主席、国民参政会议长的汪精卫，是仅次于蒋介石的国民党内二号人物。

汪精卫

汪精卫，1883年出生于广东一个客商家庭，早年赴日本留学，并追随孙中山参与组建中国同盟会，投身反清革命。他曾参加谋杀清摄政王，事泄被捕。在狱中曾书有豪迈诗歌，传闻一时。辛亥革命后出狱，参与南北和谈，后又到法国留学。回国后帮助孙中山筹备改组中国国民党，在国民党一大上当选为中央执行委员兼宣传部部长。1925年3月孙中山病危时，汪曾代为起草遗嘱。孙中山病逝后，1925年7月，汪精卫被推举为国民政府常务委员会主席兼军事委员会主席。1927年他在武汉发动七一五反共政变，其后在与蒋介石争夺国民党领导权斗争中屡次失败，成为国民党内改组派首领。1930年，汪联合冯玉祥、阎锡山、李宗仁共同反蒋。失败后，逃往香港。1931年，汪精卫又纠合各派反蒋势力，在广东另立国民政府。九一八事变后，迫于国内抗日呼声压力，汪精卫与蒋介石再次合作，由汪负责行政、外交，执行对日妥协政策。1935年，在国民党四届六中全会上汪精卫遇刺受重伤，被迫出国。1936年西安事变后，赶回国内，出任国民党政治委员会主席。

汪精卫是个颇具特殊性格的人物，据其共事者的描述："汪精卫仪表堂堂，满腹诗书，言谈举止，风度翩翩，使人相对如坐春风之中。初与接触，多为折服，故颇能号召一部分青年。然汪氏黔驴之技亦至此而已。其真正的个性则是热衷名利，领袖欲极强，遇事又躁急冲动。欲达目的，既不择手段，又不顾信义。每临大事，复举棋不稳，心志不定。此种心神，常在会议席上充分表现。汪氏每次主持重要会议时，神志多不安定，周身摆动，两手搓个不停，一反其平时雍容和穆的风度。再者，汪的为人亦极虚伪，凡汪氏所不喜的人赴其寓所访问，汪氏亦均屈尊接见，娓娓倾谈，状至亲昵，然客甫出门，汪便立现不愉之色，顿足唾弃。转瞬之间，态度判若两人，凡此均足以表示汪的为人。”[1] 这些足以说明汪氏的优柔寡断和善变的性格特征，也是其作为一个政治家的致命缺陷所在。

汪精卫在与蒋介石合作时期，一直担任行政院院长兼外交部部长，主管对日关系，他主张对日妥协以求平安。近十年来，他既不满蒋在国民党内独揽大权，又自认为对日武装抵抗将导致亡国灭种，所以就想通过促成中日“和谈”来独树一帜，换取日本对他的支持，加强自己的政治地位。所以，抗战以来，汪精卫及其随员们一直与日方存在着暗地往来，陆陆续续地进行所谓的“接洽和平”活动。

周佛海抗战前在南京的住所——西流湾 8 号“低调俱乐部”

抗战开始后，国民党内以汪精卫为首的亲日反共派，主张对日妥协，宣扬抗战亡国论。这帮人包括周佛海、高宗武、陶希圣、罗君强、梅思平等，他们常在南京西流湾 8 号周佛海家中的地下室里聚会，散布抗战必亡国的失败主义论调，被人称为“低调俱乐部”。南京失守后，国民政府西迁，在汉口，周佛海又组织了一个“艺文研究会”，并在长沙、香港、广州、成都、重庆等地设立分会，收买、拉拢文艺界反对抗战、反对共产党的知识分子，通过出版刊物，大造反共降日的舆论。

[1] 李宗仁：《李宗仁回忆录》(上)，广西师范大学出版社 2005 年版，第 390—391 页。

而日本在侵华战争前后一直对华采取武装侵略和政治诱降两种手段，企图达到永久霸占中国的目的。战争爆发后，1938年初，日方通过德国大使陶德曼的对华调停失败后，日本首相近卫文麿宣称："今后不以国民政府为谈判对手。"此后，日军发起军事进攻，先后占领徐州、汉口、广州，妄图以军事上的优势逼迫蒋介石投降，同时，日方又在占领区内扶植中国的民族败类，组织伪政权，作为其统治中国的代理人。

当时在中国华北，日本华北派遣军在北平扶植了汉奸王克敏为首的伪中华民国临时政府；在南京，则由日本华中派遣军扶植了梁鸿志一伙，拼凑了伪中华民国维新政府。这是日本对华"分而治之"策略。

伪北平临时政府巨奸王克敏

王克敏，字叔鲁，浙江杭州人，1879年生于广东。1903年，考中举人，因家境败落，在友人资助下才花钱捐了一个候补道。又托人疏通，被派往直隶担任视察使。1903年，王克敏被清政府派到日本，担任驻日公使馆参赞。旅日期间，王克敏为清政府监视管理留日学生，防止并镇压其革命。

1907年冬，王克敏回国，先后在清政府度支部、外务部任职。不久他又投入直隶总督府充当幕僚，处理涉外事务。辛亥革命之后，王克敏感到仕途无望，于1913年赴法国游历。王克敏在法认识了不少金融界人物，在他们的扶持下，开始投资金融业。从法国回国后，王克敏供职于袁世凯政府财政部。不久，中法实业银行成立，王克敏出任了中方的总经理，此后以钱铺路，在政界步步高升。1917年7月，王克敏担任中国银行总裁。11月，被黎元洪任命为财政总长兼中国银行总裁及盐务署的督办，一跃而为北洋政府的高官。

王克敏身兼官商，投机钻营，在金融界的影响大增，三度出任北洋政府财政部部长。1927 年北伐革命胜利，北洋政府倒台。南京国民政府发布通缉令捉拿王克敏，他便逃往大连，躲入日本人庇护之下。

1931 年，王克敏依靠运动取得南京当局谅解，在张学良支持之下再度出山，任北平财政处理委员会副委员长，1935 年又任冀察政务委员会委员长，并且出任东北政务委员会、北平政务委员会等多项要职。

出于经济利益的需要，王克敏在政治上无节操可言，他在对日问题上一贯持妥协立场，并与日本人走得很近。1937 年日中战争爆发后，王克敏被日华北驻屯军看中，于 12 月 14 日出任日军扶植的傀儡政权“中华民国临时政府”行政委员长一职，正式落水为奸。

伪南京维新政府巨奸梁鸿志

梁鸿志，福建长乐人，幼年饱读诗书，出道后混迹政界，性格狂傲。民国成立后，历任北洋政府法制局秘书、佥事、肃政使等职务。1915 年，参与拥袁世凯称帝，袁死后，梁出任国务院秘书。他与日本关系密切，曾为日本人《亚细亚日报》撰写政论，编辑新闻。1918 年，任参议院议员兼秘书长，次年 9 月，兼京畿卫戍总司令部秘书长。是安福系中坚分子。1920 年皖系在直皖战争中失败后，梁鸿志被北京政府下令通缉。他从卫戍总司令部卷饷款 50 万元逃入日本兵营避难。1922 年 10 月，避居天津，又从亲戚手中廉价购得唐阎立本《四夷朝贡图》一幅，以 30 万元高价售与日本人岩崎，遂成为富翁，过起优裕的寓公生活。

1924 年 10 月，第二次直奉战争直系战败，皖系段祺瑞为临时执政，梁鸿志复出，任执政府秘书长。他积极执行亲日政策，1925 年 11

月因工运学运所迫辞职。次年4月，他就任日本人主办的东方文化事业总委员会中国委员，避居天津。

1927年，张作霖在北京就任安国军总司令，聘梁鸿志出任政治讨论会委员。不久，国民革命军攻克平津，他逃往上海。在上海8年中，他表面上以诗酒自娱，暗中力图东山再起，曾于1928年前往大连，与日本人及清室遗老勾结。

全面抗战爆发后，1937年12月，日本侵略军侵占南京，成立华中傀儡政权。梁鸿志欣然应命，甘当汉奸，在上海新亚酒店成立筹备处。次年3月，伪中华民国维新政府在南京成立，梁鸿志任伪行政院院长兼交通部部长。

南北巨奸梁鸿志（左）与王克敏（右）合影

但这南北两个小傀儡政府的组成人员大都是一些北洋失意政客、落魄军人，对中国抗战大局没有政治影响力。因此，日方不得不改变策略，在坚持蒋介石必须下野的条件下，开始寻找国民党中的“有识之士”作为“谈判合作”的对象，以分化中国的抗战阵营。

他们首先选中了汪精卫。

抗战爆发后初期，汪精卫在政治上尚能与蒋介石保持一致，发表些抗战言论，但随着战争的推进，汪一贯的“低调”失败主义思想渐渐占了上风，开始倾向对日谈判求和。同时，汪精卫个人权欲极强，他在历史上与蒋介石争夺国民党的最高领袖地位屡战屡败，积怨成仇，此时，日方的扶汪反蒋策略正中汪精卫的心意。他在夫人陈璧君的极力怂恿下，决定冒险一试。

出逃河内　枪口逃生

高宗武（左二）在上海与日本人举行密谈

1938年年底，国民党副总裁汪精卫因对抗战失去信心以及他与蒋介石的权力斗争，经秘密派遣高宗武等与日方的商谈后，达成了一份“重光堂密约”，准备与日本“合作”，另组“国民党中央”及伪政府。12月18日，他选择蒋介石不在重庆之际，按照预先策划，带领其亲信数人，潜离重庆，途经昆明抵达越南河内。

日本人得到汪精卫出逃的消息后，也按照事前约定，于12月22日发表了近卫首相第三次对华声明。这个声明将汪日事先约定中关于日本在华驻兵有一定期限，期满后撤退，以及在和平条件实现后，日军在协议之外的地区立即开始撤退等内容全部删除。苛刻的条件显示出日本人已变了脸，但事已至此，汪精卫无法回头。汪将亲自写好的响应近卫的声明，交由周佛海等人带住香港发表。

周佛海先找到赋闲在港的顾孟余，希望得到顾的支持。顾孟余是国民党元老，汪精卫的亲信人物，曾任铁道部部长。但顾坚决反对发表声明，认为这是既害国家又毁自己前程的蠢事。汪派亲信陈公博就将声明交与了《南华日报》的林柏生，林以他对汪的效忠，表示“我不管顾孟余说什么，由你交给我的汪先生的信就等于是他的命令，他命令我29日发表，我只知道遵办”。

臭名昭著的“艳电”终于在29日的《南华日报》上发表了，它公开宣示了汪精卫自抗战阵营叛逃并与日本侵略者“合作”。文曰：

中央党部蒋总裁暨中央执监委员诸同志钧鉴：

今年四月，临时全国代表大会宣言，说明此次抗战之原因，曰："自塘沽协定以来，吾人所以忍辱负重与日本周旋，无非欲停止军事行动，采用和平方法，先谋北方各省之保全，再进而谋东北四省问题之合理解决，在政治上以保持主权及行政之完整为最低限度。在经济上以互惠平等为合作原则。"自去岁七月卢沟桥事变突发，中国认为此种希望不能实现，始迫而出于抗战。

顷读日本政府本月22日关于调整中日邦交根本方针的阐明：

第一点，为善邻友好。并郑重声明日本对于中国无领土之要求，无赔偿军费之要求，日本不但尊重中国之主权，且将仿明治维新前例，以允许内地营业之自由为条件，交还租界，废除治外法权，俾中国能完成其独立。日本政府既有此郑重声明，则吾人依于和平方法，不但北方各省可以保全，即抗战以来沦陷各地亦可收复，而主权及行政之独立完整，亦得以保持，如此则吾人遵照宣言谋东北四省问题之合理解决，实为应有之决心与步骤。

第二点，为共同防共。前此数年，日本政府屡曾提议，吾人顾虑以此之故，干涉及吾国之军事及内政。今日本政府既已阐明，当以日德意防共协定之精神缔结中日防共协定，则此种顾虑，可以消除。防共目的在防止共产国际之扰乱与阴谋，对苏邦交不生影响。中国共产党人既声明愿为三民主义之实现而奋斗，则应即彻底抛弃其组织及宣传，并取消其边区政府及军队之特殊组织，完全遵守中华民国之法律制度。三民主义为中华民国之最高原则，一切违背此最高原则之组织与宣传，吾人必自动地积极地加以制裁，以尽其维护中华民国之责任。

第三点，为经济提携。此亦数年以来，日本政府屡曾提议者，吾人以政治纠纷尚未解决，则经济提携无从说起。今者日本政府既已郑重阐明尊重中国之主权及行政之独立完整，并阐明非欲在中国实行经济上之独占，亦非欲要求中国限制第三国之利益，唯欲按照中日平等之原则，以谋经济提携之实现，则对此主张应在原则上予以赞同，并应本此原则，以商订各种具体方案。

以上三点，兆铭经熟虑之后，以为国民政府应即以此为根据，与日本政府交换诚意，以期恢复和平。日本政府11月3日之声明，已改变1月16日声明之态度，如国民政府根据以上三点，为和平之谈判，则交涉之途径已开。

中国抗战之目的，在求国家之生存独立。抗战年余，创巨痛深，倘犹能以合于正义之和平而结束战事，则国家之生存独立可保，即抗战之目的已达。

以上三点，为和平之原则，至其条例，不可不悉心商榷，求其适当。其尤要者，日本军队全部由中国撤去，必须普遍而迅速，所谓在防共协定期间内，在特定地点允许驻兵，至多以内蒙附近之地点为限，此为中国主权及行政之独立完整所关，必须如此，中国始能努力于战后之休养，努力于现代国家之建设。中日两国壤地相接，善邻友好有其自然与必要，历年以来，所以背道而驰，不可不探求其故，而各自明了其责任。今后中国固应以善邻友好为教育方针，日本尤应令其国民放弃其侵华侮华之传统思想，而在教育上确立亲华之方针，以奠定两国永久和平之基础，此为吾人对于东亚幸福应有之努力。同时吾人对于太平之安宁秩序及世界之和平保障，亦必须与关系各国一致努力，以维持增进其友谊及共同利益也。谨引提议，伏祈采纳！

汪兆铭　二十九日

这篇奇文发表后，并没有得到国民党内任何派系的响应，反而遭到了唾骂和抨击。在全国一片讨伐汪精卫的浪潮中，蒋介石国民党决定开除汪精卫的党籍。

汪精卫在国民党内长期居于高位，影响力广泛，如果处理不慎，很可能引起党内更大的分裂。因此，蒋介石首先安排汪派的谷正鼎去河内游说，送去汪的护照，转达蒋介石的意见，希望他去欧洲疗养："汪先生如果要对国事发表主张，写写文章，发发电报，任何时候都很欢迎。如果有病需要赴法国等地疗养，可先送五十万元，以后随时筹寄。但不要在上海、南京另组织，免得被敌人所利用，造成严重后果。"

汪精卫在其妻陈璧君的怂恿下，此次铁了心地要与蒋介石决裂。他闻言勃然大怒，斥责说："以前我因蒋的凶残暴虐、自私，我反对他，他用尽各种方式来危害我，枪伤我，下流至绑我及璧君的票。我被他苦迫出国。我亡命海外，船经星加坡，他致电该地政府，以共产党名义引渡我回国，说我勾引贺龙、叶挺、张发奎等祸粤。事为同志、侨胞所闻，一面与该政府交涉，一面守卫码头，直至船离码头始散去。沿途尚设许多陷阱，阻我治病。我何尝要过他什么护照，他现在要我拿了他的护照，凭照拿人，使人侮辱我，拘禁我，一如孙总理在英京公使馆的被诱入钉箱，送回给他安排。谷同志你回去告诉我们的同志，叫他们好好工作，你及正纲，也要谨慎小心，他（指蒋）如把党国搞得好，我便终身不回国亦得，如搞得不好，我去了，还是要回来！"[1]

蒋介石见劝告不成，为制止汪精卫分裂抗战阵营，便对汪起了杀心。军统局奉命介入对汪精卫的监视与制裁行动。

汪精卫曾于1939年3月间致电云南省主席龙云，煽动其赞同"和平"主张，与汪合作。此信为戴笠部下截获呈报给了蒋介石。

军统首脑戴笠经香港到达河内，主持刺汪行动。他命干将陈恭澍、余乐醒、岑家焯、唐英杰、陈步云、余鉴声、张逢义、陈邦国、王鲁翘9人组成刺汪小组。为打开局面，戴笠曾单身一人去拜会了国民政府驻

[1] 陈璧君：《与日本谋和平我是现在仅存的罪魁祸首》，载黄美真、张云：《汪精卫集团叛国投敌记》，上海人民出版社1984年版，第446—447页。

河内总领事许念曾。戴笠向许说明此次来的意图后，许念曾同意总领事馆作为刺杀汪精卫的临时指挥部和联络点。随后，行动组的人员带着电台住进了领事馆。在许念曾帮助下，他们先期设计了收买汪宅内线，用毒药及毒剂杀掉汪精卫的方案，但苦于汪宅无合适的内应没能办成。

布置完毕后，戴先返渝。

3 月 19 日，戴笠发来电令："着即对汪逆精卫予以严厉制裁。"于是，陈恭澍他们只有对汪精卫采取武力解决方式了。

3 月 20 日，汪精卫去距河内 90 公里之丹边镇法国旅馆休养，汪本人乘坐 39 号黑色轿车。行动组闻讯后分成三组急追而去，中途发现汪停车，陈恭澍决定超车过去观察汪的位置而后折返再动手。但他们的观察被发现，汪精卫坐车立即返回，特务们猛追过去，车队已近红河达莫大桥。因修路单边通行，汪的车在桥头为红灯所阻，陈恭澍等欲下车狙击。在步越数车奔向汪车时，被汪的警卫发现，其立即加速冲过红灯，逃过了这一劫。行动小组经此失败，料定汪已察觉，决定采取连续行动。

21 日晨，行动组孤注一掷冲入汪宅，击杀内院警卫，直奔汪精卫的卧室，砍开房门乱枪齐射，杀死床上主人。但这天适逢汪精卫的秘书曾仲鸣抵达河内，汪把卧室让给了他，于是曾为汪精卫做了替死鬼，而汪安然无恙。行动组撤退途中与赶来的警察遭遇，余、张、陈 3 人被捕，后被法国殖民当局判刑 7 年。

对河内刺汪失手一事，戴笠有过分析与描述："民国二十八年 3 月 20 日，在越南河内，我们因制裁汪精卫，被当局捕去的两位同志，至今还关在河内。我们检讨当时的得失，是计划不周密，以致汪逆漏网，只打死汪的副手曾仲鸣。汪精卫后来在南京组织伪政府，危害国家民族，这实在是我们的遗憾。当时，应该在达莫桥上把他打死，不在桥上打，而在晚上行动，已经失策。但当天晚上，我们的同志还勇气甚足，敢于去打，而在法国人统治下的河内，我们能够造成有声有色、轰轰烈烈的一幕，也总算难能可贵的了。”[1]

在河内刺汪之前，戴笠曾布置在香港来个声东击西的行动以震慑汪派人物，他确定的袭击目标是在香港的梅思平、林柏生和肖同兹。

负责汪伪宣传工作的林柏生

当时，汪的亲信林柏生在香港主办《南华日报》，汪精卫的“艳电”就是在这家报纸上发表的。戴笠亲自打电话给林柏生以及拥汪的香港中央通讯社社长肖同兹，指责他们发表“艳电”和支持汪精卫的文章，是与重庆政府公开唱对台戏，他还派人上门扬言要烧毁《南华日报》社。但林柏生没有被吓住，依然继续攻击重庆政府。戴笠指示军统香港区区长王新衡对林柏生采取行动，指派郭寿华和刘方雄带人实施。原本打算把林柏生等人“做掉”，但当时港英当局对香港华人带枪严加限制，军统有人无枪，便决定用斧头，在闹市中砍杀林柏生。

1939 年 1 月 17 日，林柏生在从家到报社的路上，被军统行动人员用斧头对准头部猛砍，他立即倒在地上，血流满面，刘方雄等人则扬长而去。但是，林柏生大难未死，全因此时是冬天，他头上戴着软质薄绒帽，因此伤口不深，而那天正逢有个港英的便衣警察离他不远，及时大喝一声，吓得凶手扔掉器具，没能补上第二斧，林柏生侥幸保了一命，但眼睛几乎被打瞎。不久后，汪精卫的外甥沈次高在澳门被军统刺杀，汪派一时人人自危。

汪精卫经此恐吓，决定与蒋介石公开翻脸，他在香港发表了《举一个例》的文章，揭露蒋介石与日本“和谈”的内幕，以示决裂，并加快了组建伪政权的步伐。汪精卫在文章中说：“曾仲鸣先生弥留的时候，

[1] 马振犊：《国民党特务史》，九州出版社 2008 年版，第 213 页。

有郑重而简单的两句话：国事有汪先生，家事有吾妻，我没有什么不放心的。曾先生对于国事的主张，与我相同，因为主张相同，常在一处，所以此次不免于死。曾先生之死，为国而死，为对于国事的主张而死。他临死的时候，因为对于国事尚有主张相同的我在引为放心。我一息尚存，为着安慰我临死的朋友，为着安慰我念念不忘他、他所念念不忘我的朋友，我已经应该更尽最大的努力，以期主张的实现，何况这主张的实现，是国家民族生存所系。”[1]

曾仲鸣追随汪精卫多年，是汪精卫的亲信人物、得力助手，曾遇刺身亡，给汪精卫造成巨大的刺激。汪精卫在《河内的正月》一文中，细说了自己的心情：“当时，越南当局提出保卫我的住所，但是我拒绝了，只是在我的住所附近，站着一个警官。住所全然没有防卫设备。3 月 21 日，同志曾仲鸣为重庆的暴徒所杀害，便在这住所中。发生了这件事之后，越南警察当局，完全包围了我的住所，以为戒备。蒋介石深知我的脾气，但他一再非难，说我不知道他的脾气，脱离重庆之后，我没有立刻的积极行动，这在同志之间，有相当的批判。曾经有人批判说，万一我在‘唐泰鸟’为重庆的暴徒所伤害，和平运动不将全归泡影吗？但是，正直地讲我的心情，对于才脱离重庆，立刻转向，向打倒重庆的路上迈进，这在我的心情，无论如何是不可能的。有人说，这种感伤，只是妇人女子之仁。”“我自己也认为，非虚心坦腹地批判自己不可，但是，在实践自己的信念的途中，时常陷于孤独中，这也是不得已的事。我心中绝无所悔。脱离了重庆，在河内的这孤独的正月，这在我的一生，是不能忘却的。”[2]

---

[1] 陈璧君：《与日本谋和平我是现在仅存的罪魁祸首》，载黄美真、张云：《汪精卫集团叛国投敌记》，上海人民出版社 1984 年版，第 447 页。

[2] 汪精卫：《河内的正月》，载黄美真、张云：《汪精卫集团叛国投敌记》，上海人民出版社 1984 年版，第 442 页。

日本政府接到河内刺杀案的报告后，经内阁五相会议决定，派影佐祯昭、犬养健等人前往河内，接应汪精卫前往安全地方。

影佐等人乘坐山下会社的“北光丸”赶往河内。

汪精卫是一个注重细节、顾及面子但却不重民族大义的人，他不肯上日本人的“北光丸”，认为有失“体统”。汪精卫一行人自行租来175吨的法国小货轮“福林哈芬”号，匆匆逃出河内。由于该轮吨位太小，在海上遇到风暴后，剧烈颠簸，险象环生。这时汪才顾不得什么脸面，赶紧与日本船只联系。而“北光丸”此刻正因与汪联系不上而大伤脑筋，直到第二天中午，汪精卫等人才与日本人联系上。28日下午，在汕头海面上，汪精卫由人扶着从救生艇爬上了日本人的“北光丸”，终于踏上了日本人的贼船，走上了卖国汉奸的不归路。

感慨万千的汪精卫在日轮上提笔写下了《夜舟》一诗：

卧听钟声报夜深，海天残梦渺难寻。
柁楼欹仄风仍恶，灯塔微茫月半阴。
良友渐随千劫尽，神州重见百年沉。
凄然不作零丁叹，检点生平未尽心。

“北光丸”在层层夜幕下向日本占领下的上海驶去。

汪精卫伤感叹道：“在河内过的这孤独的正月，这在我的一生，是不能忘却的……”[1]

“弄堂政府”

汪精卫为何要选择上海为其开展“谋和”活动的第一目的地？理由

[1] 黄美真、张云：《汪精卫集团叛国投敌记》，河南人民出版社1987年版，第138页。

很简单。当时，香港在英国控制下，汪派的周佛海、林柏生等人在此展开政治活动已经受限；广州则被日军占领，为避免被人看作日本人的傀儡，汪精卫不愿往广州发展。于是上海成为汪的第一选择。虽说国民党特工在上海暗杀成风，但毕竟躲在租界内可以苟延一时。

在前往上海的轮船上，汪精卫与影佐商议要组织政府，他认为光靠组织和平团体以言论与重庆政府抗衡很难收到效果，但影佐认为日本政府是否能忠实地执行近卫声明还存有疑问，组织政府为时尚早。对此，汪精卫认为日本人一贯口是心非，他似乎要表明心迹似的说："日本口头说得好，实际肚子里想的并不一样。各要求和平的同志至今仍踌躇不决，就是由于这一关系。所谓实行近卫声明的条件，这就是我们运动中的分歧吧。我的运动，一如以往所说，除了全面实现和平之外，别无其他意思。所以只要和平成功，谁来掌握中国的主权，那是没有问题的。因此，如果重庆政府幸而和我的运动合流，那时候因为已完全达到目的，我即时会辞职的。这一点从现在起我要明确地说明我的心意。"

1939年5月6日，"北光丸"抵达上海。

先期到达的周佛海在李士群、丁默邨的陪同下来到"北光丸"上，把上海的情况向汪精卫作了详细汇报，他们一再劝汪住在日本人的保护区内，因为国民党特工正在上海进行疯狂的暗杀行动，傅筱庵、陈箓等已命丧渝方特工之手，要在短时间内消灭租界里的国民党特工势力是一件几乎不可能的事。已有数次枪下逃生经

愚园路1136弄汪精卫住所

历的汪精卫，只得听从安排，住进了日本人虹口保护区。

由于汪精卫到达上海的消息被泄露，新闻记者挤满了黄浦江虬江码头。为安全计，汪精卫第二天才离船上岸，由日军的汽车直接送往江湾东体育会路，住进日本人安排好的一幢小楼房。

不久，日本人将愚园路1136弄一幢大宅拨给了汪精卫。

这是一幢美轮美奂的西式楼房。当年，交通部长王伯群任大夏大学校长时，与该校校花保志宁由恋爱而结婚，动工兴建了这所豪宅。日军占领上海后，王伯群的私宅落入敌手。在日本人决定将此幢房子拨给汪精卫后，李士群立即带人在花园里加装了望亭，并在围墙上安上了铁丝网，76号特工也进驻警卫。汪精卫随后从虹口搬了过来。

汪精卫入住1136弄后，气味相投的各方人渐渐靠拢过来。一时间，愚园路1136弄汪公馆热闹非凡。一些与汪有各种关系的人纷纷前来投靠，其中包括已经“下水”的周佛海、李士群、丁默邨等，还有褚民谊、罗君强等，他们后来成为汪伪政权大员。

褚民谊是浙江吴兴人，其妻是陈璧君之母的养女，褚算是汪精卫的亲戚与亲信。但褚民谊办事能力不强，任行政院秘书长时，连公文呈式都不清楚，负责行政院新办公楼扩建时，他贪污建筑经费，为自己盖了一座公馆，但行政院办公楼却使用劣质装修材料，有一次，汪精卫上厕所时，竟被关在里面出不来，以致无法开会。但他却善于投汪精卫、陈璧君所好，把两人的三亲六眷通通安排来做官，不管你有没有本事，

褚民谊（右三）、林柏生（左三）与伪军将领

以致有人讥笑行政院成了藏污纳垢之地。褚民谊还喜欢踢毽子、打太极、唱昆曲，曾为号称“美人鱼”的游泳运动员杨秀琼驾马车游行。褚民谊有一个优点，凡是汪精卫交办的事，他一定尽心尽力办好，若办不好，任由汪精卫发火训斥，他从不顶撞反驳，这一点很令汪赏识。

汪精卫“艳电”发表时，褚民谊正在上海中法工学院任院长，汪精卫只给他寄了一张油印声明，却无任何信件。褚民谊不知就里，面对外界的质疑，褚民谊声明“亲戚归亲戚，政治归政治，我对汪精卫的和平运动绝无参加之意”。

汪精卫到达上海后，褚民谊的态度大变。他立即向汪表示，愿意跟随汪从事“和平运动”。为了能顺利离开学校，他在离校前一晚，开了一个盛大的昆曲晚会，掩人耳目，并将一叠签好名的空白信纸交给副手，谎称要到香港为学校筹款。安排好一切后，褚民谊顺利投向汪精卫，从此踏上汉奸之路，直到战后被国民政府以汉奸罪枪毙，结束了可耻的一生。

罗君强也是汪系的一员大将。罗是湖南湘乡人，早年与周佛海结识，并成为其得力助手。抗战爆发前，罗君强已是蒋介石侍从室第二处第四组上校秘书。罗与周佛海一样，对抗战前途毫无信心，是“低调俱乐部”的重要成员。罗君强生活堕落，因与一名交际花有染，被戴笠向蒋介石告密，蒋介石因此对罗君强大为反感，不仅公开批评罗，还下了一道手令：“行政院秘书罗君强行为浪漫，应即撤职查办。”[1] 罗君强自知在蒋介石手下再也混不下去了，恰好汪精卫一行人已逃往河内，罗君强办了移交手续后，用一张私自留下的空白军用出差证明书，以及尚未交还的侍从室特别证章和身份证，混过机场特务的盘查，从重庆飞往昆明，又经河内、海防，最后到达香港。

[1] 《陈克文日记（1937—1952）》（1938 年 12 月 13 日）（上），（台）“中央研究院”近代史所 2012 年版，第 331 页。

罗君强是个官迷，几十年来在蒋介石手下一直当秘书，没有正式捏过印把子。汪精卫拉起汉奸势力后，对罗是个极大的诱惑，一心想出人头地的罗君强经过一番盘算后，决定跟随汪精卫一伙参加“和平运动”。由于罗君强当时有心脏病，在香港治愈后才来到上海，并成为汪系的主要成员之一。抗战胜利后，罗君强被国民政府以汉奸罪判处无期徒刑，获刑后在狱中一直活到新中国成立后，并写下长篇回忆录，后于1970年去世。

1136弄还有十多座独立花园洋房，日军将居民全部赶走，房子供周佛海、罗君强、褚民谊、梅思平、陈春圃等人居住。该弄由日本人塚本诚带10名日军负责警卫，但主要由76号派武装特工100余人日夜警卫，没有汪伪发的临时通行证或预先通知，任何人都进不了弄堂内。76号特工为每家房屋加装了铁丝网，门窗上都有铁栅栏，巡逻的便衣特务更是随处可见。汪伪一伙由此形成了以1136弄为中心的“弄堂政府”。

第二节　76号奉命归汪

相比褚民谊、罗君强等公馆派人物，丁默邨、李士群一伙只是特务中的中下级人物，在国民党内外并无影响力。他们落水为汉奸最多只能在日本人的庇护下发国难财，要想树立起自己的政治势力，在当时还是不可能的。因此，汪曼云提议丁默邨与汪精卫搭上线，以取得更大的利益。

汪曼云说：“以你丁默邨三个大字来号召是不够的。过去你的工作环境与条件，你的大名，别说党外的人不知道，即使党内的人若非CC骨干，也很少有人晓得的。所以这件事，在你倒不是才的问题，而是号召力方面，确有一些事倍功半的。可是事到如今，当然不能因困难而不做，为求事的迅速成功，我觉得倒不如去接上汪精卫的关系。好在汪精卫已发表了艳电，要是你能采取我的意见，一定能收到事半功倍之效。”[1]

但丁默邨、李士群过去是CC系的，不仅与汪精卫毫无渊源，甚至还有过节。据陈公博在《苦笑录》中回忆："这个《社会新闻》，每次都有系统地登载共产党的秘史，和制造改组派的谣言，他们的眼中把改组派和共产党等量齐观，似乎我们和他有不共戴天之仇，非尽量丑诋，不足以平其愤。我就实业部的业才三个月，这个杂志登载一段消息，说上海没收日货值八千万元，我把它变卖，完全充作改组派的经费。上海的日货，根本就轮不到实业部过问，要查究如何变卖，只有上海党部才知内容，但这个《社会新闻》是有背景的，他的背景就是蒋先生底下人。"

因此，丁、李两人根本不敢去找汪系人物直接联系，只能绕弯子接近。

丁默邨首先向周佛海做出了试探。丁默邨与周佛海为湖南老乡，他派湖南人剪建午去香港与周佛海联系。剪建午并不认识周佛海，但他与周妻杨淑慧很熟。由于林柏生在港被重庆特工砍伤，滞港的汪系人物此刻正如惊弓之鸟，根本不敢与重庆来的人接触。剪建午在港盯了杨淑慧好几天，也没有见到周佛海，无奈之下只能等待。

与丁、李有关系的汪曼云秘密落水为汉奸，重庆当局并不知晓，此刻，他正好奉命去重庆接受党务培训，途经香港时见到了周佛海。汪曼云把上海丁默邨、李士群的特务活动一一相告，并代丁、李提出加入汪系的想法。汪精卫集团此时正值用人之际，况且丁、李二人又有日本人推荐，周佛海便一口答应下来。周佛海看了丁默邨的来信，说："怪不得日本人一再问我，丁默邨与汪先生（指汪精卫）有什么关系，我总觉得问得奇怪，可又答不上来。同时淑慧告诉我，剪建午在尖沙咀码头老是盯着她，我就对她说，剪是CC特务，要她随时当心，尽量回避，不想一直误会到今。现在默邨有信来，我可以见他了。"[2]

---

[1] 黄美真等：《汪精卫国民政府成立》，上海人民出版社1984年版，第267—268页。

[2] 黄美真等：《汪精卫国民政府成立》，上海人民出版社1984年版，第271页。

几天后，周佛海与梅思平乘日本“浅间丸”至上海，临行他们发给影佐的电报为：“请来接佛像一尊，梅钵一个。”即暗指周佛海、梅思平已到达上海。等到汪精卫乘日本人的“北光丸”到达后，汪系的“和平运动”中心就随之转移到了上海。

上海此时虽已被日本占领，但租界还未被日本人全面控制，中共与国民党势力都在租界内活动。汪精卫一伙此刻已是被全国人民唾弃的汉奸，他们不仅害怕共产党，害怕抗日的人民群众，更恐惧于重庆的暗杀行动，河内高朗街的枪声似乎还在耳边回响。汪精卫一伙只能龟缩在虹口日本人的保护区内。为防不测，他们还集体验了血型，以应付暗杀等意外事件。

日本《富士》杂志曾记述：“大概是在一行人到达上海的大后天，汪精卫氏因欲检查血液，要求介绍日本方面能够负责的医生。当时我们暗中还以为汪先生自己要检查身体，所以立即介绍了海军陆战队医院。但是，到医院来的，竟有汪先生以下四十余人。他们并不是来检查是否有病毒，唯有预防同志不测起见，事先检验彼此血型，以供紧急情形之需。”

面对国内舆论压力，汪精卫一伙为了表明自己不是日本人的傀儡，急于摆脱日本宪兵的保护，而丁默邨、李士群两人的特务组织及其活动已初具规模，在日本人的引荐下，丁、李二人前来拜见汪精卫，双方一拍即合，开始商谈合作。

1939 年 5 月 6 日，丁、李二人与周佛海一起登上“北光丸”同汪精卫会面，并提出了双方联合的条件：一、承认他们的特工组织是汪集团的秘密警察，成立特务工作总司令部（简称特工总部），并负责提供经费。二、如成立新中央政府，要把内政部长、上海市长、江苏省长等几个职位留给他们。[1]

面对如此高价，汪系人物不由得面面相觑。汪精卫起身走到另一间房里，与几人密议后，出面答复说：“很高兴地把你们的特工组织作为

[1] 游国立等：《汪伪特工史》，远方出版社 1997 年版，第 198 页。

特工总部，经费和影佐大佐会谈决定，不会不如意。但是，上海市长、江苏省主席的位置不能给贵部，因为上海和江苏是整个和平运动的基础。还有，我认为内政部长的工作范围很广，由特工来兼任是困难的，但警察行政可由特工来兼任。因此，可以从内政部中把警察行政分离出来，另成立一个警政部，部长、次长由贵方指定。”[1] 丁默邨、李士群为图大局，只好同意。

至此，76号与汪精卫集团正式合流。

第三节　成为日汪的“哮犬”

汪精卫秘密到达上海后，迫切需要得到日本政府的支持，组织起自己的汉奸伪政权。

汪精卫与周佛海、梅思平、高宗武等经反复商量，拟订了《关于收拾时局之具体办法》，并以书面形式提交给了影佐祯昭。

汪精卫向日本提出的价码是：“此次收拾时局办法的根本精神在于笼络人心，因此，不变更政体和法统，而以变更国策收拾此次时局为要务；计划召开国民党代表大会，授权组织中央政治会议，采用青天白日旗，负起改组国民政府后还都南京之责；还都后，临时、维新两政府应自行宣告完成任务，取消其政府的名义。”这是汪精卫准备赴日谈判组府问题时向日方提出的基本要价。

在汪精卫组建伪政府的过程中，76号特务负责了汪氏及其同党的安全保卫工作。李士群派吴四宝率队负责守卫76号本部，另由张鲁带一大队守卫愚园路1136弄汪精卫、周佛海的驻地，他们还在76号本部布置了汪伪“国民党六大”会场并在南京部署了伪政府“还都”开府的

[1] 游国立等：《汪伪特工史》，远方出版社1997年版，第198页。

典礼安全警卫，成为汪政权的忠实打手与爪牙。

汪精卫对人一贯有亲疏之分别，就称呼而言，他对普通关系的人以姓氏称为某先生，进一步的以字号称为某某先生，再进一步的称为某某同志，有相当关系的则称为某某兄，到引为心腹时就改称为某某弟了。汪精卫与李士群等76号头目的关系，从过去的完全不认识、不屑一顾，而在日本人的牵线下结识，同气相依，并由于76号作用的不断加强而变得逐渐亲密起来，最后发展到李士群可以登堂入室，成为汪家的座上客之地步。这也是李士群善于“攻关”的结果。加强与汪精卫关系的手段起到了效果，使得李士群可以绕过周佛海、丁默邨直接与伪政权最高人物产生关系，这对李后来在伪政坛的发达产生了重要的作用。

汪精卫访日

1939年5月31日，上海机场。

一架轰鸣起飞的日本军机，载着汪精卫、周佛海、梅思平、高宗武、董道宁等11人，以及影佐祯昭、犬养健、清水董三等人飞往日本。汪精卫在飞机上俯瞰破碎山河，咏诗一首，表达了他当时无限感慨的心情：

疆亩纵横绿野恢，禾苗如水树如苔。
老农筋力消磨尽，留得川原锦绣开。

汪精卫的专机在横须贺追滨机场降落，然后众人一行驱车前往东京。

日本方面对于汪精卫组织伪政府的决定存在不同意见，在激烈的争论之后，最终由日本五相会议决定了《树立新中央政府的方针》，制定了一系列对汪政策，其中规定：

汪精卫抵达日本

一、新中央政府以汪精卫、吴佩孚、现有政权、改变主意的重庆政府等为其构成分子，该政府作为中国方面的问题，由这些构成分子作适当协力以树立之。

二、新中央政府以“调整日华新关系原则”为准绳，正式调整日华国交。构成分子当事先接受上述原则。

三、新中央政府的构成与树立的时期，适于综贯全局的战争指导上的阶段，以自主的观点处置之，为此，特别需要具备人的因素与基础实力。

四、中国将来的政府体制，当适应其历史与现实，以分治合作主义为准则；有关内容依据调整日华新关系方针，华北应是国防上、经济上的日华紧密结合地区（蒙疆为特别高度的防共自治区域），长江下游地区在经济上，作为日华紧密结合地带，华南除沿海特定岛屿设立特殊地位外，内政问题以交给中国方面为原则，尽量避免干涉；在适应新中央政府的体制并尊重其执政者的意向的同时，特别要考虑到我国（日本）对现有政权的特殊关系的处理。

五、关于国民党以及三民主义，在其放弃容共抗日，改以亲日满防共为方针时，当与其他以亲日防共为主义者一样，允许其存在。

六、重庆方面在其放弃抗日容共政策，作必要的人事更替，并接受上述第一及第二项的情况下，即认作为屈服，得成为新中央政府的构成分子之一。

这一决定实际与汪日上海重光堂会谈所制定《日华协定记录》条款并不一致，日本不希望中国出现统一的强有力的中央政府，只需要一个听命于日本人的各种降日势力的大杂烩。

但汪精卫却一厢情愿地做着他重登政治巅峰的美梦，他想通过访日，争取日酋的支持，达到三大政治目的：一是以他为首，成立中国新的“中央政府”，彻底排斥重庆蒋介石政权；二是合并日人已经扶植的南北两个汉奸政权，以他为党政军中心；三是由他来与日本谈判，谋取“和平”。但殊不知日本人视他为傀儡，这些要求无疑是“与虎谋皮”。

6月10日起，汪精卫相继与日本首相平沼、陆相板垣征四郎、海相米内光政、藏相石渡庄太郎、外相有田八郎、枢密院议长近卫文麿会见，15日，又与板垣征四郎进行第二次会见，并结束与日酋的会谈。

6月10日上午，汪精卫首先拜访了日本首相平沼骐一郎，会谈内容要点如下：

汪：由于今日拜访，得有机会领教，不胜光荣。

平：阁下为日华问题而努力，素所敬佩。日本皇室的宗旨，以仁爱之道维持人类和平，这是自古以来所一贯的。日本是尊重武力的所谓尚武之国，但是武力是达到上述宗旨的，与欧美各国的所谓武力完全不同。外国人往往不了解这一意义，把日本看作以武力为侵略工具的国家，可以说是完全不了解这一仁爱精神的。我们处在辅佐皇室的责任地位，因而必须努力实现上述宗旨。然而要维持世界人类和平，必须首先争取东亚、特别是日华两国间的永久和平。因此，两国当权者必须互相协力促其实现。我对阁下在这次事变时为日华两国而奋起表示敬意，希望继续努力。

汪：日本皇室的精神，我是很谅解的。我可以谈一点现在中国国民心理以供参考。关于现在日华和平问题，共产党以及和它有联系的一部分人，他们既没有中国，也没有东亚，完全是为共产国际而工作的“走狗”。对于他们是无可奈何的。这就是说，最后除把他们彻底打倒之外别无其他办法。至于其他大部分国民，都是内心希望和平，都认识日本在数十年来努力建设成为东亚先进国的地位，相信如果不是日华两国提携，别无其他方法确保东亚和平。但是这种和平是不能说出口的，因为大部分人，正如你所说的那样，闭着一只眼，不认识日本的真意。我曾劝蒋介石争取和平有数十回，但是他经常简单地回答说：如果与日本言和，全国领土失去独立和自由；如果继续抗战，即使被占领了小部分地区，但整个中国领土还能保存。这不仅是蒋介石一个人的想法，应该看作代表大部分人的看法。这就是说，今天中国的民众仍然认为日本既然牺牲那么多的武装和财力，恐怕不愿意放弃统治中国的欲望。事实上日本政府虽然屡次发表声明，给中国人民不少希望，但是这种希望能否实现还是不可靠的。这种心情，根据重庆及其他方面寄来的信也不难看出。日本的真意没有传至中国国内，是由于宣传方面不够所致，尚有待两国有识者今后的努力。共产党利用中国人民对日本的恐惧心，说谈和平就是卖国贼，再加上压迫手段，因此，在中国国内谈和平，不但极其困难，就是在国外的中国人谈和平也不很容易。

平：欧洲的国际关系，总是经常基于利害观点，为利害相争。在我们远东，绝不可重踏欧洲的覆辙，必须树立好维持道义的关系，确保永久和平，致力于不引起纠纷。日本的行动，在确保东亚永久和平的大目的未达成之前，决不停止。在中国国民认识日本真意之前将继续下去，这是可以断言的。尤其是关于共产党，他们是扰乱人类世界和平的敌人，不应容许其存在，我们最低限度应该首先把它从东亚的地区赶出去。他们采用思想战，我们也应以思想战对抗，而且以现在的情况看来，已经到了不可不以武力把它排除的程度了。日本为了排除共产主义，要诉诸武力，采取把它排除到底的方针。像蒋介石这种人，也许内心是想认识日本的真意，但是现在已经采取容共政策，日本国民也不会相信他，如果他不与共产党分手，是很难容许他的。其次，日华两国为了互相发展经济，是需要紧密提携的；两国为了迈向反共和经济提携的共同目标，有必要建立强有力的中央政府。因此，我相信阁下是担负实际责任的人，希望能够成功。对此不用说，我方将予以充分的援助。总之，希望中国放弃容共抗日政策，为建设新东亚而与日本合作且奋斗。关于建立中央政府的具体工作，希望与陆军、海军及其他有关的大臣商洽。

汪：个人力量有限，但将尽力于建立中央政府。为了进行成立中央政府的具体工作，给我和有关的各大臣面谈的机会，不胜感谢。在这里，我想申述一点意见以供参考。我以前派高宗武到贵国来申述我个人的意见，同时也听取了以总理为首的贵国政府的意见，因此，对贵国的方针大体有所认识。第一，当时我预想，如果蒋介石幡然悔悟，则不可不以蒋介石为对手实现和平，但是事情到了今天，这种情况几乎毫无希望了。第二，我曾提出与国民政府以外的人士联合，让他们担负时局责任。如果是这种情况，我将参加进去出一分微力；但是以中国今天的情况看来，把国民党除外，以其他力量来收拾时局，我认为极为困难。第三，我个人原来抱定如果蒋为解决时局而下野，我也随着下野，如果出国，我也随着出国，但是蒋拒绝这样做，反而出现相反的情况，我个人早已陷于不能不一个人负起责任来的境地。因此我想，以国民党为中心联合各党各派，放弃容共抗日政策，建立国民政府是最适当的。因为保存国民政府的形式，可以避免使中国国民抱着受日本的压迫而亡国的念头，便于从重庆方面争取许多同志。原来对于国民党标榜三民主义问题，前次派高宗武来，日方提出应该清除与共产党有关的连带性，恢复所谓新三民主义的意见，这是值得重视的。本来孙文先生的三民主义，

日酋板垣征四郎

是与共产党截然不同的，我打算今后尽最大努力发挥三民主义的真意。

平：在完全与共产主义分开的三民主义下，促进国民党的更生，并联合各党各派组织中央政府，改变容共抗日的政策，采取这种办法，我是赞成的。重庆政府现在已经不能说是中央政府了，如果重庆政府改变过去的态度，日本以仁爱的精神，可以不惜把它接受过来，但重庆政府到底不能避免使这次事变发生的责任。这就是说，蒋介石当然要下野。就蒋介石下野时，希望你仍负完全责任，更进一步努力使重庆方面的人全部转变。总之，此后希望负全责致力于这事业的完成。

汪：我可以在这里说明的是：在事情分晓前，重庆及其他方面究竟有多少人可以集中起来，现在还不敢断言。但是至少在自己的责任中，决心在国民党方面，使与党有数十年历史关系的人，发誓改变国民党以往的错误政策，形成为实现东亚和平的一种力量。[1]

接着，汪精卫又与日陆相板垣征四郎会见。

6月12日，汪精卫又与日本海军大臣米内光政举行了会谈。

汪：我读了贵国政府关于这次事变的声明，了解了日本的真意在于：(一)为了防止苏联赤化中国，即防止苏联对东亚的威胁。在反共的共同目标下，要援助中国，促进发展，建设新东亚。(二)决不采取像英国对印度那样的态度。事变以来，中国一般民众都认为中国在受到日本的侵略和统治，抱有疑惧和不安，如果能像我这样了解日本的真意，这种国民的不安都可以消除。共产党的问题更加严重，中国自1924至1926年，采取所谓容共政策，当时我在政府内部，曾遭遇种种困难，自1927年排除共产党以后，为了反共，十年来曾付出很大牺牲，这是你所知道的。这次事变发生的同时，蒋介石再次采取容共政策，我

[1] 黄美真等：《汪精卫国民政府成立》，上海人民出版社1984年版，第88—91页。

对此表示极端反对，常常劝他不可这样做，却不为他所采纳。以后两年间，共产党日益猖狂，影响东亚形势更加危险，因而我便决心与日本提携，从事反共工作。我的第一步工作打算是使国民党接受日本的两点希望，即共同防共和日华提携，努力建设所谓东亚秩序。这次访日，也是为了这种工作来征询贵国政府的意见。

米：关于阁下的主张，我已听到。现在又直接听了你的说话，对你所抱的坚定信心不胜敬佩。关于日华问题不必重提过去了，彼此必须认真地考虑现在和将来应该怎样做的问题。要完成东亚大业，必须付出艰苦的努力。关于这一点，我对于具有声望、见识、手腕，并在非常坚定的决心下奋起的阁下是寄于莫大期望的。

日本方面到现在为止，由于种种事情，也许使你发生怀疑，或使你产生各种不愉快的情绪。但是现在日本政府当局，绝对相信阁下，不惜在这里首先支持你完成大业的方针。这一点，希望你不用担心，日益加强信念负起责任来。其次，日华两国虽是在完成东亚大业的大目标下团结迈进，日本有日本的立场，我们必须互相尊重其立场。日本尊重中国的立场，也充分了解阁下的困难情况，因而阁下可自由发挥其手腕，我方丝毫没有对中国国内小问题也想加以干涉的意图。总之，在共同的大目标下，志在手携手、心连心，协力完成大目标。至于具体方法，在于两国互相暂时放弃优越感和嫉妒与反感之念，不仅在口头上，而且在内心也应一心一意地去实行。第三，要两国协力完成东亚的大业，必须在中国建立新中央政府。但是中央政府的建立，到底是为完成这一大业的一种手段，建立政府本身并不是目的。从中国几年来的历史看，中央政府的组织，往往有变为争夺政权之嫌，这种情况应当小心。

利用今天亲切会面的机会，我想告诉你的是以上三点。关于其他详细问题，有机会可以和别人谈谈。我想说的内容就是这些，盼望你努力奋斗。

汪：前天和总理大臣面谈，知道了贵国政府的意思。今天根据阁下的谈话，对此更加明了了，也更加强了我的决心。我要很快消除中国国民对日本的不安之念，为在共同目标之下相互提携做一点最善的努力。

米：古人有句话说：不计名誉不怕褒贬，置身于名利之外而行之。这是很重要的。

汪：诚然，主要的是要有坚定的信心。我离开重庆前几个月间，总是努力想办法使蒋介石改变主意，但是没有效果。终于不得不离开重庆。在河内时，曾托蒋介石派来的使者带信给他，如果他下野，我也一起出国，可是蒋不接受，我感到更加危险，才最后立下决心出来。现在根据阁下的谈话，我更对日本的真意有了充分的了解，回国后将给同志们传达，与国民党及党外人士广泛协力，致力打开当前时局。

米：从前有句话叫作“经临寡治”，如果经过三思而后行之，没有不成功的。

汪：的确如此，我将努力实现你的期望。[1]

6月13日，汪精卫与日本大藏大臣石渡庄太郎进行了会谈，6月14日，汪精卫又会见了日本政府外务大臣有田八郎。

汪：前次派高宗武到贵国来时，曾把我方的意见传达给贵大臣，也听取了贵大臣的意见。这次直接来到贵国，有机会和有关各大臣面谈，不胜荣幸。要解决这件事，中国方面有种种困难。关于这些困难，我希望能得到贵国当局的谅解。本来日华两国的关系，应该缓和而未缓和，反而越来越走向相反的方向，其原因在于两国互相责备，都在浪费时日地等待对方态度的转变。这就是说，在九一八事变后，中国主张，日本如果不解决满洲问题，不与日本合作；日本主张，中国如果无诚意则难

---

[1] 黄美真等：《汪精卫国民政府成立》，上海人民出版社1984年版，第95—97页。

于答应。同时，日本希望中国放弃依靠欧美；而中国回答说，如果日本不放弃侵略政策，也不得不依靠欧美。就在这次事变时，也是日本要求中国首先表示诚意。中国是希望和平的，但是怀疑和平后日本会不会夺去中国的自由独立，结果，老是以循环论告终而失去实现真正提携的机会，不幸之至。去年年底，近卫声明中提出了日华的共同目标，对中国国民也给予了一线光明。但是上述的希望果然能够实现否，今后如果不具体化，心情还是不得安定的。近卫声明提出的共同目标，实在是几年来呼吁出来的。经过这次事变，付出莫大牺牲之后，才把它提出，诚不堪遗憾。这回一定以实现共同目标来改正两国关系。关于具体方法，听了贵国方面意见后，要切实研究，回国后把它传达给同志们，并为促其实现而迈进。

有：日华两国的关系，正如你刚才所说，两国当局与国民都希望提携，但终于没有实现，反而发生这次严重的局面，的确不幸。我们必须努力乘此机会得到一个大转变。为了有个大转变，中国必须奠定牢固的和平基础，对阁下这次挺身而出负责建立中央政府，以总理为首，我们同僚是一致支援的。

汪：利用这个机会使两国关系发生转变，我也完全有同感。但实现这一转变，目前还有强大的反对力量和障碍：其一是共产党的反对，这是始终没有转变希望的；其二是共产党以外的一般国民对日本的怀疑心理。他们迫切希望和平的，但是他们认为现在与日本谈和，整个中国会失去自由和独立。如果继续抗战，没有失去的土地还可保持自由和独立。共产党也是利用这种心理，拉住政府继续抗战；国民对日本的这种怀疑，是实现和平的一大障碍。要纠正它，首先必须努力宣传。今天不用说在重庆，就是在香港、上海也不能讨论和平问题。因此，我想纠合同志，首先积极宣传日本的真意。其次，要把事实告诉国民，这是进行有效宣传的最重要的办法。如果不这样，一般国民都不怕共产党，反而怕被日本灭亡，要消除这种心理就困难了。日华共同防共问题也是一样。海军在中国当然不成问题，如果陆空军可以作为防共的力量，那么，中国的军队一旦得到发展，虽有再次引起抗日战争的危险，但是日华真正提携实行一致政策，任何危险都会没有。这就是说，意见一致，绝不会发生冲突的。

有：我在田中内阁时代担任亚洲局长，关于解决满洲问题，曾到南京面会当时的国府代理主席蒋介石，与之进行交涉。但是蒋介石没有解决问题的决心，终于爆发了九一八事变。以后我转任大使赴南京时，正是华北问题紧张之际，我曾对张外交部长指出：如果不迅速处理，会再次发生九一八事变那样的危险。现在如果以大政治家的见识，站在大局观点加以处理，我想不会反复这种事变。这次相信阁下会从大局观点出发，以大政治家的见识积极收拾时局的。正如阁下所说那样，以事实宣传当然有效，但在过渡时期，事实也有种种困难。因为既然站在大方针之下，关于这种具体问题，经过彼此开诚布公交换意见，自然可以发现适当途径的。今天希望你毫不隐藏地谈谈。

汪：近卫声明所提出的日华共同目标，我认为是善邻友好、共同防共、经济提携三点。这些都与中国的外交有关，我可以谈一谈关于中国外交问题的意见。现在蒋介石的外交方针，以苏联合作为主，以英、法、美提携为次，我是采取反对态度的。这就是说，既然赞成共同防共，则不仅要清除国内的共产党，而且当然要与苏联站在对抗的立场。英国在近卫声明后，虽然答应蒋的借款要求，继续维持越来越紧密的中英关系，但这不是孙文先生的初志。中国如果不从英国的经济束缚下解放出来，就不可能发展。日华经济提携也要以排除支配中国经济界的英国势力为前提条件。这就是说，我认为日华两国应该采取在善邻友好、共同防共、经济提携的三原则之下维持和平，以共同防共对付苏联，以经济提携对付英国的方针。但是，最近欧洲的风云，一时难于预测，一旦爆发战争，日本如果被卷进去，可以想象到日本的国力将进一步消耗。那时，中国也不辞跟着日本参战，所以希望尽可能在这次破坏后，为挽救中国而维持和平态势，以便专心建设现代国家。

上面已经说过，对苏对英问题的解决，也是在和平状态下可以实行的。过去孙文曾说过，中国的革命，如果没有日本的谅解，是不能成功的。所谓谅解，它是意味着对日本也是有利的。我在1925年担任国民政府的首脑时，广东曾发生反英运动。1931年九一八事变时，我排斥反对中国与日本直接交涉的主张，而倡导“一面抵抗，一面交涉”论。以后签订上海、塘沽两个停战协定，接着我在广田外相于议会宣布日华经济提携原则时，使中央会议通过接受上述原则的决议，进而决定交换两国大使，以后打算解决两国的根本问题，但是志未成即发生了这次事变。

有：日本不愿攻击苏联，也不愿进而与英国一战，愿尽可能采取和平共处的方针，这是和阁下是才的意见一样的。日本既然确定建设东亚新秩序的方针，因而必须把旧秩序步步改变，建立新秩序。其旧秩序，即欧美各国在东亚所有的政治上、经济上的特权，需要逐渐修改废除。在此期间，发生种种摩擦是难免的。但是日本决心克服这种困难，根据国际正义前进，这就是所谓走正义之道，以大无畏的精神前进。

汪：我很了解．如果日华两国紧密提携，他们也会撤退的。[1]

同一天，汪精卫还与日本前首相近卫文麿举行了会谈。

他特别强调说：“我逃出重庆已有半年，没做一点什么事，惭愧万分。今后要先团结国民党的同志，宣传日本的真意，恢复三民主义的真精神，并决心使国民党正式接受日本要求的原则，公开出面宣传。至于以后的实行，由于能力薄弱，能否完成没有把握。但是我个人准备：首先召开国民党全国代表大会，进而召开中央政治会议，准备建立中央政府。万一这一工作未能实行，我打算只在上述的宣传方面下功夫。

[1] 黄美真等：《汪精卫政府成立》，上海人民出版社1984年版，第102—105页。

近卫说："从平沼首相及各大臣的谈话看来，我国朝野都信赖阁下，希望阁下对收拾时局予以最大的努力。"[1]

汪精卫受到"热情"接待

汪精卫走马灯似的与日本政府的首脑们一一会谈。但他们全都掩盖了五相会议方针所规定的内容，仅以表面形式的礼仪来敷衍汪精卫，使汪得到了某些笼统的保证和希望。但在与陆相板垣征四郎的两次会谈中，汪精卫看到了另一副面孔，使他失望地意识到了问题的严重性。

6月15日上午8时，汪精卫与板垣第二次会谈。

板垣认为："要在中国建立新的强有力的中央政权，必须争取重庆方面的要人和军队的多数。您对此一定有相当的把握，如果能够听到有关这方面的情况，实为荣幸。"[2]

手中无兵无地盘的汪精卫，乞求日本"给予中国民族生机的机会，保留他们的希望"，希望板垣支持他建立伪政权。

但是，板垣毫不客气地指责汪精卫的《关于收拾时局的具体办法》，他主张"新政府成立后，只废除维新、临时两政府的政府名义，而不是取消其内容及其事实"。

板垣又说："华北是日中两国国防上和经济上的特殊结合地区，蒙疆是国防上特别为对苏联的防共区域，长江下游地区是日华经济提携的最密切地区。根据各地区的特征，并参照日华关系紧密的程度，有必要

[1] 黄美真等：《汪精卫政府成立》，上海人民出版社1984年版，第106—108页。

[2] 黄美真等：《汪精卫政府成立》，上海人民出版社1984年版，第109页。

把以前临时、维新两政府与日本之间发生的关系以某种组织形式保持下来。华南沿海，必须考虑对南方的国防上的需要，主要是海军问题在两国国防上的特殊关系。”

这无疑在告诉汪精卫，不能染指日本已经夺得的在蒙疆、华北、华中以至华南沿海的权益。

汪精卫自此心头一凉。

汪精卫一直幻想日本尊重中国的主权，而这位手握大权的日本陆相，却赤裸裸地宣称要保留日本所扶植的那些傀儡政权。汪说："与临时、维新政府的关系，归根结底是一个中央政府和地方政府的权限问题，如果只废除临时、维新两政府的名称，而照旧保留其实体，则中央政府将有名无实。并且，中央和地方事实上会经常发生权限的争夺，收拾时局实为困难。如果有把两个政权的实体保留的必要，只有延期组织中央政府，国民党在另一个地盘上形成一个政权，准备将来时机的到来，再进行中央政府的组织。”

汪精卫企图以撒手不干来要挟板垣。

但是，参加会谈的影佐反问道："以前协商时你说过，为了收拾时局，组织中央政府，而今你又说可以把它延期。用延期组织中央政府，国民党再另搞一个地盘进行工作的方法，毕竟不会具有对抗重庆政府的能力。我想问一下，现在提出这样新的方案用意何在？”

汪精卫无奈地解释："所以说组织中央政府并不急，是由于临时、维新两政府有困难这番话引起的。因此我想，除了延期组织政府而外，别无他法。”

在日本人的胁迫下，汪精卫最后不得不同意在华北设置政务委员会那样的机构，给予它较大的自治权限。但以何种形式处理现在的维新政府，汪精卫则希望根据板垣的意思，再研究具体方案。不过，板垣提醒汪精卫："关于中央政府的机构、成立的时间等等，必须和日本方面密切联系后决定较为适当。”

汪精卫被逼得言不由衷地保证 :“是，当然应该联系。”

在这两次会谈中，双方争论最激烈的是国旗问题。

汪精卫认为对国旗的选择是一件具有象征意义的事，因此力主伪政府应用青天白日旗。

而板垣强调必须在国旗和党旗的上部加上印有“反共　和平”的黄色布片 ; 为了避免混淆纠纷，军队只用大书“反共　和平”的黄色旗。

汪精卫说 :“军队如果只用黄色旗，而不使用国旗，作为国家的军队，无论如何，体面不好，而且会影响军队的士气和精神上的统一性。”

板垣却坚持自己的意见 :“所以让军队用黄色旗，是现在前线正和青天白日旗的抗日军继续进行战争，如果现在突然使用国旗，将会发生混淆，引起种种误解。为了不弄错，以不使用国旗为宜。”

最后，日本提出了一个折中方案，在国旗的上方加上写有“和平　反共　建国”字样的三角小黄旗，以区别重庆用的国旗。板坦还强调说 :“这是政府和军队充分研究的结果，不能改变。”

一贯标榜继承国民党党统和国民政府法统的汪精卫，居然表示在原则上接受日方的方案。

汪精卫此次在日本待了近 20 天。临走前，日方又向汪提出了意在以和平形式独吞中国的 3 项条件 :

一、在国民党 (指汪记国民党) 最高指导方针中，明确表示日、“满”、华三国睦邻结合的主旨。

二、国民政府于返还南京时，立即确认调整日华新关系的原则，并发表相应的宣言。

三、国民政府根据上述调整日华新关系的原则，正式调整邦交。

汪精卫最终承认了日方的压迫条件，于 6 月 18 日黯然回国。

7 月 9 日，回到上海的汪精卫发表广播讲话，公开进行卖国降日活动。10日，由林柏生主持的伪中央机关报《中华日报》出版，为汪精卫等人的汉奸卖国行径大造舆论，摇旗呐喊。

伪国民党“六大”的召开

汪精卫一贯以孙中山先生的正统传人自居。为了名正言顺地组织汉奸傀儡政府，扛起国民党党统、国民政府法统的招牌，汪精卫召集周佛海、梅思平、陶希圣、林柏生、陈春圃、褚民谊等人，策划召开汪记“国民党第六次全国代表大会”。

汪精卫等先成立了大会筹备委员会。要在毫无基层组织基础的情况下拼凑出所谓全代会议代表，产生各省、各特别市党部和海外党部的代表，一时难以得逞，于是决定指派特派员分区包办，强行组织。

汪精卫派亲信周化人潜赴重庆，但仅拉了刘仰山、金家凤、胡泽吾等数人前来。再北上拉人，应者更少。其妻陈璧君则动员家族裙带关系，指使陈耀祖、陈昌祖、陈春圃、陈国琦、陈国强、陈国丰一齐与会。周佛海要借机扩大自己的势力，他指派梅思平、丁默邨，从江浙沦陷区拉人。丁默邨从上海市、江苏省两个党部，拉来大批原属中统的特务来当代表，南京、安徽、浙江也尽在拉拢范围内，形成了以周佛海为后台老板的原CC系在党务方面的优势。李圣五更把老婆、妻舅、表弟、表侄统统提携为代表。林柏生则发动《南华日报》《中华日报》的一班人马参加。如此拼凑起汪伪“六大”的班底。

大小汉奸忙乱一场，但拉来的代表与汪精卫预计出席“六大”的300名代表额数相距甚远。于是，他们就拉拢非国民党员也来做代表。汉奸拉人已到了疯狂的地步，甚至一人同时被二省提名为代表。如金雄白，根本不是国民党员，却同时被周佛海、林柏生提名为代表。尽管这样，代表仍然凑不足数，76号干脆派出特务，采取威胁和绑架的手段，将人绑进会场充当代表。

据程宽正回忆，他被胁迫加入所谓汪氏“和平运动”后不久，又有人以汪精卫召见谈话为借口，“挟我上车，又向沪西进发，一连转弯，到了某巨厦门口下车，门禁特别森严。进去的人，每人全身都须经过搜查。我见情形特殊，就问D：‘是不是开代表大会？’D不假思索地回答说：‘不是不是。’然而声音已经勉强而略带抖颤了。稍进十数步，招待员已经在胸前标着绸条，叫我们签名，签了名，随手接得标着代表二字的红缎带，这时如梦初醒，觉得我已在荣任伪代表了，不知D、E对我尚有什么可以遮掩”[1]。

就这样，出席汪记“国民党第六次全国代表大会”的代表，勉强拼凑了二百多人。大会地点正是极司菲尔路76号的大礼堂，由丁默邨、李士群手下的特工负责会场布置并为大会保驾。

为防止租界巡捕房干扰，事前由日本人与意大利驻沪军司令部联系，要他们派一小队意大利士兵，于当天携带机枪，驻守在76号对面，名为监视，实则戒护。这样一来，捕房方面为避免与意大利军队发生误会，对76号也投鼠忌器，不便有所举动。而76号则也配合驻沪意大利军，在开会那天，76号的大门始终关紧。

汪精卫一伙深知自己的卖国行为会遭到抗日力量的打击，伪国民党“六大”召开的消息被严密封锁。为了安全，会议对外严格保密，出席会议的代表在到达现场后方知是来开汪记国民党代表大会的。有些参加汪伪集团的人，只得到通知说汪精卫要训话，务必到场，而进了76号，才知道自己已是代表。凡进了76号的人，一律不准和外面联系。

76号特工为了迷惑外界，在76号大门外搭了一座高大的牌楼，用电灯组成“寿”字，仿佛私人在家做寿。

会议召开当天，76号大门紧闭。会议代表有的从开纳路（今武定路）进

[1] 黄美真等：《汪精卫国民政府成立》，上海人民出版社1984年版，第377—378页。

极司菲尔路路口，再从后门进入76号，有的由76号西首华村转入76号。

76号内部一片紧张忙乱，伪特工人员遍布76号每一个角落。在通往大礼堂的道路两侧，全副武装的特务虎视眈眈地注视着每一个人。

76号的工作重点是保护汪精卫的安全。开会前一天晚上，汪精卫带着陈春圃和几个保镖，从愚园路1136弄汪公馆搬入76号，他住在李士群的房间里。此时汪精卫对李士群还不太放心，为防止意外，就让陈春圃搭起一张临时铺位，同他睡在一起。汪的保镖则睡在门外。

8月28日上午，大雨，汪记"国民党第六次全国代表大会"正式召开。

伪主席团成员有汪精卫、褚民谊、周佛海、高宗武、陶希圣、溥侗、何世桢、梅思平等，秘书长是梅思平。

有人发现流氓侦探出身的伪上海警察局局长卢英担任大会的秘书，便在午休时找汪精卫提意见。周佛海出来挡驾，说汪先生睡了，他可代为接待。代表于是当面提出卢英没有资格参加这次大会，还说羞与汉奸卢英为伍。周佛海一听此言，立即回答道："卢英是否汉奸，后世自有定论，可是汪先生到了上海，最先响应和平运动的，就是卢英。且卢英为迎接汪先生翻了车，几乎连性命都丢掉，他对和平运动，可说比谁都热心。再说现在汪先生的警卫人员，都是卢英派来的，万一因此而发生误会，汪先生的安全谁负责任？""老实告诉各位，汪先生还内定卢英做中央委员哩。"[1]

周佛海软硬兼施的一席话，说得众人哑口无言。

按照大会程序，上午是筹备委员会的工作报告与汪精卫的开幕词，下午是修改"党章"，并宣布了《整理党务案》。规定：

自1939年1月1日起，重庆国民党中央执监委员均已丧失行使职权之自由，所有一切决议及命令完全无效；重庆国民党从中央到地方及

[1] 黄美真等：《汪精卫国民政府成立》，上海人民出版社1984年版，第363页。

特别党部均暂行停止活动，听候改组；废除总裁制，设主席制。

会议推举汪精卫为中央执行委员会主席，使汪精卫获得了国民党主席的“合法”地位，方便其出面组织伪政权。

汪精卫提名的第六届伪中央委员，共一百多人，老牌汉奸温宗尧、陈群、任援道等人也在中委名单里，一名叫胡志宁的代表就起来发言反对。李士群便带了特务持枪走过来，站在一旁威胁，丁默邨也暗示胡识相些，胡志宁只好说了一通题外话。汪精卫只能说：“代表们有什么意见，会后可以和我个人来谈，现在要宣读大会宣言，请大家通过。”

汪精卫在致大会闭幕词时还故意地辩白说：“外面有人对我们造谣污蔑，说我们是日本人的傀儡，请大家看看，我们今天会场里有没有日本人？”[1]

木偶戏表演中，牵线操纵者自然不必出面。汪精卫此言将傀儡政府的面目暴露无遗！

会议通过的《中国国民党第六次全国代表大会宣言》，是汪集团宣传“和平、反共、建国”谬论的代表作。《宣言》声称：根据和平反共建国的方针，授权汪精卫同志，领导大家积极进行和平运动。

此外，这次会议又通过了《修订中国国民党政纲案》《决定以反共为基本国策案》《根本调整中日关系并尽速恢复邦交案》《关于授权中央政治委员会案》《关于尽速召集国民大会实施宪政》等提案。

按照大会规定，会议所印发的一切文件，只准代表在开会时即阅读，不许携出会场。但在会议过程中，李士群将大会文件偷偷地交给了晴气庆胤。日方发现大会组织法中有东北辽宁、吉林、黑龙江等省各派代表若干人出席大会一条，深感不满，即派犬养健前来责问：“该地已建立‘满洲国’数年，与这个会还有什么关系，为何派代表来开会呢？”汪精卫得此消息，吃了一惊，忙召集主席团开会商量对策。有人说：“大会印发的文件，一部分是照过去原样抄的，而且我们现在还没

[1] 黄美真等：《汪精卫国民政府成立》，上海人民出版社 1984 年版，第 364 页。

汪伪第二号汉奸陈公博

有正式承认‘满洲国’，不能没有这一条。”有人则提出：“这样答复不会解决问题，不如说组织法留此一条，确系秘书一时疏忽，未作全面考虑，而事实上并无代表在会，特致歉意，请予谅解。”最后由大会秘书长梅思平照此前去敷衍了一番，才算了事。

一天下来，汪记“国民党六大”草草收场，但对外宣传开了3天。汪精卫一伙就在乌烟瘴气中粉墨登场，76号特务们为汪效力，也捞到了政治利益。

汪记“六大”一闭幕，9月5日，汪精卫又在愚园路1136弄汪公馆，召开了“六届一中全会”，成立中央党部，推定陈公博、周佛海、梅思平、林柏生、丁默邨、陶希圣、高宗武、焦莹等为中央执行委员会常务委员；陈璧君、顾忠琛、褚民谊等为中央监察委员会常务委员会委员。褚民谊为秘书长，陈春圃、罗君强副之；梅思平为组织部部长，戴英夫、周化人副之；丁默邨为社会部部长，汪曼云、顾继武副之。

在“六届一中全会”上，决定“还都”建立伪府的同时，还成立“中国国民党中央执行委员会特务委员会”，由周佛海任主任，丁默邨为副主任，李士群为秘书长，林之江、苏成德、王天木、唐惠民等人任委员。“特务委员会”下设早已开张的“特工总部”，以丁默邨为主任，李士群、唐惠民为副主任，实权掌握在李手中，并迅速发展成为一个庞大的特务行动机关，成为汪集团生存和发展的重要支柱。

李士群领导76号特工总部，对抗日力量全面开展了血腥镇压，并竭力破坏渝方在沪特务机构，搜捕、招降其特工人员，暗杀、囚禁、勒索、酷刑拷打，为非作歹，欺行霸市，危害人民，一时间，76号成为上海滩上极其恐怖的代名词，也是抗战时期在上海最大的一个血腥恐怖组织。

南北汉奸合流的青岛会议

1939 年 6 月汪精卫访日回国后，为了取得各地汉奸势力与日本占领军的支持，他奔波于北平、上海、南京、广州各地，与地方汉奸商谈、讨价还价，以求就归并南京伪中央政权问题达成一致。

汪精卫首先到了北平，他原拟与被日本人看中的北洋旧人吴佩孚谈判有关未来政权中权力分配问题，由于吴佩孚摆架子，坚持汪精卫必须上门来与自己谈判，而汪又不肯，所以会谈没有进行。在日本主子的主持下，9 月 19、20 日两天，汪精卫与南北两方既存汉奸政权头目王克敏、梁鸿志三方在南京召开了第一次分赃会，但三方只表达了合作意向，没有进行未来伪政权具体的权力分配。

1939 年 11 月，影佐祯昭领导的日特梅机关开始与汪精卫秘密谈判《日华新关系调整纲要》。谈判从 11 月 1 日开始，一直到 12 月 30 日，至汪精卫在条约上签字为止，共耗时两个月，其间正式会谈共有 7 次。日方人员以影佐为主，中方参加者有周佛海、梅思平、陶希圣、周隆庠、林柏生等人。该《纲要》充分体现了日本全面控制霸占中国的战略思想，对汪伪极为苛刻，可以说从天上到地上，从沿海到边疆，从陆地到海洋的全部中国主权都要受日本控制。日本方面也明知这对于中国为卖国条约，要求伪方不能公开其内容。

在日方安排下，1940 年 1 月 23 日，汪、王、梁三方汉奸势力第二次分赃会议在青岛召开。

汪伪方面参加的有汪精卫、周佛海、梅思平、褚民谊、叶蓬、林柏生、罗君强等；南京伪维新政府参加的有梁鸿志、温宗尧、陈群、任援道、高冠吾等；华北伪临时政府参加的有王克敏、朱深、汪时景、殷同、王揖唐、齐燮元、王荫泰等。此外，还有伪蒙古自治政府的李守信，以及伪临时政府日本顾问喜多诚一、伪维新政府顾问原田熊吉等。

这次会议完全在日本人的控制下进行，表面看是中国三方汉奸势力的会议，实际是日本在华各方势力梅机关、华中派遣军、华北派遣军划分侵华势力范围的角逐。

汉奸王揖唐

会议在青岛迎宾馆召开，决定了下列重大事项，为汪伪傀儡政权的开场鸣锣开道：

一、由国民党中央执行委员会主席定期召开产生国民政府母体机构的中央政治会议于南京，中央政治会议主席由国民党中央执行委员会主席担任之。

二、中央政治会议由国民党指定的代表会同北平“临时政府”，南京“维新政府”所指定的代表若干人，与中国青年党和国家社会党及无党无派人士组织之。

三、国民政府还都南京之日，北平“临时政府”及南京“维新政府”同日宣告解散。

四、在国民政府之下，设置华北政务委员会于北平。

五、国民政府设置行政、立法、司法、监察、考试五院及军事委员会；五院院长、副院长，军事委员会委员长、副委员长及委员，由中央政治会议主席提请会议通过后，由国民政府任命之。

青岛会议举行后，为组织伪中央政治会议，汪精卫又邀请了一批“各合法政党领袖及社会上负重望之人”在上海举行了会谈，其中包括连一个党员都没有的社会民主党代表江亢虎、国家社会党政治委员褚青

1940 年 1 月 23 日，汪精卫（中）与王克敏（左）、梁鸿志（右）在青岛举行南北汉奸会议。

来、中国青年党中央政治行动委员长赵毓松等，还有一些有着汉奸背景的所谓“无党派人士”。为贿赂这些政客，汪精卫每月拨给他们 2—3 万元活动经费，给伪中央政治会议装饰“多党政治”的门面。

在这期间，发生了一幕令汪伪难堪的插曲。这年的 1 月 3 日，汪精卫集团中的高宗武、陶希圣两人，秘密逃离了上海。高、陶两人在杜月笙的亲信万墨林一手策划安排下，经过精心布局，逃过 76 号特工总部的监视，秘密到达香港。1 月 22 日，他们在香港《大公报》上全文公布了《日华新关系调整纲要》，使日汪间不可告人的丑恶勾当全部暴露在世人面前。

高宗武、陶希圣是汪伪集团中的重要智囊人物，也是汪日双方谈判的牵线搭桥人，这两人的出走，首先是因汪伪集团内部的权力与利益争夺矛盾激化的结果。高宗武一手策划了汪精卫与日本人的勾结，高一直对伪政府的外交部长一职志在必得，但汪精卫却将外交部长给了自己的亲信亲戚褚民谊，高宗武因此非常失望与不满。陶希圣虽然担任了伪宣传部部长，但伪宣传部的实权却掌握在汪的亲信人物宣传部次长林柏生手中。对权力分配不满，同时也考虑到日后要承担签订卖国密约的罪责，高、陶两人于是私下商定共同出走。陶希圣曾几次向汪精卫表示不想参加对日谈判，但汪一直劝他继续协助周佛海与日方谈下去。此时，重庆方面的策反工作也起了效果。在戴笠的安排下，杜月笙安排手下全力策划了高、陶两人的出走方案，完成计划之后，蒋介石送高宗武去了美国，陶希圣回归重庆，竟又成了蒋介石侍从室的亲信人员。

高、陶两人的反戈一击，举世震惊，给汪精卫集团以沉重打击，周佛海曾在日记中记载使他“受尽气的是丁（默邨）李（士群）之争，而丢尽脸的为高陶之走”！他不禁叫骂：“高、陶两动物，今后誓当杀之也！”高、陶两人在香港公布日汪密约正是青岛三方会议召开的前一天，汪精卫在前往青岛的轮船上闻之，气愤不已，以致情绪十分低落，疑神疑鬼，一再吩咐李士群要搞好安全保卫工作。

李士群率领76号特务负责了对青岛会议的安保工作，他夸下海口，拍胸脯保证，再三要汪精卫放心开会，说他已经安排好一切，绝对保证会议安全，万无一失。李士群为何敢如此大包大揽？原来，李已掌握了重庆军统戴笠的一张重要底牌！

由于数次刺汪而不成功，戴笠遭到蒋介石的痛责，但一直不死心。此时，汪伪集团因高、陶的出走士气低落，正是刺汪的大好时机。于是，戴笠再次下达刺汪密令，执行者正是军统华北区青岛站站长傅胜蓝。恰巧，李士群手下有一军统落水大将王天木，此人正是傅胜蓝以前的老上司，对傅在青岛的一切了如指掌。

王天木是东北人，曾是戴笠手下四大金刚之一，早年与戴笠、唐纵一起组织过力行社，就是蒋介石秘密组织复兴社的前身，其在军统内部的地位不低。

王天木在上海工作期间，因对戴笠处置问题的方式不满而起异心，而戴笠容不得他手下抗命，竟对王起了杀心，王天木一怒之下投降76号当了汉奸。投降之后，尽管资格很老，但由于一直拿不出像样的见面礼，王天木并未受到李士群的信任与重用。这次，王天木积极请战，主动要求与李士群一起赴青岛保卫汪精卫的安全，就是想立一大功，好在李士群面前抬起头来，重新做回风云人物。

王天木到达青岛后，立即带人四处捉拿军统的傅胜蓝，但一连找了几处都无功而返。王天木心想，这个傅胜蓝到底藏在哪里呢？

傅胜蓝不到30岁，生得一表人才，风流潇洒，他与军统青岛站的会计丁美珍是一对恋人。当时，两人开了一家小百货铺子作隐蔽，潜伏在青岛。接到戴笠暗杀汪精卫的密令后，傅、丁二人已商量好，买通了三方汉奸势力选定开会的青岛迎宾馆女服务员，将定时炸弹装入花瓶底座，悄悄带入宾馆安置好，并设定好爆炸时间，只等开会时引爆，将汉奸们一起送上西天。傅胜蓝安排好一切后，放心地和恋人躲藏起来，这天，终于被王天木一伙人堵在了秘密同居的房子里。

傅胜蓝被李士群抓住后，只表示不再执行暗杀汪精卫的行动，并不肯落水当汉奸，但其女友丁美珍却不这么想。由于军统对属下结婚有十分严格的规定，傅、丁二人同居已久但一直未能公开成婚，丁美珍心中深以为憾。丁美珍眼见抗战前途渺茫，在戴笠手下既混不到钱还要受到严格控制，索性倒向汪派。于是，由丁美珍做主，代傅胜蓝提出投降条件，首先要求同意他们到上海结婚，第二要求李士群给傅胜兰安排一个不低于王天木的位置。李士群同意后，傅胜蓝立即交出了军统青岛特工站的全部人马和枪支、电台。

李士群没有食言，其后在上海百乐门酒家为傅、丁二人举办了盛大的婚礼，并赠洋房一幢，黄金百两。傅胜蓝背叛了军统，反而与李士群、王天木一起成为青岛汉奸会议的保护者，而军统青岛特工站则全部覆灭。傅胜蓝后来还担任过汪伪特工总部武汉站和杭州站站长，抗战胜利后被戴笠枪毙。

重庆特工与76号特工在青岛的博弈，以戴笠的失败而告终，戴对李士群恨之入骨，也为其后李被毒杀埋下了最初的伏笔。

汪伪“还都”闹剧及与日本签约

汪精卫于1938年12月18日逃离重庆投向日本，经过一年零三个月时间的准备，与日方讨价还价，终以答应对日“全面合作”为条件，达成了日本扶助其在南京组织伪中央政权的协议。为求得“正统”，对外号称是国民党中央政府“还都”南京。由于日方对诱降重庆并未死心，也因日本军方先期在中国南北扶植的伪“临时政府”与“维新政府”就归并汪政权的条件总谈不拢，汪伪“开府”时间一拖再拖，最后在无从延期的情况下，才决定在南京草草登场。

3月12日，汪精卫发表了《和平宣言》，声称：“和平运动已经进入了组府还都实践阶段。”“自今以后，举国人民皆在此统一而有力之中央政府领导下，对外调整邦交，对内实施宪政；扫除历年之纠争与战祸，而实现和平与幸福之新天地矣。”《宣言》还表示将与日本“共存共荣”：“不徒欲消弭目前之战争而已，必深求战争之原因，解除过去之症结，重新建立将来之正鹄，使中日两国得向于共存共荣之大道而携手前进。”汪精卫还做出姿态，再次呼吁：“重庆方面应抛弃成见，立即停战，共谋和平，使和平方案之实现，更能普遍而迅速。”

3月20日上午，伪中央政治会议在南京中山北路国际联欢社大会堂正式开幕，汪精卫主持了这次会议。出席会议的正式代表，除汪精卫外，伪国民党10名，“临时”“维新政府”各5名，所谓合法政党领袖及社会贤达8名，“蒙疆自治政府”2名，另有2名列席代表。会议通过了伪中央政府树立大纲、“中央政治委员会”及“华北政务委员会”组织条例，通过了政府名称及国旗标志，最后排定了各院部人选：

国民政府主席林森，代主席汪精卫

行政院院长汪精卫，副院长褚民谊

立法院院长陈公博，副院长（待定）

司法院院长温宗尧，副院长朱履和

监察院院长梁鸿志，副院长顾忠琛

考试院院长王揖唐，副院长江亢虎

华北政务委员会委员长王克敏

汪精卫之所以把伪国民政府主席的位置让给还在重庆的林森，有着他险恶的政治意图。他是要对外显示重庆方面要人也参与了他的“和平”，以现任重庆国民政府主席为主席，他的“政府”是合法“正统”的，另外，宁渝间随时可以合流。

至此，汪精卫集团终于完成了组织伪政权的全部程序。

1940年3月30日，在日军严密控制下的南京，上演了一幕傀儡政权登场的闹剧。而76号特务们则与日本宪兵一起担负了保护傀儡登场的任务。

有经历者描述道：“三月三十日，刚是黄花岗七十二烈士为国捐躯的下一日，也是世人所熟知的万愚节的前两天，这意味着是一个历史上不幸事件的延续呢？还是受人愚弄的先声？是巧合？还是故意？总之，这一天，却绝不像是一个黄道吉日！”

“在此之前，汪氏率领了陈公博、周佛海等一行，于3月19日往紫金山谒陵，向中山先生祭告，作为政权建立的序幕。那天正好漫天风雨，景色凄苦。汪氏步入灵堂，举头向中山先生的石像一望，禁不住两行热泪，簌簌直流。等到领导恭读遗嘱时，全场变成一片呜咽之声，这前奏曲，竟是凄凉的哀乐，是不祥的预兆！汪氏即使真是甘冒天下之大不韪而想对国家有所贡献，从此也终将

1940年4月26日，汪伪政府在南京举行“还都典礼”。

莫挽其精卫填海之恨了！”

“民国二十九年三月三十日，倒是一个温暖晴朗的天气，酝酿了1年3个月的汪政权终于成立了。原来的国民政府在沦陷中给日军捣毁得像故国山河一样的支离破碎，汪氏的‘国民政府’，迁到了战前考试院的旧址。”

“那天的清晨，警察已督促南京的市民们重新挂起青天白日满地红国旗，只是上面加了一条三角黄布飘带，写着‘和平、反共、建国’六个大字。市民们有一些欣喜，因为五色旗又匿迹了，中山先生所手定与革命先烈们以鲜血换来的国旗，又见飘扬在中国自己的土地上。但市民们也有一些辛酸，这一条黄布飘带，是玷污了中华民国，玷污了中华民族！”[1]

“所有汪政权的登场人物，衣冠趋跄，分乘着簇新的汽车，驰向新的‘国民政府’，门前是一条横亘着的火车轨道，越过轨道，远远就望到大旗杆上一面青天白日旗在临风招展，上面并没有黄布飘带，是换了一个方式，改变用两根小竹竿交叉在国旗的下面。意思仅在告诉人，旗上的黄飘带不是固定的形式，将来随时会撕去的。”

加上“猪尾巴”的汪伪“国旗”

“礼堂里已挤得满满的，彼此相见也只是交换着点一下头，每个人全没有热烈高兴的神气，全场是一片冷静。汪氏出现了，许多居高位的武官是军装，文官是蓝袍黑褂，唯有汪氏穿着一套礼服，仍然如当年的风采，但显得开始有

[1] 朱子家（金雄白）:《汪政权的开场与收场》第三四节“揭开了历史悲剧的序幕”，网络版 www.doc88.com。

些苍老，有些憔悴了。他，面上全没有一丝笑容，严肃地悄然走上主席台，眼光向四面扫射了一下，微微闻到叹息之声。在‘三民主义，吾党所宗……’的国歌高奏声中，他俯下了头，面上现出了勉强地一笑。汪氏的演说，一向是充满煽动性，生动而有力。记得我第一次听到他的演说，那是民十六他脱离了武汉政府来到上海，地点在善钟路七十七号，他的讲题是‘分共以后’。事前我为他想，他参加了左倾的武汉政府，又曾与陈独秀发表过联合宣言，这篇演说，他将怎样自圆其说？而他的演讲，一开始就说：‘我为什么要容共呢？那是遵奉总理的遗教；那么，我们为什么又要分共呢？这是尊重总理的精神！’寥寥几句话，先把自己的立场站稳了。他总是对的，并且说得无懈可击，我佩服他的辩才与机智。三十余年来，这几句话，永远留在我心里。而汪政权建立那一天他的演讲，似乎并没有使我留下特别的印象，他声音很低，讲话无力，可能是他一生中最失败的一次。我只约略记得他的大意：（1）大

1940年4月26日汪伪政府“还都典礼”后合影

亚洲主义是中山先生北上过日时所提出的最后主张；（2）历史上绝无百年不和之战；（3）收拾山河，拯救苍生。典礼在他讲完以后，匆匆地结束了。在礼堂门口，全体合摄了一张照片，就完成了历史上悲剧的序幕。

“那天，南京城里，是够热闹的，虽然也照例有‘维新’时代‘大民会’策动的民众庆祝游行之类的玩意，每个政权的创建，也必然会有这一套，人民在被统治之下，也一定会乖乖儿地听从支配，高呼拥护，这一类戏在我过去半生中是习见了的。但那一天的游行行列，确真是并不热闹。热闹的倒是日本军人到处对青天白日旗当攻击目标，有些有殴打悬旗居户的暴行事件发生。在鼓楼与新街口等处，挤满了许多的日兵，更有酿成暴动之势。原因有两个：日本军人以为三年来作战伤亡累累，是要把青天白日旗打倒，现在相反地在侵华军事大本营的南京，满街满巷，一夕之间，又复公然出现。在日本兵士的心理，不甘于有青天白日旗，殊不知中国的人民更不甘于国旗上再多出一条不伦不类的黄布条。因此，在悬旗的时候，许多人自动把黄布条取消了。于是日本军人有了借口，城里到处乱哄哄地可以随时发生大祸。汪政权的军警与日军部方面会同极力弹压，总算安然过去，满城小小的武剧，也成为这个节日中最热闹的点缀。”[1]

作为这场闹剧的目击者与参与者，金雄白的上述记载应当是可信的。

“还都”仪式当天，汪精卫还正式发表了《国民政府政纲》和《还都宣言》，阐述伪政权的内外施政方针。对外强调“与日本共同努力，本着善邻友好、共同防共、经济提携之原则，以扫除过去之纠纷，确立将来之亲善关系”；对内则强调以反共为主要任务，对共产党及其学说

[1] 朱子家（金雄白）:《汪政权的开场与收场》第三四节“揭开了历史悲剧的序幕”，网络版 www.doc88.com。

进行“摧毁廓清”，同时号召重庆政府军政人员务必于近期内到南京报到，命令国民党军队即日对日停战，以待后命，他宣布：“重庆方面如仍对内发布法令、对外缔结条约协定，皆当然无效。”[1]

当天晚上，汪精卫又发表对日广播讲话说：“我经过深心反省之后，痛下决心，将过去容共抗日之政策彻底放弃，重新确立和平、反共、建国之政策。”他表示感谢日本政府对他建立伪政权的支持。

然而，颇具讽刺意味的是，当汪精卫宣誓就职时，日本却并未有立即承认伪政权的任何表示，经汪精卫再三要求，为顾全面子日本方面必须派出大使来贺，但仍未被理睬。这使得汪精卫相当难堪，他的“开幕”典礼，既没有外交上通行的各国使节的祝贺，连其日本主子也不来捧场。直到次日上午，在南京的日本派遣军司令西尾寿造才到汪政府表示祝贺。

就在“石头城畔是一片何等凄凉的景色”的同时，在抗日后方，很快掀起了声讨汪伪汉奸的热潮。伪政府成立当日，重庆国民政府公布了一份被通缉汉奸的名单，共一百多人，自汪精卫起包括伪政府各部、院、会首要人物无一遗漏。虽然这只有宣传功效，但对汪伪群奸来说，实在是一件刺激神经的事。4月15日，中共八路军、新四军发表了《讨汪救国通电》，严正指出：“汪精卫的所谓和平就是投降；所谓反共就是灭华。”宣誓“誓率全军为祖国流最后

汪伪“还都典礼”后，汪精卫与日本要人的合影。前排左起：今井武夫、汪精卫、影佐祯昭；后排左起：周隆庠、梅思平、犬养健、周佛海、陈公博、伊藤芳男。

[1] 《汪主席在还都典礼上的讲话》(1940年3月30日)，二史馆馆藏汪伪政府档案。

一滴血，驱逐敌伪，还我河山，虽赴汤蹈火所不敢辞”。各地纷纷召开“讨汪大会”，举行游行示威，上海租界内的中国学生也举行了罢课，他们高举“打倒汪精卫傀儡组织”等标语游行，沿途还散发讨汪传单。各地抗日民众的讨汪声浪持续不断。

汪精卫号称他的政权代表“中华民国”，是主权独立的国家，他和日本只是“兄弟之邦”。但不管汪精卫如何吹嘘，日本人却只把它当作第二个“满洲国”的傀儡政权。汪伪政权成立的次日，日本外务省发言人须磨弥吉郎在回答记者所提出的关于汪政权的独立性问题时，就明确地说：“没有必要担心这个问题，它的独立性就像‘满洲国’。”当时日本参谋本部的代表仍在与重庆政府代表进行所谓的“和平谈判”，日本兴亚院政务部长铃木就很坦率地对一个美国记者说：“蒋介石是中国唯一最杰出的人物，我们必须通过他去做工作。”他还说，“我们也注意到汪精卫在历史上总是抛弃同他合作的人，不过在目前形势下，日本也只能找到像他这样的人。”日方这些话，使汪精卫感到难受心酸，但也拿日本主子无可奈何。

伪府成立后，汪精卫为过把“领袖瘾”，不惜抱病跑到沦陷区各地去“巡视”一番，协调各地汉奸头目的关系，并乞求日本驻各地派遣军头目的支持。

4月8日，汪精卫抵达北平，他拜会了日本华北派遣军司令官多田骏和联络部长森冈，并对伪华北政务委员会厅、处以上伪员训话。9日，又往张家口，拜会当地日本驻军司令官和伪蒙疆政府主席德穆楚克栋普鲁。12日，又往广州巡视，拜会了日本华南派遣军司令官，并发表广播讲话，声言要把广东造成“和平运动的模范省”。17日，又赶往汉口拜会日本驻军司令官，发表广播讲话，还在伪汉口市政府举行的“拥汪大会”上发表演说，竭力为自己的汉奸言行辩护。

与此同时，汪精卫又迫不及待地与日本交涉，要建立日伪正式的

“外交关系”。他深知，不取得日本当局的正式承认，傀儡政权的地位就不会稳定，他要严防日本甩开他直接与重庆蒋介石和谈。而这时日本政府也想到以条约来奠定其对汪政权的控制基础，于是日汪双方的谈判在南京开始了。

汪伪政权成立后，根据“日汪密约”，汪伪国民政府设有最高军事顾问部和最高经济顾问部，日本人从最需要的军事与经济权益两方面全面控制了汪政权。汪伪政权最高军事顾问影佐桢昭，成为汪伪政府的“太上皇”，他操纵着汪精卫的言行举止，控制着汪的日常行动，曾使汪产生强烈的“不自由感”。而伪政府各部门也都分别由专任的日本顾问进行控制，充当各部门的最高领导，拥有决策权，而伪官吏则只是他们的决策执行人。尽管日本内阁已答应以汪精卫为首来组建伪中央傀儡政权，但日本华北、华中派遣军还是各怀鬼胎，想保住自己扶植的各地小汉奸集团的势力，不肯与汪通力合作。当时在北方，伪华北政务委员会和伪蒙疆联合自治政府实际上就是两个独立政权，就连其伪旗也各树一帜，分别为北洋时期的“五色旗”和“四色七条旗”。而在华中、华南沦陷区，原有的伪南京维新政府依仗其后台日本华中派遣军支持，把持了汪政权基层组织，伪江苏省主席陈则民、伪浙江省主席汪瑞开、伪安徽省主席倪道朗、伪南京市长高冠吾、伪上海市长傅筱庵等人，全部是伪维新政府的旧人，并不完全听命于汪精卫；伪湖北省主席杨揆一、伪汉口市长石星川更是自诩为日本人直辖，大有割据之势。只有广东一省，由于汪精卫的重视和坚持，才由他委派妻弟陈耀祖担任了代理伪省主席，但伪广州市长却仍由原维持会头目彭东原担任。

伪广东省长陈耀祖

在这种情势下，汪精卫更急于通过对日条约，明确与加固他在投日汉奸阵营中的领头地位。

在汪精卫的一再要求下，日方认为鉴于诱降蒋介石政权一时无望，只能继续扶持汪精卫。1940 年 4 月 23 日上午，日本特命全权大使、前首相阿部信行大将及其随员及“日本国民庆祝使节团”数十人，乘坐日船“鹿岛丸”抵达南京。26 日，汪伪政府举行了“庆祝国府还都拥护和平大会”，汪精卫在会上讲话表示：“要即日把邦交调整起来，与日本共同建设东亚。”这一天，汪精卫还发表了《罪己的精神》一文，提出要以“罪己”的精神，作为与日本交涉的原则。

日本使节团在南京、上海活动一周后返回日本，阿部等人则留在南京进行日汪“国交调整”谈判。

7 月 5 日，日汪“国交调整”谈判第一次会议在南京举行。汪方以汪精卫为首，以伪外交部长褚民谊、伪财政部长周佛海、伪工商部长梅思平、伪宣传部长林柏生、伪外交部次长徐良、周隆庠为交涉委员；日方以阿部信行为首，以大使馆参事官日高、松本、汪伪政府最高军事顾问影佐、顾问须贺、兴亚院调查官安藤、众议院议员犬养为交涉委员。这是日伪双方在双边关系上互亮底牌的一场讨价还价。

会议一开始，汪精卫就表示：对于两国国交前途及东亚前途，抱有莫大之兴奋与期待。希望双方诚心诚意、同心协力。阿部则直截了当地要求汪精卫根据日方所提条件，签字画押，他提出双边关系有三条必须遵循的原则：（1）要以近卫声明为基础；（2）须以去年密约为标准；（3）因战事未了，条约中或有与平时不同之特殊条款，汪方必须接受。他首先占据了对会谈的主动权与制高点。

至于日本方面曾在近卫第三次对华声明中宣布，又在日汪密约中重申的将交还租界和废除治外法权一点，汪精卫在会上要求阿部履行诺言，在条约上写明日本打算采取哪些步骤加以实现，却遭到了日方的拒绝。阿部说，因为“日本商人在中国的地位还不牢靠。他们斗不过拥有庞大资本和大量买办人员的英国人”，因此，只能把这点作为日方的许诺写进条约。

在汪方提出的最重要的日本从中国撤军的问题上，日方仍坚持把两年的撤军期限与汪政府在此期间确保治安的能力与效果联系在一起，意图可以借口治安不稳无限期地占领中国沦陷区。汪精卫一听便发毛了，他表示，如果在这样的条款上签字，就等于认可日本军队可以永久占领中国，就会使新政权在公众心目中的形象受到严重损害。阿部对此毫不理会。

在交通线管理问题上，日本在会谈中甚至把他们曾在日汪密约中许下的某些诺言又重新收了回去。日汪密约中规定：铁路系统的汪伪“国有化”是必须采取的一个步骤。但此时日方却改了主意，借口铁路与帝国陆军的军事行动关系密切是为必需为理由，不肯交给汪伪管理。汪精卫等人极力向日方要求遵守密约，至少要将上海、南京地区的铁路交给自己管理，给“新政权”一点“必要的面子”，但日方仍加以坚拒。结果，汪方只好同意在条约中写明铁路为“中日合办”，实际上即是由日本包办。

经过先后 54 天 16 次会议的交涉，日汪会谈终于通过了双边基本关系的最后文本，这是一份以日本的立场为主导的汪伪政权的卖国条约。条约包括正文、附属议定书、附属议定书谅解事项以及附属秘密协约、附属秘密协定共 5 件。其主要内容包括以下几方面：

1. 对于足以危害两国安宁及福利的一切共产主义破坏活动，共同负防卫之责。应各在其领域内铲除共产分子及其组织，并对防共有关的情报、宣传等，紧密配合。日本国为实行两国共同防共起见，在必要期间内，根据两国另行协议决定，驻扎必要的军队于蒙疆及华北的一定地区。

2. 关于华北及蒙疆的特定资源，尤其是国防上必要的资源，中华民国政府同意两国紧密合作，加以开发；关于其他地区内国防上必要的特定资源的开发，中华民国政府应对日本国及日本国臣民提供必要的便利。两国紧密合作，筹划开发厦门和海南岛及其附近岛屿的特定资源，特别是国防上必要的资源。

3. 对驻扎于中华民国领域内的日本国军队所驻扎地区和有关地区的铁路、航空、通讯、主要港湾和水路等等，按照两国间另外的协议决定，答允日本国有关军事上必要事项的要求，提供军队驻扎所必要的便利。

4. 中华民国政府应补偿日本国臣民自事变发生以来在中华民国因事变所受的权利、利益的损害。

这份条约实际上是侵略者掠夺控制被害国的条文，目的是将中国完全沦为日本任意榨取勒索的殖民地。但汪精卫还要表现出满意状，自认为这次是他作为“领袖”代表中国进行的对日交涉，他大言不惭地说，这次条约的重要意义所在，将奠定百年和平之基石。

11 月 28 日，汪伪中央政治委员会第二十八次会议为使其有权在条约上签字，特推荐汪精卫为伪国民政府主席，为他去掉了“代理”的称号，同时又修改了《国民政府组织法》，删去主席不负实际责任和不得兼任其他官职的规定。30 日，日伪双方举行了条约签字仪式。据目击者描绘汪精卫在仪式上的表现说：“那天，他穿了一套礼服，当日方大使阿部行将抵达以前，他站在礼堂前的阶石上，面部本来已充满了凄婉之色，他呆呆地站着，远望缭绕在紫金山上面的白云，忍不住两行清泪，从目眶中沿着双颊一滴一滴地往下直流。突然，他用双手抓住自己的头发，用力地拔，用力地拉，俯下头，鼻子里不断发生‘恨！恨！’之声，泪水渍满了面部，他的悲伤，是仅次于捶胸顿足……欢迎大使的军乐起奏了，阿部已缓缓地进来，立在汪氏旁边任翻译的周隆庠，低声向汪氏说：‘先生，阿部大使来了…’，汪氏像霍然从梦中醒来，面上重新露出了一丝苦笑，迎接阿部，同入礼堂，完成了签署手续。”

这一幕场景，活灵活现地展示了汪精卫当时的内心感受。

同日，汪精卫、阿部信行、伪满洲国代表臧式毅又代表三方签署了《汪日满共同宣言》，声明“三国”间互相承认。

至此，汪伪政权自宣称“还都”后经历了 8 个月之久，才得到了日本政府的正式承认。

[第四章]

腥风血雨上海滩

76 号特工组织是汪精卫卖国“和平运动”的重要支柱，在伪府的筹组与开张过程中，扮演了保卫者与参与者的双重角色。76 号特工疯狂镇压抗日人士，不仅对共产党人痛下杀手，对渝方在上海的党务组织、三青团、忠义救国军、军统上海区、中统苏沪区组织也采取严酷打击手段。同样，渝方特工对敌伪势力也以激烈暗杀手段相还报。一时间，上海滩刀光剑影，血雨腥风。

第一节　疯狂镇压抗日力量

“沪西歹土”

76 号特务组织纳入汪记集团，丁、李二人觉得一步登天，仿佛上海已是自己的天下，但他们知道上海还有 18 平方公里的租界尚不在自己的势力范围内。此时，公共租界内有英国、意大利驻军，美国第十四麦令斯海军陆战队和头缠红布的印度籍武装巡捕“红头阿三”，法租界则有头戴尖笠的安南兵。租界的各种兵力虽数量不多，实力也无法与日军抗衡，但此时太平洋战争尚未爆发，英、美、日之间的关系非常复杂微妙，日本在短时间内不可能与西方列强正面冲突。所以，在日本主子

“要制止租界的反日活动但不要与工部局发生摩擦”的指令下，丁、李二人开始对租界实施“蚕食”战略。

当时外国在沪租界内，中国居民占绝大多数，在租界核心机关工部局和巡捕房内，中国籍人员也占80%以上，且大部分都是青洪帮成员，但外国人把持了租界工部局中高级职位，中国人一般只能担任普通员工。

20世纪30年代上海街头的印度巡捕

李士群成立了一个“租界秘密突击队”，以丁默邨为最高顾问，李士群为总队长，马啸天为副总队长，林之江为秘书长兼第二大队长，第一大队长潘达，第三大队长杨杰，第四大队长吴四宝，交通联络队长张劲庐，军事后备队由丁锡山负责。经影佐祯昭同意后，“租界秘密突击队”就选择军统势力相对薄弱的公共租界开始下手了。

公共租界的华人总督察长陆连奎，浙江南浔人，几十年来在租界奋力打拼，由普通巡警一步步升为总督察长，与英国人阿爱斯、奎尔平起平坐，风光一时，是上海滩炙手可热的人物。

陆连奎并不属于青洪帮，他自立门户，收了许多不青不洪的徒弟。陆连奎在商界也有势力，开办了中央旅社、南京大饭店、中南饭店、大陆游泳池等“三产”企业，他还一手控制了专管政治犯的租界特务机构、中央巡捕房的特别间。陆连奎与76号的大特务潘达是生死兄弟，因此早就与76号暗中眉来眼去。

日本人占领上海后，陆连奎为了保住自己的势力，一脚踏上了76号的贼船。他与李士群商定，每月由76号给其手下探员发放津贴

150—300元不等，而公共租界对76号的行动则不加过问，尽开方便之门。李士群并许诺，一旦日本人占领了租界，将由陆连奎出任警察局局长。从此，公共租界巡捕房的特别间，就成了一个小76号，完全被李士群一伙所控制，致使重庆方面在租界内的大小组织频频被破坏，以致重庆的戴笠再也无法忍受，他下令铲除陆连奎。

陆连奎正做着当伪警察局局长的美梦，却不知死期将近。

1938年夏，酷暑中的上海广东路繁华街道上。这天下午，陆连奎从他所办的中央旅社出来，一只脚刚踏上汽车踏板，就被军统上海区的行动组陈默带人伏击，身中4弹而亡。陆连奎死后，其手下出于恐惧，纷纷倒向76号，反而给军统造成更大的麻烦。华人警员借拜帮会的名义实则投靠76号的情况逐步被租界高层得知。工部局总办英国人费利浦下令开除一批违规警员。李士群由此记恨费利浦，便也准备动手干掉他。

1939年1月的一个天寒地冻之日，潘达与吴四宝带人埋伏在费利浦每天的必经之路丁香花园附近。由于费利浦乘坐的林肯牌汽车防弹性能极佳，袭击者的子弹只打瘪了汽车轮胎，但汽车仍开走了，费利浦本人毫发无损，吴四宝一伙的暗杀行动没有得逞。

此案一发，上海滩一片哗然，英国驻日大使向日方提出严重抗议，上海日本特务机构也受到了东京的责备。

无奈之下，李士群一伙改变了强行夺取租界的计划，逐步占领沪西一带，抢夺“越界筑路”的地盘。所谓“越界筑路”，是指洋人在上海设立租界时把公共租界筑路的范围延伸到静安古刹后，又继续向西北发展，擅自霸占了大量土地。李士群一伙为了给即将来沪的汪精卫集团献上厚礼，极力抢夺沪西这块宝地。

1939年春，为了找公共租界当局寻衅闹事，李士群派吴四宝的老婆佘爱珍，带了两名全副武装的特工，乘坐凯迪拉克高级防弹轿车，直冲租界而去。

当时，工部局中央巡捕房在静安寺、愚园路一带布满了拒马桩和鹿砦，只有一个可供行人和汽车通过的出口。这天，佘爱珍带人来到检查哨口，在巡捕上前检查枪照时，他们突然开枪袭击，打死了 3 名巡捕。面对防弹功能极佳的凯迪拉克防弹车，巡捕们无计可施，只能将车拴在装甲车后拖回四马路的中央捕房。总探长英国人奎尔一看，这不是 76 号的人和车吗？顿时没了主张。随后，大批荷枪实弹的日本宪兵、伪警和特工赶到，在静安寺一带与巡捕房的人员形成对峙 。

第二天，汪伪系统的《新申报》《中华日报》头版新闻，说租界当局劫持了 76 号的汽车，日汪万难容忍等等。与此同时，日本驻沪领事向工部局提出严重抗议，要求归还汽车，送回人员，赔礼道歉。面对极度猖狂嚣张的日本人，英国人顾及战云密布的欧洲局势，力图在远东求稳，只有无可奈何地低头忍受。两天后，工部局和 76 号达成协议，承认 76 号占有的沪西土地为其地盘，并放回了被抓捕的佘爱珍。

尽管租界工部局承认 76 号所占沪西土地为既成事实，但这些地区的一部分警权仍在工部局手中。1939 年夏末，76 号又派出吴四宝的警卫大队，在曹家渡一带向中央捕房的巡逻队寻衅滋事，开枪打死一名洋捕头，巡捕房也击毙了两名 76 号特工。

9 月间，德国闪击波兰，欧战爆发，英国人的态度再也狠不起来了。日本人与 76 号乘虚而入，在极司菲尔路一带，以武力将中央捕房的巡警及警车，统统驱逐到静安寺以东，并在事后贴出公告，声明静安寺以西一切主权归中国人，与租界无涉。没有英国人的命令，工部局只能沉默以对。这年冬天，76 号又夺走了愚园路向西一带地区的交通指挥权，工部局只能放弃沪西越界筑路的地皮，76 号则公开设立了“沪西特区警察局”，由潘达任局长。从此，这里就成了上海人言谈中专指日本特工和 76 号的汉奸特务横行地区的一个新名词——“沪西歹土”。

袭击抗日报馆

1939年5月，汪精卫集团为在上海筹备伪政府，利用日伪报纸为其汉奸行径涂脂抹粉，竭力宣传辩护。他们一方面加紧为所谓的“和平运动”摇旗呐喊，与此同时，对在租界内发行的各类报刊进行拉拢、收买、威逼，对抗日报纸疯狂镇压，大开杀戒。

在汉奸特务势力的恐吓威逼之下，有《申报》《新闻报》的少数记者落水为汉奸，定期给76号送情报，换取日伪的津贴，从20—30元到200—300元不等，但有更多报纸始终没有向日伪低下头，如《文汇报》《大美晚报》《中美日报》《导报》《译报》等。尽管各家报纸的背景立场不尽相同，但这些报社都有一批既有爱国热情且文笔老道泼辣的新闻记者，他们所发表的一篇篇檄文，将76号特务的汉奸嘴脸在世人面前揭露无遗，汪精卫集团的卖国罪行也被披露于光天化日之下。

6月中旬，丁默邨、李士群以“中国国民党铲共救国特工指挥部”名义，向上海各抗日报刊投寄恐吓信，阻止各报发出抗日言论，声称：“我等奉令谨慎行动，故未以暴力相加。无识之徒，认为我等无此力量，实属大谬。自今伊始，台端主编之部分，如再发现有反汪拥共反和平之记载，无论是否中央社之稿件，均认台端甘为共党爪牙，希图颠覆本党及危害国家，按照国法，断难容忍，并决不再作任何警告与通知，即派员执行死刑，以昭炯戒”。[1]

他们同时将沪上83名报人列为公开通缉对象，其中半数以上是上海租界内的新闻记者。紧接着，76号开展了对租界内抗日报刊的四面出击。

首先遭殃的是《申报》社。在发出恐吓信的第二天，特务们就动手暗杀了《申报》记者瞿绍伊，其后，又杀害了金华亭。金华亭当时的公开身份是《申报》记者，其实是重庆国民党中宣部派驻上海的联络员。

---

[1] 黄美真等：《汪精卫国民政府成立》，上海人民出版社1984年版，第250页。

金华亭经常撰文攻击李士群和76号特工总部，并对周佛海要求《申报》刊登伪中央储备银行上海分行开幕广告一事严加拒绝，使原以为对之有容忍庇护之恩的周佛海大丢其面，最后终于招来杀身之祸。76号利用已秘密落水的《华美晚报》老板朱作同与金华亭的好友关系，以吃饭跳舞为名将金华亭诱出，在文华舞厅前将其杀害。[1]

7月16日，因《申报》反汪言论激烈，恼怒的汪精卫一纸批示给周佛海："佛海兄：申报言论荒谬，请兄严厉制裁。兆铭。"[2]结果《申报》报馆遭特务武装袭击，死1人，伤18人。76号还抓了《申报》副理王尧钦、经理陆以铭的孩子及亲属数人。金雄白受人之托找李士群要求赎人，他当面向李士群说："罪不及妻孥，又何苦把无辜的老太太与无知的孩子们糟蹋。"李士群的答复很妙，他说："如果真是罪不及妻孥，为什么重庆要把周老太太（指周佛海之母——作者）软禁起来？"金说："我们为什么要学人家的坏样？"李士群答得更干脆："我不管这一套。"[3]他认为要学渝方抓捕周佛海亲属之举，不同意以钱保释被捕的报人家属。而周佛海却认为要以"推己及人的恕道"来给自己留条后路，他甚至对记者们说："你们对日本人尽管骂，但我们有我们的苦衷，对政府，希望彼此精神上能获得谅解，不要出以过分的攻击。"[4]李士群闻此就派傅也文、潘达、万里浪率特务们"同去见佛海，说他们以性命博来的工作（因为那时还是租界时代，他们只能用绑票手段，尚不敢明目张胆），全由我（指金雄白——作者）得钱买放了。他们向佛海表示

[1] 朱子家（金雄白）：《汪政权的开场与收场》第二四节"特工战中申报首当其冲"、第二五节"金华亭被杀 是自取其咎"。网络版 www.doc88.com。

[2] 沈立行：《上海特工战》，上海书店出版社2000年版，第214页。

[3] 朱子家（金雄白）：《汪政权的开场与收场》第二三节"上海为腥风血雨所笼罩"，网络版 www.doc88.com。

[4] 朱子家（金雄白）：《汪政权的开场与收场》第二三节"上海为腥风血雨所笼罩"，网络版 www.doc88.com。

从此停止行动”[1]。以此表示“抗议”，特务们还给《文汇报》社送去有毒的水果进行恐吓。

7月22日，穷凶极恶的特务直扑位于爱多维亚路长耕里的《中美报社》进行袭击。该报为重庆国民党CC系所办，他们对日伪汉奸的进攻早有防备，报社周围布有武装哨卡，这一天，双方爆发了激烈的枪战。76号的特务没能攻下报社，只能改变策略，在报刊批发处将报纸抢劫一空，使市面上一时再也没有《中美晚报》出售。

张孝刚是《中美晚报》的记者，也是中统特工，他深知苏德成等中统落水人员的底细，常常在报上撰文揭露，以致苏德成等人恼怒异常。这天，苏德成一伙终于将张孝刚抓进76号，刑讯之下，张孝刚并未屈服，表现出少有的坚强。苏德成一伙无奈之下将其杀害于荒野。

《大美晚报》仗着后台老板是重庆党国大员宋子文，在上海滩新闻界风头极盛，他们不遗余力地揭露攻击76号的罪恶，与汪伪结怨最深。《大美晚报》副刊《夜光》的编辑朱惺公是攻击汪派汉奸的骁将，其人疾恶如仇，文笔泼辣酣畅，他的文章令76号大小特务们不寒而栗。李士群一伙将朱惺公视为眼中钉、肉中刺，必欲除之而后快。

1939年初秋，76号第六行动队大队长潘达奉命袭击《大美晚报》。特务们砸毁了报社，编辑人员纷纷夺路而逃。法租界安南巡捕赶来，与76号特务发生激烈枪战，潘达负伤被擒，他与另一负伤特务被捕后引渡给重庆国民党留守在租界内的特区法院，法院依法判处两人2年徒刑并关入马思南路监狱，这就引发了后来76号血洗租界内重庆国民党司法界的暴行。在日本宪兵队的威逼下，潘达与另一名特务很快被租界当局释放。

两天后，又一名《大美晚报》记者程振章被76号特务枪杀。

《大美晚报》的总编张似旭当时已经暗中落水投汪，但此人极为狡

[1] 朱子家（金雄白）:《汪政权的开场与收场》第二三节“上海为腥风血雨所笼罩”，网络版 www.doc88.com。

猾，玩起了脚踩两只船的把戏，虽说领了76号的津贴，却任由朱惺公每天在报纸上大骂76号，因此激怒了李士群。7月19日下午，张似旭被特务枪杀在静安寺路的凯士林西菜社二楼。几天后，总经理李英骏也在四马路被杀。

在76号特务的血腥镇压下，唯有朱惺公不改慷慨激昂的本色，一如既往地痛骂76号。《夜光》连续发表《民族正气——中华民族英雄专辑》，介绍民族英雄文天祥、顾炎武等，并连续刊登《汉奸史话》，把中华民族历史上一个个汉奸拎出来曝光。《夜光》还刊登了陈剑魂《改汪精卫诗》：

当时“慷慨歌燕市”，
曾羡“从容作囚徒”。
恨未“引刀成一快”，
终惭“不负少年头”。

朱惺公的攻击矛头直指汪精卫，这一招让大小汉奸特工坐立不安。在死亡的威胁之下，朱惺公说：“这年头，到死能挺直脊梁，是难能可贵的。杀了我一人，中国尚有四万万五千万人在！余不屈服，也不乞怜！余之所为，实为内心之所要，社会之同情，天理之所容！如天道不灭，正气犹存，则余生为庸人，死为鬼雄，死于此时此地，诚甘之如饴矣！”他视死如归，在报上刊出预先自挽的对联：“懦夫畏死终须死，志士求仁几得仁？”并坦言：“老子一定要骂，有本领就来打我！”1939年8月30日下午，朱惺公在天后宫桥被汪伪特务枪杀，年仅39岁。

9月1日，上海各界为朱惺公举行了追悼会，上海文化界联谊会的挽联是：“读书明气节，挽士林之颓气；严词斥叛徒，为民族而增光。”在重庆出版的中共《新华日报》亦撰文赞扬其爱国精神。

《大美晚报》在此重击下，渐渐失去了往日的活力。

对于渝方与76号在上海滩大战新闻界的这段历史，金雄白后来记述道：

首先取攻势的是重庆方面，军统与中统做得都很热闹，除了所谓“十二烈士”之外，如“维新政府”外长陈箓被杀于寓所，公共租界总探长陆连奎被杀于他所经营的中央旅馆门口，法租界政治的更生（他是双方都称为烈士的奇怪人物），大舞台老板诨名阿富郎的，“三大亨”中之张啸林，都因与日方有了关系，渝方采取了杀一儆百的手段。丁默邨接盘了上海四马路石路口的文汇报，先后委刘呐鸥与穆时英任社长，报纸还未出版，而两人又被人途次伺伏，乘机遭枪杀了。其他还有我已记不起名字的金融界二三人，都在街头被狙击殒命，全沪乃成为一片腥风血雨之场……现在美国的所谓报复政策，倒是汪方特工发明在前，他们的还手办法，是一个抵一个，你杀我一个新闻界人物，我也还你一个新闻界人物。你杀我一个金融界的，我也还你一个金融界的。最残酷一次，自然是江苏农民银行与中国银行的集体枪杀与集体绑架，血洗的结果，中国银行屈服了，七十六号派了李祖莱进去担任副理，为停止报复的交换条件……同时，七十六号发表了一张通缉八十三人的离奇黑名单。大部分人是并不重要的新闻从业员。七十六号在申新各报中都潜伏着情报人员，成立了一个新闻小组，每周在七十六号开会汇报一次，租界内各报的动态，应该是清楚的。而这一张八十三人名单，非但连一个普通的外勤记者也列入于名单之内，甚至若干已经参加汪方的人，仍然是通缉的对象。举一个例来说：新闻报的编辑陈达哉，早已在我所主持的南京《中报》担任秘书职务，看到了黑名单中赫然有他的名字在内，非但他感到惊愕，连我也为之啼笑皆非。双方新闻界的浩劫，一直持续到太平洋战争日军进入租界以后，才告停止。名单之所以会有此离奇现象，七十六号当局是情形隔膜，以耳代目，为七十六号工作的各报情报员，夹杂有私人恩怨在内，把平时不惬意的同事，不管人家的死活，随便开一个名字上去，既可以塞责，又可以泄愤。乱世性命贱于狗，于此益觉信然！[1]

汪伪特工的种种暴行，数不胜数，但在孤岛继续坚持抗日言论的上海新闻界，始终未曾屈服于其淫威，他们冒着生命危险坚持正义斗争，在中国新闻史上写下了光辉的一页。

抗战胜利后，上海新闻界特别为牺牲者们举行了追悼大会，以悼念这些“为正义自由而死”的新闻同行。据 1946 年 9 月 2 日《申报》报道：

新闻界同人　歃浦吊忠魂

在抗战期中，上海新闻事业从业员殉难者之众多，几超过全国各地总数，其死事之惨烈，及其可歌可泣之事迹，为全国人士所钦敬。上海市新闻界同人特于昨日上午十时，假市商会大礼堂举行上海市新闻界抗战殉难烈士追悼大会，以追悼为正义自由而死难之朱惺公等 15 烈士，共到百余人，由记者公会常务监事潘公展、程中行主祭，冯有真等陪祭，礼堂中央设诸士之遗像及神位。台前为中宣部部长彭学沛、中央社社长萧同兹，及外勤记者联谊会等所赠之花圈，台四周满悬挽联挽幛，上海市新闻记者公会挽云：“摘奸锄敌，宇动风雷，劲草严霜，常留浩气。取义成仁，光腾淞沪，丹心碧血，永荐馨香。”此外新闻报、中央社、中央日报、大公报、民国日报、文汇报、大晚报等各报社亦均有挽赠。

十一时庄严隆重之追悼仪式，于哀乐中开通，主祭报告，略谓：基本自由中最重要者为言论自由，抗战八年来诸先烈为基本自由人类正义和平而牺牲，全国同业今后应继承诸先烈之精神，为新闻自由、人类基本自由而奋斗。[2]

---

[1] 朱子家（金雄白）：《汪政权的开场与收场》第二三节“上海为腥风血雨所笼”，网络版 www.doc88.com。

[2] 《申报》（1946 年 9 月 2 日）。

金融界血流成河

1940年3月，汪伪政府在南京成立。周佛海出任伪财政部部长，日本方面派前藏相青木一男担任了伪政府的最高经济顾问。

当时在沦陷区流通的钞票种类很多，有抗战前国民政府发行的法币，不久即被日伪强行勒令停用；有日本占领军发行的日本军用票，军票表面上与日元等值使用，但不能汇往日本国内，后来变成无限制发行，成为日军搜刮中国巨额财富的手段，其发行总数只有日本军部知道。另外，还有南京伪维新政府发行的华兴票，由华兴商业银行发行，主要在东南沦陷区流通；伪华北临时政府发行的联银票，由中国联合准备银行发行，主要在华北沦陷区流通。为统一沦陷区的财政以稳固其傀儡统治，1940年5月，汪伪开始筹建中央金融机构，伪中央储备银行筹备委员会成立，以周佛海为筹委会主席。7月，开始成立行员训练所，训练和培养行员。1941年1月，伪中央储备银行正式成立，发行了伪币“中储券”。周佛海以伪财长身份兼任伪中央储备银行总裁，由日本特务头子土肥原亲自选定的汉奸钱大魁任副总裁。

钱大魁，字书城，江苏太仓人，原为金城银行职员，后为大连金城银行经理，并结识了土肥原。钱大魁几次投机生意失败，亏空达200余万元，已无法在大连立足，经由土肥原推荐给华中日军，当上了伪中储行的副总裁。

伪中储行总行设于南京，在上海设有分行，外滩前俄国道胜银行的旧址被其占

上海外滩汪伪中央储备银行全景

用。上海分行开业当天，尽管汉奸政府竭力打造声势，马路上、电车上贴满红红绿绿的标语，但银行门前还是一派冷清。据《正言报》报道："在大厦外面，三四十个巡捕，其中大多是日籍的，紧张的情形使人不寒而栗。记者在对面立了一刻钟，竟没有发现一个走进去……入口处是一张桌子，新贵们在红簿上签了名字，交验了入场证，在虎视眈眈的警察环伺下步上三楼。上面就是所谓营业部，长长的柜台，玻璃招牌分隔成十几个部分，里面人头簇簇，看起来有二三百人，倒相当伟大，多低头写字，一似工作忙碌的，可是当记者走近一看，何来工作，不过是涂涂字纸而已！尴尬的情况，由他们无聊但又不得已，看脸色一望可知。记者在那里站了近两个小时，只看见两三个新贵走到储蓄部故意开户存款，聊作点缀，过后便寂然无声，数百个行员露出无公可办的苦笑。在楼下兑换中储券的地方同样充满着无聊的气息，行员们面面相觑地静坐着，一无所为。"

中储券发行后，租界内的银行钱庄及邮局，均已接到重庆方面的指示，不准接受中储券，上海银钱业公会也予抵制。周佛海只得动用76号李士群的特务人员，以武力替中储券推广开道。

李士群以76号特工总部的名义通知各商家及银行钱庄：如再拒绝使用储备银行钞票，将以武力对付，"勿谓言之不预也"。在他指挥下，76号的特务们用中储券到租界商店强行购物，把枪和选好的物品一同放在柜台上，令商家店员不寒而栗。商家迫于特务们的淫威，只好收下中储券。上海中国银行于形势所迫，首先开始接受中储券存款，但在存款单中注明不给利息，并将所收中储券存款存入银行库中，提取时仍以原券支付。此后，中央银行、交通银行、农民银行也在武力胁迫下陆续接受了中储券存款。暴力恐吓加上商人唯利是图的本性，中储券就慢慢流行开来，法币被挤出了沦陷区市场。

大量法币回流到抗战后方市场，无疑给重庆政府造成巨大的通货膨胀压力，蒋介石命令戴笠，不惜任何代价打击汪伪金融，夺回法币市场。于是，双方特工开始以武力在上海滩上演了一场空前绝后、血肉横飞的金融大战。

1941 年春节前，伪中储行上海分行专员兼推销主任季翔卿被军统击毙。

季翔卿，时年 36 岁，原为公共租界宁波路汇源银号总经理，住在法租界恺尔自路（今金陵中路）芝兰坊 7 号。一天早晨，季乘自备汽车外出时，在弄堂口遭军统特工袭击，当场毙命。

半个月后，中储行上海分行遭军统炸弹袭击。

这天上午，3 名西装男子悄然进入上海分行大厅，在往来人群里丝毫不引人注目。只见其中一人突然扔出两只手榴弹，一只在楼梯口爆炸，一只为哑弹。另一男子拔枪射向银行保镖，随后乘乱逃跑。

又一个月后，伪中储行上海分行设计科长楼侗被军统刺杀。

周佛海得知重庆特工袭击伪中储行上海分行，并有人员伤亡之后，震怒之下命令李士群还击。于是 76 号特工开始了疯狂的报复。

在楼侗被杀当夜，1941 年 3 月 21 日，吴四宝带领 76 号特务袭击了霞飞路 10 号江苏农民银行上海分行宿舍。“霞飞路、赛仲路口江苏农民银行宿舍被暴徒闯入，当场开枪击毙职员五名、伤六人，其中一个人入院后因伤重毙命。据悉伪方此次屠杀目的原系中国农民银行职员，误至江苏农行。”[1]

当夜 12 点多，76 号特务们又包围了 76 号的邻居、96 号的“中行别业”，那里住着中央银行、中国银行、交通银行的员工及家属，约有 3000 人左右。76 号特务们捉了 108 名男性，全部关进了 76 号。凌晨 5 时左右，又来抓走 70—80 人。

---

[1] 《1941 年沪四行行员遭敌伪绑杀案史料选》，载《民国档案》2004 年第 1 期，第 17 页。

由于有中国银行英籍职员被绑，英国大使馆财政顾问前往76号请求释放，但76号置之不理，拒绝放人。

面对76号的疯狂报复，戴笠命令军统上海站站长陈恭澍继续还击。于是，军统特工又刺杀了在大华医院住院的周佛海的亲信、中储行副主任张永刚。

李士群声称：重庆特工再杀一人，即杀三名人质报复。当晚，76号特务们杀了三名人质，中行上海分行出纳股副主任张世浩（即张筱衡）、中行上海分行新闸路办事处主任曹善庆不幸遇难，张立玮重伤。在次日出版的汪伪《中华日报》上，第一版的通栏标题就是："以血还血，以牙还牙！再杀中储一人，枪毙人质三名！"

后来，重庆政府发给死者家属恤金2000元，受伤中行职员张立玮恤金500元。[1]

3月24日，76号特务们又以炸弹袭击了中央银行上海办事处。

重庆中央银行在上海有两处办事处，一处在亚尔培路跑狗场附近，另一处在静安寺路。当天下午3点半左右，有一名伪装成邮差的76号特工将一个肥皂箱形状的包裹送到亚尔培路央行收发处，包裹上写有"香港寄发中央银行收"字样，并贴有香港邮票，盖有邮局戳记，因此没有引起银行职员的怀疑。不久包裹即爆炸，当场炸死信差4人，庶务科员陈宗光刚好由外入内，也被炸死，同时还炸死电工的妻女各一人，炸伤厨师一人。另有一个包裹送到静安寺路央行，但该处职员警惕性较高，感觉包裹有可疑之处，就将包裹暂时放在饭厅，并报告了巡捕房。就在巡捕到达之际，包裹突然爆炸，文书课职员汪昶被炸死，职员3人及巡捕、邮差、司机8人重伤，另有顾客男女30余人轻伤，房屋、器具严重被毁。四联总处浦拯东电报称："今天下午白克路与亚尔培路中

[1] 《1941年沪四行行员遭敌伪绑杀案史料选》，载《民国档案》2004年第1期，第24页。

央行均被炸，死 20 人、伤数十人。情形混乱，详数尚未知。全市人心极度恐慌……”[1]

23 日，3 名交行职员在极司菲尔路的家中被捕，交行公共租界路南京路分行于 24 日被炸；农行 1 名女职员被捕，行中也发现炸弹，但幸未爆炸。

周佛海对李士群的战果十分满意，当即赏其伪中储币 3 万。

双方血战至此，直杀得伪中储行上海分行门可罗雀，重庆系统的银行职员更是胆小如鼠，不敢迈出家门一步。

面对 76 号特工的疯狂进攻，渝方银行职员纷纷避入租界，四联总处奉蒋介石的命令召集会议，研究四行在沪银行的营业方针，开始紧缩业务，撤退不必要的人员，积极营救被捕人员，妥善抚恤被害者家属，并要求各行到美军防区内为行员预备宿舍，以策安全。

此时，蒋汪双方都感到不能再打下去，否则将两败俱伤。特别是重庆方面，面对有日本人撑腰的汪系特务，在沦陷区与他们明刀明枪地硬干，肯定吃亏。蒋介石为此下令："戴副局长对在沪特工暂取缓和方针以资适应……”[2] 戴笠则示意在香港的杜月笙出面进行调解。

杜月笙派出高兰生在沪找到了吴四宝。吴四宝虽然此时在上海滩是炙手可热的人物，但其在流氓帮派中地位并不高，他见杜老板派人来与他接洽，顿时觉得很有面子，便一口答应调解，积极在 76 号活动起来。

李士群是一个惯于见风使舵的人，他杀了许多重庆方面的人，生怕日后戴笠找他秋后算账，再说日汪的命运也不像原先预计的那么好，他为了给自己留条后路，顺水推舟同意了杜月笙的调解。不久，蒋汪双方

[1] 《1941 年沪四行行员遭敌伪绑杀案史料选》，载《民国档案》2004 年第 1 期，第 16 页。

[2] 《1941 年沪四行行员遭敌伪绑杀案史料选》，载《民国档案》2004 年第 1 期，第 23 页。

停止了厮杀。随着 1941 年底太平洋战争爆发，上海租界全面沦陷，重庆特务失去了基地，蒋汪特工再也没有发生重大火拼事件，改为暗中较量。

司法界大屠杀

上海沦陷后，国民政府的司法机关一直坚持在“孤岛”内办公，直到太平洋战争爆发后才退出上海租界。

当时，设在公共租界的有江苏高等法院第二庭和第一特区法院，设在法租界的有江苏高等法院第三庭和第二特区法院。

根据战前租界条例的规定，凡是在公共租界和法租界内犯法的中国人而经巡捕房逮捕的，24 小时内要引渡移交给中国法院办理。

租界成为“孤岛”后，国民政府法院一直在租界内坚持办公。虽然只是象征性的，但如前文所述，在袭击《大美晚报》时负伤的 76 号特务潘达就是被租界当局移交给中方法院的，被判了 2 年徒刑，后来在日军压迫下，潘达很快被放出。

渝方法院的存在，无疑是在挑战日伪的统治。76 号特工总部由此决定，成立“法院同志会”，专门针对租界渝方法院的工作人员进行收买，或以武力消灭。

76 号给租界中方法院寄出恐吓信，写道：“值此汪先生倡导和平运动，国民政府即将还都之际，台端理应响应，共维时艰，然而，事与愿违，台端竟然仍为渝方张目，与我和运志士作对。为此，已至无可忍让之地步，我会同仁，万难坐视，特函忠告，限一星期内来我会联系。如执迷不悟，逾期不来，即将采取最严厉之制裁手段，幸勿以儿戏视之！”[1]

但这通篇血腥的恫吓并没有吓倒中方法院人员。除少数人秘密落水为奸外，大多数人并不为所动。

郁华是著名法学专家，文学家郁达夫之兄。他为人刚直不阿，一身

[1] 沈立行：《上海特工战》，上海书店出版社 2000 年版，第 143 页。

正气。郁华毕业于东京法政大学，长期在司法界担任要职，此时正在法租界内担任江苏第二高等法院院长。面对汉奸势力的利诱与恫吓，郁华坚持爱国与正义立场，拒不理会，他还安慰法院的员工们，并提出要向76号特务们发起反击。

76号的特务们看软的不行，转而想来硬的，但顾及郁华的名声，未敢轻易下手。他们先由日本驻沪总领事三浦拜会法国总领事鲍代朱，抗议租界留存国民政府的法院，要求租界当局对之加以约束。法国领事以当时的法国政府只与重庆政府有外交关系而拒绝了日本的抗议。没想到这年9月，第二次世界大战爆发，法、英在德国的打击下自身难保。租界失去了保护伞。日本人便就此指挥李士群一伙开始下手了。

1939年11月23日，在法租界巨泼来斯路一号郁华的住宅前，76号特务开枪打死了郁华。

1940年秋，法国贝当傀儡政府成立，76号强行接管了法租界的“特二分院”和“高三分院”。但公共租界的“特一法院”和“高二院”还在坚持。此时汪伪政府已成立4个月，但公共租界内国民政府的两个法院还存在，这不能不令76号和汪记政府大感恼火。

第一特区法院的刑事庭长钱业鸿，年届五十，与郁华一样是一个铁骨铮铮的硬汉。李士群的助手夏仲明对钱施尽手段，极力拉拢，但钱一直不为所动。不久，钱业鸿终被歹徒枪杀在回家的路上。钱业鸿死后，公共租界的两处法院依然存在。于是，76号的特务们又犯下了一连串的罪行：

1941年2月，公共租界内两处法院被炸；

3月，“高二分院”院长徐维震被绑架，生死不明；

4月，“特一法院”检察官王某家、“特一庭”庭长李似名家、法官莫润华家分别被炸被袭；

5月，特一庭书记官俞术伟、检察官张宗儒被绑架。

76号特务的疯狂袭击，致使中方法院名存实亡，只有象征意义的招牌还存在着。一直到1941年12月8日，珍珠港事变后，日军占领租界，上海孤岛完全沦陷，这两处渝方国民政府法院才完全落入76号手中。

枪杀共产党员茅丽英

反共是汪精卫集团一贯主张。76号的罪恶之一就是残酷迫害坚持抗日的中国共产党人和各界爱国人士。

共产党员茅丽英被害是其中典型一例。

日伪军逮捕押送抗日人士

茅丽英

茅丽英，浙江杭州人。因其母在上海启秀女中做杂工，得以在该校半工半读。后考入东吴大学法律系，因家贫未完成学业。1931年3月，又考入上海海关，在秘书科任打字员。根据海关规定，职员工作满7年可得奖金2000元。抗战爆发后，已在海关工作6年半的茅丽英毅然离职，前往广东一带宣传抗日。后因母病回到上海，在启秀女中以英文教师做掩护，继续从事抗日工作，并在1938年5月加入中国共产党，任中国共产党职业妇女部委员，兼任职业妇女俱乐部主席。职业妇女俱乐部是宣传抗日救国的进步团体，以话剧、演讲等多种形式来团结广大妇女，卓有成效。

1939年7月，茅丽英组织了一次义卖会，其目的是救济战区的难民和支援抗日游击队。她成功发动了一批上海滩有名望的商家大亨，有永安、先施、国货公司等大小五十余户商家，捐助了大量物品。

茅丽英的活动引起了76号特务的注意，女特务金光楣混入职业妇女俱乐部，查明茅丽英是共产党员，并摸清其长相、住址、活动规律。76号首先给茅丽英寄出恐吓信，威胁她停止一切抗日活动。茅丽英将生死置之度外，照样进行义卖会的筹备工作。

义卖会原定于上海西藏路宁波同乡会内进行，由于该会收到76号的恐吓信，不敢支持义卖活动，只得通知职业妇女俱乐部另觅会场。茅丽英转租新新百货（今上海第一百货公司）四楼为会场，但商家受到76号的威胁，同样拒绝了她们。无奈之下，茅丽英只得在四川路120号职业妇女俱乐部内举行了义卖会。

义卖会当天，会场内人头攒动，热闹非凡，人们竞相购买义卖品，支持抗日救国。由于有租界巡捕维持秩序，会场没有发生意外，义卖进行得很顺利。第二天，76号特务进场捣乱，被巡捕房逮捕，茅丽英亲自上法庭作证，无情地揭露了76号的特务罪行。于是，76号决定对她下毒手了。

1939年12月12日，76号派出行动总队长林之江以及特务8人，埋伏在职业妇女俱乐部附近的一个弄堂口，在茅丽英下班时，特务开枪击中她的腹部。由于林之江使用的是有毒的子弹，茅丽英在入院治疗两天后死亡。

茅丽英之死，使76号的恶行暴露于光天化日之下，激起了上海人民对汪伪特务的仇恨。12日16日下午，上海万国殡仪馆内，上海各界联谊会、江海关、启秀女中、上海难民救济会等数十家团体的代表两千余人前来送别茅丽英，国民党元老何香凝派人从香港来沪祭奠，并赠赙仪100元。

有人作《为国牺牲》诗一首云：

暴力恐怖，毁灭不了正义的斗争；
烈士的血，开辟了后继者的道路。
茅丽英！有后继者为国努力，死当无憾；
刽子手！你杀害了热血同胞，生亦何荣？

这是上海人民献给共产党员茅丽英的挽联和颂歌。

第二节　与中统、军统的生死较量

季云卿之死引来的报复

季云卿是青帮“通”字辈流氓大亨，76 号草创之初，正是他为这个魔窟介绍引进了大批流氓打手，比如吴四宝、张鲁等，李士群更是向其投过门生帖子。军统早已将其列为头号暗杀目标。季云卿以为自己暗通 76 号的行为无人知晓，对军统毫无防备，1939 年秋天的一天，他终被军统特工詹森枪杀于威海卫路自家住宅后门口。

詹森，又名哈特，原姓尹，一直以化名行事，真名反而失传。詹森是军统局上海区神枪手特工。这天，他用一支小巧的俗称“掌心雷”的手枪，在季云卿出门时毫无防备的情况下，对准其太阳穴开了一枪，暗哑的枪声未引起任何人的注意，詹森得以轻松逃脱。

重庆军统头目戴笠，对于詹森行刺季云卿一事开始并不知晓，闻讯后他还致电上海区询问：“报载季云卿于上海被刺，是否为我方所为？有无来电备案？因季云卿为丁默邨、李士群之老头子也。”[1] 由此可以看出，戴笠对季云卿被刺一事的关注点在其怕因此影响到他与丁、李二人

[1] 《戴笠史料——戴公遗墨》（行动类，第 3 卷），（台）“国史馆”藏档，典藏号 144—010106—0003—028。

的关系。后来，此事果然激化了76号与重庆特务间的矛盾。

詹森行刺后，将这支漂亮的小手枪送给了自己的姘妇卢文英，并向她吹嘘了自己行刺季云卿一事。

卢文英人称卢老七，是一个社会关系极为复杂的江湖女子。她不仅与詹森相好，同时与张德钦也有一腿。张德钦是与季云卿同辈的流氓大亨，做过律师，但暗中与76号来往。一天，张德钦发现卢老七包中有一支小手枪，细看之下还少了一粒子弹。张德钦装着不在意地一问，卢老七便把詹森杀季云卿之事和盘托出。张德钦立即向76号通风报信。李士群由此线索一举将詹森抓获。

詹森被捕后，严刑拷打下招供了一切，李士群结怨在中统，对军统戴笠手下的人或会网开一面，并不痛下杀手，所以詹森一直被关在76号。直到有一天，李士群在76号大礼堂召开"和运遇难烈士追悼会"，安抚在上海公开或暗中参加汪伪活动而被渝方特工暗杀的汉奸家属，其中包括季云卿等12人，周佛海以及晴气庆胤等都在大会上致辞。

追悼会结束后，以季云卿的老婆金宝师娘为首的汉奸家属一齐涌到周佛海的眼前，哭哭啼啼吵作一团，要求76号还击渝方特工的暗杀行动。此时，由于76号在上海刚刚站稳脚跟，主要精力用于保护汪精卫的"弄堂政府"，对渝方特工的工作主要是分化与拉拢，还未将暴力还击放在首位。汉奸家属们一闹，使周佛海等人看到了问题的严重性，为了稳定汉奸人心，周佛海指示76号将詹森立即枪毙。

詹森被杀，引起了渝方特工的报复。在1939年一年内，上海租界蒋汪双方的阻击战中，死亡人数达40多人。[1] 而重庆军统局也成功地组织了几次对伪方要人的刺杀行动，其中包括数年后在广州闹市公开处决汪精卫的小舅子、陈璧君的弟弟、伪广东省省长陈耀祖。

陈耀祖是在由陈璧君特意安排去广东做伪省长为其把守"后院"

[1] 沈立行：《上海特工战》，上海书店出版社2000年版，第63页。

的。按照陈璧君的计划，无论时局如何变化，她有广东作为根据地，便可进退自如。

陈耀祖有喜爱古玩的嗜好，常在中午休息时去办公地附近广州文德路上的一间古玩店看看。军统广州站侦知他的这一习惯，便决定对他开展刺杀行动。1944 年 4 月 4 日午间，以李树藩为首的军统行动小组在文德路上安排布置完毕。不一会，陈耀祖带着两个卫兵便出现了。其实，陈耀祖平时还是很小心的，但他以为既在广州市区，又距离不远，一般不会有什么危险。快到古玩店时，一个彪形大汉忽然出现在陈耀祖面前，并问道："你是陈耀祖吗？"陈闻之一愣，他没料到在光天化日之下有人会挡住他这个省长的去路，他下意识地回答道："是，干什么？"那大汉抬手一招，路边一下拥出十余名壮汉，拔枪就打，一阵乱射之后，陈耀祖及卫兵都倒在血泊之中。此时正值中午，街上行人稀少。刺杀者又投出一颗手雷，在爆炸声中众人四散撤退。近 20 分钟后，附近的日军伪警才慌忙赶到，陈耀祖被急送医院后不治身亡。而刺客们竟然又聚集在一起，在一家小酒馆喝了庆功酒后才解散。而汪精卫的外甥沈崧也在香港被渝方特务用斧头劈死。这一幕幕情形，不禁使汪精卫夫妇痛心疾首，汉奸们魂飞魄散。

戴炳星等刺汪未果被杀

河内刺汪失败后，戴笠曾奉蒋介石之命，要打破 76 号的保护网，继续刺杀汪精卫。

1939 年 5 月，汪精卫一伙到达上海，在 76 号严密保护下，军统上海区的特工一时难以下手。无奈之下，戴笠想出诈降一招，派出国民党第四战区少将高参、原改组派人物戴炳星前往上海，伪装投靠汪精卫，伺机下手刺杀。

戴炳星别号静园，湖南湘潭人。1939 年 6 月，戴炳星到上海后，写信给汪精卫说："先生一走，星为改组派成员，就受监视，难以立足。千里迢迢，长途跋涉，特来投奔先生，愿为和平运动效劳。"[1]

汪精卫此时正在筹组伪政府，有老部下来投自然十分高兴。生性多疑的陈璧君经过仔细盘问，也没发现什么破绽。汪精卫便将戴炳星安排到76号住下，待南京伪府成立后便予以任用。

戴炳星在76号一住3个月，根本无法接近汪精卫，无奈之下他便谎称要到广东去劝降张发奎一干人，以便借机返回重庆，找戴笠另商对策。

戴炳星向汪精卫吹嘘，自己可回广东劝说第四战区代理司令长官张发奎，广东省长兼第三十五集团军总司令李汉魂，第三十五集团军副司令兼六十四军军长邓龙光等投汪。汪精卫考虑这几个人都不是老蒋的嫡系，与自己倒颇有历史渊源，便对戴吹嘘说："广东军人一向是跟着我的嘛！"于是他同意戴炳星携带自己分别给这几人的亲笔信，前往第四战区司令部驻地韶关。

戴炳星一到韶关，立即与戴笠接上头，重新研究布置刺汪行动，军统加派了军统局书记长吴赓恕及特务十余人，成立了一个行动专案组，随戴炳星重新返沪。

戴、吴两人返沪不久，却在刺杀伪上海市长傅筱庵的行动中暴露了身份，在76号追捕下被迫藏匿于法租界。

戴炳星的妻子出身风月，爱好麻将，这次与戴一同返回上海，经常与一班小姐妹玩牌，别人也知道她是戴的老婆，这无形中暴露了戴炳星的行踪，被76号的外围眼线层层上报，李士群终于顺之而将戴抓获。

戴炳星被捕后，丁、李二人想方设法软化拉拢他，目的是想与军统建立联络关系。戴炳星假意合作，但军统方面在给戴炳星的复函中却露了马脚："电悉。请示校长后，同意所请，渝沪可互相谅解。目前时局更加艰难，战事日益紧张。敌我双方，互有消长。唯日人灭我之心不

[1] 沈立行：《上海特工战》，上海书店出版社2000年版，第89页。

死，后患无穷，望好自为之，与汪共处。前所计划之事，一切作罢。以后可保持电讯联系……”[1]

李士群读了这封信，以为自己的工作获得成功，向汪精卫报告后，一伙人都十分高兴。唯有陈璧君疑惑不信。结果，将军统来信中笔画较粗的字连起一读，竟是一句："加紧消灭汪！"

李士群顿时傻了眼。

汪精卫平素最恨刺客，对来杀他的人一概不留情，一纸手令下来，戴炳星即刻被押赴刑场枪决。

戴炳星死后，吴赓恕的身份也暴露了。但戴笠指示吴继续刺汪行动。

吴赓恕此时根本无法接近汪精卫。绝望之中，吴赓恕突然想起一个人来，他找到老同学陈承纶，此人在伪维新政府警务司当科员，当年汪精卫主持广东农民运动讲习所时，陈承伦是汪的学生。

吴赓恕找到陈，威逼利诱下，要陈承伦利用与汪的师生关系打入汪集团，再伺机行刺。陈承纶权衡双方实力后，认为重庆特工不一定能刺汪成功，如果那样，自己则小命难保，不如向汪集团告密，借机升官发财。于是，陈承纶选择向汪精卫告密。丁默邨一伙得到消息后，决定将计就计，诱捕吴赓恕。

陈承纶向汪精卫讨来一纸任命，并把汪的书信拿给吴赓恕过目，吴认出确系汪精卫的亲笔书信，就相信陈承纶的工作取得了成功，吴自此落入了 76 号精心布局的圈套。

几天后，吴赓恕在与陈承纶联络时，在租界一栋房子里被捕。

76 号对如何抓捕吴赓恕是颇费了一番脑筋的。由于当时法租界的巡捕与军统有一定联系，按月享有军统的津贴。如果 76 号要抓人，巡捕往往会设法拖延时间，使渝方人员乘机逃跑。这次抓捕吴赓恕，76 号与法租界巡捕房交涉时，故意报错人名和地址，麻痹租界巡捕，然

[1] 沈立行：《上海特工战》，上海书店出版社 2000 年版，第 94 页。

后，由潘达冒充巡捕房的人与日本宪兵一起，直扑吴赓如与陈承纶的接头地点，将两人同时抓获。

吴与陈押到76号后，陈承纶立即被释放。吴赓恕在酷刑下一一招供，汪精卫再次亲笔指示“枪决”。

江苏吴县人陈三才，留美回国后创办北极电冰箱公司，参与发起组织中国工程师学会，是一个爱国知识分子。一·二八淞沪抗战期间，就曾协助军队抗日。上海沦陷后，他结识了戴笠，并以朋友身份协助军统局在沪的工作。出于爱国激愤，他决心投入除汪行动，因无法接近汪精卫，故在暗中寻人找关系，想以重金买通汪的左右行动。不幸遇见了一个自称能杀汪的白俄，被骗了钱后又被出卖给76号，于是被捕入狱，曾受到汪精卫亲自审讯，陈三才拒绝反悔。囚禁3个月后，于1941年10月2日被押赴南京雨花台枪杀。

陈三才被捕后，戴笠曾令上海区尽一切可能营救，未成。陈被害后，军统局呈请蒋介石为他题字，并以清华大学同学会的名义，为陈三才举行了隆重追悼会，还有意把他列入了军统局上海区行动员的名单。[1]

邵明贤，毕业于浙江警官学校，抗战前曾任南京江宁县警察局局长，为时任县长的梅思平所器重。抗战开始后，邵明贤在贵阳办理警官训练班，接到已投汪的梅思平来函邀他去宁，于是向戴笠报告，愿借此机会去南京除汪，被批准。1939年，邵明贤携眷赴沪，出任伪浙江省党部书记长，次年调南京为伪警察厅督察处长，后不慎失密被捕，于1941年12月17日被杀。

黄逸光为墨西哥归国华侨，1935年因发起徒步环球旅行，走到法国时与在此休养的汪精卫结识，受到汪的赏识。抗战爆发后，黄终止行程回国，在武汉时曾在汪精卫家留住，并由汪亲函介绍到昆明航校受训，后以身体不适合飞行改做地勤。汪精卫投日后，其妻弟陈耀祖劝

[1] 马振犊：《国民党特务活动史》，九州出版社2008年版，第256页。

黄在空军中响应汪精卫的“和平运动”，黄逸光将此事向处长王叔铭汇报，并由王把他介绍给了军统。黄逸光在接受短期特训后赴宁，潜伏汪伪组织，出任伪中宣部编审兼教育部专员，与诸民谊、林柏生等巨奸往返频繁。他积极准备刺汪，后因军统被捕人员的出卖，于 1940 年 11 月 19 日被捕。在伪法庭上，法官问他：“汪主席待你恩德高厚，你为何恩将仇报要暗杀他？”黄逸光回答道：“私谊岂可有害公理？”1941 年 12 月 17 日，黄逸光与邵明贤一同就义。临死前，他大书“可爱的中华，我要为你歌唱，我要为你而死”。其爱国之浩气令人感动。[1] 像陈三才、黄逸光这样的爱国青年，原非军统，他们谋刺敌酋，舍生取义，将永垂民族史册。

除此而外，还有军统南京区副区长尚振声，于 1939 年被捕，奉戴笠之命投汪，出任伪独七旅参谋长，他曾集合手下，准备攻入汪宅而杀之。事发被捕，关在上海，后于 1942 年 1 月 8 日被杀。

“兆丰夜总会”枪击案

青岛特工战，李士群因戴笠手下大将王天木的倒戈，一举摧毁了军统青岛特工站，站长傅胜蓝落水为汉奸，并与李士群一起部署保护汪精卫出席的青岛会议，这真把戴笠气惨了。在青岛立了“大功”的王天木则由汪精卫亲自提名，当上了专门从事策反重庆人员的“肃清委员会”总指挥。王天木正洋洋得意之际，忽然暗中传来了戴老板的警告，要其立即悔改，否则将采取制裁行动，并向 76 号通告他是军统卧底。

这一着棋着实将王天木吓坏了。几经思索，王天木决定拿戴笠的死对头何行健开刀，以博得重庆方面的谅解。

何行健毕业于保定军校，在军界、特工界都是元老级的人物。抗战爆发后，戴笠与杜月笙在上海组织“苏浙行动委员会别动队”，何行健

[1] 马振犊：《国民党特务活动史》，九州出版社 2008 年版，第 256 页。

是第一支队司令。其后，这支部队改称为“忠义救国军淞沪指挥部”，何行健是副总指挥。但是，何行健与总指挥、戴笠的亲信杨伟不和，导致受到排挤。何行健一怒之下拉走了部队，改投76号，部队被改编为伪和平军十三师。

上海的日本舞厅

1939年的圣诞节来临了。尽管此刻中国大地硝烟弥漫，日本的铁蹄已踏遍大半个中国，上海却呈现出一派畸形的繁荣，特别是“沪西歹土”一带更是灯红酒绿，歌舞升平。

这天，国民党大员陈公博从香港来沪投汪，汪精卫为他举行了盛大的宴会。酒席结束后，王天木约何行健跳通宵舞，毫无防备的何一口答应下来。两人带着随从和保镖，乘坐汽车首先来到百乐门舞厅，但由于舞客太多，不便下手，在王天木怂恿下又换了一家，这才来到兆丰夜总会。

何行健是一个舞迷，尽管已是60左右的人了，但舞兴极高，一支接一支地跳了很久，直跳得满头大汗。王天木见状，就上前劝何行健休息一下，两人走到夜总会大门口时，只见王天木悄悄一使眼色，其手下马河图一梭子快慢机扫过去，何行健头部中弹而亡，随行的陈弟容也在混乱中被打死。

兆丰夜总会一案，打死了何行健和陈弟容，王天木的保镖行刺后则逃得无影无踪。王天木把责任推给自己的保镖，说是保镖变节，杀了何行健。但李士群一伙岂是好骗的，一举将自以为可以瞒天过海的王天木等人抓获。王天木至此彻底失去了权势，被软禁在76号，时间一长，再也无人问津。为求出路，他向李士群交代了另一个重要情报：吴开先在上海。

重庆党干陷区捉放记

吴开先

吴开先，上海大学毕业，早年参加过中国共产党。1927年四一二政变后加入了国民党。其人手段圆滑，八面玲珑。抗战爆发前的10年间，他由上海市党部的组织部部长一直升任到中央组织部副部长，还兼任上海社会局局长，因一直从事国民党党务，外号“党皇帝”。上海沦陷后，吴一直潜伏在租界和郊县，用书信与电话指挥手下行动。

日本宪兵和76号都知道吴开先在上海，但一直查不到他的隐身地点。尽管吴开先隐藏得很深，然而百密一疏，76号特务们终于侦知吴开先的贴身仆佣是一秃头，凭此特征，加上王天木提供的线索，特务们经多方侦察，探知了吴开先的潜居处——上海麦尼路一处小洋房。1942年春节后的一天，76号第四行动队队长万里浪带人包围了吴的住处，吴开先束手就擒。

吴开先被铐进76号，关押在76号二门内右侧拘留所的二楼，但他并没有恐慌。李士群首先派出已投降的军统上海区区长陈恭澍劝降。当陈恭澍密问他时，吴开先左一声陈区长，右一声陈区长，极尽讥讽，弄得陈恭澍脸上红一阵白一阵，哭笑不得。

吴开先又要吞金自杀，一次提讯下楼时，又想跳楼，反弄得76号特务大为紧张。

汪政权里有许多吴旧时党部同事，为他奔走营救，想保他一命，尤以原市党部委员汪曼云与蔡洪田两人最为积极。汪曼云屡次要求李士群让他与吴开先见面，而李害怕被日方知道未予通融。最后，李士群决定佯派汪曼云去审问，一图一举两得。吴汪是老朋友，两人一见面就抱头痛哭。但是以汪曼云的力量，除见面外也无能为力。李士群亲自提审吴开先，到办公室中谈过几次，以最客气的态度相待。而吴笃定地坐下，悠然地抽起李士群敬上的雪茄，什么也不说。

原来，吴开先与日本军部暗中早有联系，他在为重庆与日方牵线搭桥。果然，在他被捕后不到两小时，日本“支那派遣军司令部”的情报课长川本太郎大佐的电话就打到了晴气庆胤的办公室，怒责其抓捕吴开先的行动。但日军的司令部与梅机关分属不同派系，各自并不买账。晴气一口否认抓了吴开先。吴开先闻讯这才慌了神，深知落在特务手中还秘而不宣，一般小命难保。于是，他提出要见周佛海。

吴开先告诉周佛海，他本是奉重庆最高当局之命，秘密前来与日本军方接触，试探日方之态度，不想被李士群一伙强行绑架。此时，周佛海对权势日益膨胀的李士群早已心怀不满，作为汪伪特务委员会的主任，他命令李士群不得虐待吴开先。由于有日本军部和梅机关同时插手，两边都得罪不起，周佛海此时也没办法相救，只能劝吴暂时忍耐，由他再想办法。

吴开先被关在76号，上有周佛海的关照，下有汪曼云、蔡洪田的拜托，李士群碍于面子，倒也不敢为难他，每日好茶好饭地招待。因此吴开先除失去自由而外，并没有受到其他刑罚虐待。但吴开先却一不开口、二不吃饭、三闹自杀，李士群只好拖延下去。当时晴气庆胤的梅机关对处理吴开先的态度，是非降即死，李士群为了避免日本军方的干扰，就将吴开先转移到苏州，以避开76号内日军顾问和常驻宪兵的监视。

“清乡”以来，苏州俨然已成了李士群的天下，吴开先被安置在李的核心机构苏州特工站，站长葛天民一再关照手下的小特务，一定要绝对保密，看守吴开先是李士群省长亲自布置的任务，千万马虎不得。

吴开先在苏州倒也落得逍遥自在。每日饭菜都由著名的苏帮菜馆新丰聚送来，还有汪曼云送来的凉席与风扇。吴开先约上看守特务们一起喝酒吃饭，口若悬河，上下五千年无所不谈，但绝口不谈自己的事情。落水的陈恭澍、汪曼云先后来劝吴开先加入汪精卫集团，都被他奚落一番，一一挡回。

过了一段时期，周佛海终于想到了庇护吴开先的借口。他针对日本人希望对渝媾和的心理，向那时汪政权的最高顾问也是最有权力的人物影佐祯昭说："既然日本想和平，就不宜与重庆在军事以外，过分敌对。吴开先是重庆派在上海比较重要的人物，杀之徒激重庆之怒，强其归降，亦并无适当位置可为政府之助，不如释放他以示宽大。"周佛海告诉影佐，以吴开先的身份地位，是应当能够说动老蒋转向和平的，如果吴开先加入汪集团，就失去此层作用了。这样角色的人物难得，需要好好地利用。影佐听罢，点头称是。经周反复地说，最后竟获得了日方的同意，吴开先出乎意料地"恢复自由"了。于是，他住到了南京汪曼云家里，受到旧时朋友们的热烈招待，每天出入于酒店宴席。周佛海还向汪精卫为他说情，表示一时并无适当的职务可以安置吴，不必强其出而任事。汪精卫也曾召见过吴开先，除了对国家当前的处境彼此慨叹而外，并对吴开先加以"安慰"。

吴开先最受窘的一次，不在被捕审讯的时候，反而是在恢复自由之后。一天，他饭后无聊，与两个朋友去逛中央商场，刚到门口下车，正好陈璧君从商店里走出来，吴开先就上前恭恭敬敬地鞠了个躬，又叫一声"汪夫人"。不料陈璧君望了他一下，瞪着眼说道："啊，吴开先，你好！你也会有这一天。我自有独立的人格，以后除在我家里外，应当称我做陈委员，记住了！"说完回身便走了。吴开先一时语塞，而又不敢回嘴，场面十分尴尬。

1942 年间，日本在军事上已处逆境。特别是中途岛战役后，日军已无力再改变太平洋战场的颓势，而汪精卫的伪政权在日本人眼里早已失去了魅力。事实证明，汪精卫集团根本无法结束中日战争，日本军方总想抛开汪精卫，与重庆政府直接谈判，以便早日跳出战争的泥潭。

吴开先恢复自由的条件是他回重庆去为日本人当说客。

不久之后，一架日军飞机乘载吴开先飞往云南边境的日本军用机场，再用汽车将其送往军事交界区，最后吴堂而皇之地到达了重庆。

蒋介石听说吴开先由沦陷区逃回重庆，大为赞赏，下令召见。不久，吴开先升任国民党中央组织部部长。而“说客”云云，也就不了了之。[1]

与吴开先相同遭遇的还有老牌国民党党干蒋伯诚。

蒋伯诚早年追随孙中山革命，与蒋介石交好，算得上是国民党元老级人物，曾一度代理浙江省政府主席，后在南京政府内担任国民党党务工作。抗战爆发后，蒋奉蒋介石命潜入上海，与戴笠、杜月笙、吴开先、吴绍澍等人组成上海工作统一委员会，以国民党上海地下党部主委身份领导上海党务，搜集敌伪政治军事情报，经香港转送陪都重庆。因其地位重要，他曾被日本宪兵列为第一号抓捕对象。

蒋伯诚在上海居无定址，常更名改姓躲避日伪。1944年间，他在杜月笙留沪代表、大管家万墨林的法租界蒲石路新居中，因高血压突发脑血管破裂，神智昏迷，已陷于弥留状态，正请经常为他诊治的赵启华医生施救。赵医生主张立即抽血100CC以挽救其生命，而蒋的家人，恐其失血过多有危险，坚执最多抽血50CC。正在争持不下中，日本宪兵跟踪赵医生而至，将在场各人一网打尽。受株连者有万墨林夫妇、蒋伯诚夫人杜丽云、幼子蒋宇钧、上海市党部委员王先青与毛子佩等多人。日宪兵见蒋氏病状危急，立以电话召军医驰至，不问情由，为他抽血200CC，

[1] 朱子家（金雄白）:《汪政权的开场与收场》第四八节“吴开先被捕与回渝内幕”，网络版 www.doc88.com。

而蒋氏竟因此得以复苏。又以其病重，日宪即派兵在其住宅看守。其后蒋曾对左右说："假如日军来迟一步。不抽出那样多的血液，可能脑部充血，血管破裂，可以立时送命，捕之乃适所以救之也！"

蒋伯诚由沪南日本宪兵队（即贝当路宪兵队，地址在美国学堂）羁押在住地，不断审问。重庆方面知晓后，密电周佛海，付与营救全责。周佛海则因其担保的吴开先返渝一去既无消息，更觉无法以何种说辞代向日人缓颊，只能尽量保住他性命。此事便拖延下来。

金雄白在回忆录中说："事情大约已经在蒋案发生一两月之后。一天，佛海打电话邀我当晚到他的居尔典路寓所吃晚饭，因为这样的事是常有的，我完全不以为意。我准时而往，除了平时与佛海较近的几个常客以外，并无外人。所不同的是那晚餐厅中竟尔星光灿烂，笑语喧阗。大约当时'华影'的红星，几乎全部到齐。似乎李丽华、陈云裳、周曼华、白光、王丹凤、周璇、欧阳莎菲、李香兰等都在。而佛海那天左顾右盼，情绪异常轻松。饭后在花园的草地上放映'华影'刚拍好而尚未公映的歌舞片'万紫千红'，片由李丽华与最近访沪的日本东宝歌舞团合演。我在观影的时候，张善琨刚好在我身旁，我问他今天何以会有这样的盛会。善琨偷偷地告诉我说：'难道你不知道蒋伯老被捕的事？'我摇摇头。他继续说：'蒋伯老被日本宪兵拘捕了，因为我与他平时有来往，日宪在他寓中发现了我给伯老的函件，因此我也受嫌牵连，被拘押在贝当路宪兵队。幸经周部长保释，今天的宴会，并且请了公司中的明星作陪，就是为了表示对他的谢意。'我说：'那么现在蒋伯老呢？'他说：'他关在别的地方，我不知道。'我说：'在宪兵队与你一起的还有些什么人？'他说：'我认得的只有严谔声（即新闻报之小记者）与毛子佩。'这一席话，我才知道了蒋伯诚被捕的事。"[1]

---

[1] 朱子家（金雄白）：《汪政权的开场与收场》第四九节"日宪兵救了蒋伯诚一命"，网络版 www.doc88.com。

1945年8月日本投降后，蒋伯诚获释，并以中央军事委员会委员长驻沪代表身份，组成驻沪代表公署，他召见伪上海市市长周佛海，责其维持上海秩序，保存资产，等候接管。后出任全国抗日蒙难同志会主席，又被任命为浙江监察使，因病不能到职，仍居上海。上海解放前夕，汤恩伯奉蒋介石令接蒋伯诚全家去台湾，但他以身体衰弱弃政多年为由未赴台。1952年初病逝于沪。

与蒋伯诚同时被捕的杜月笙大管家万墨林则没有蒋的幸运。

杜月笙大管家万墨林的遭遇

万墨林

万墨林，原名万木林，杜月笙的姑表弟、门生。其人生得胖头胖脑，鼻子下塌，满头瘌痢巴，面目可憎，又因早年失学，缺乏教养，语言粗俗，形象猥琐，被称为上海滩上不务正业的“白相人”。他因负责在杜抽大烟时为杜烟管填鸦片，成为杜的亲信，得到杜的信任，最后成为杜的管家，负责管账兼掌柜，是“杜门第一红人”。后来万手里有了几个钱，也算是有了提高身价之资本，便觉得自己的名字太丑，登不上大雅之堂；可是木林两字大家又叫熟了，不能另起名，于是请人动足脑筋，仿照杜月笙的办法（杜生于7月15日，因名月生，后因“生”字太俗，遂改为笙），将木字改为墨字。这样一来，杜月笙的大总管万墨林就成了“饱学之士”。

抗战爆发前，万墨林在法租界八仙桥小菜场西头，开了一间三开间的万昌米号，取名万昌，意在要把这爿米铺子永远昌盛下去。万在经营中不但抬高米价，还要克扣斤两，甚至在米档子上作弊。当时一些大的购米客户，如拜杜月笙为“先生”的一些厂商老板以及学校校长，都来买他的米。他们明明知道万的算盘很精，但总看中万与杜月笙的关系，宁愿吃亏，也希望他在杜面前说句好话。所以，万墨林的生意越做越大，甚至兼任了上海“米业同业公会”理事长，发了不少不义之财。

万墨林在外面虽是万昌米号的大老板，可是在华格臬路杜月笙的家里，还是个兼任添烟倒茶的管家，只是杜家的内外人等，慑于其日益升高的地位，称呼上总要在墨林之下加上一个“哥”字了。

万墨林有一个最大优点是记忆力极佳，他曾为杜熟记 190 组电话号码，像一个活电话簿，只要问得出，他就立即答得上。或有人要找某人的电话，一时想不起的时候，打个电话去问万墨林，准会得到答案。所以杜月笙的所有电话，都是经过他的手转接的。因此，那时要想接近杜月笙的人，非先与万搞好关系不可。这也算一种特殊的本领。

八一三淞沪抗战爆发后，杜月笙因积极组织参加抗日，在上海沦陷前被迫避往香港。他在上海的产业，就由他担任理事长的上海地方协会的总干事徐采丞来替他管理，其他事务则均由万墨林去经管联系。因徐采丞胆小，做事力不从心。而国民党军统在上海的特务活动，大都利用杜月笙的关系来掩护与联系，万墨林自恃能力强，就以杜月笙代表自居，经常和他们保持往来，负责安排交通、情报、提供活动经费，乃至掩护与配合行动等等。万墨林与重庆方面留在上海的党政大员蒋伯诚、吴开先和吴绍澍等人因此发生了密切的关系，他负责掩护他们的安全并供给生活经费，成为杜月笙的手足，也是重庆在沪的重要人物之一。

伪上海市长傅筱庵被军统刺杀后，日伪一度怀疑万为凶手。1940 年 1 月，高宗武、陶希圣及其家人逃离南京汪伪政权返回重庆，也是由杜月笙指使万墨林做出的秘密妥善安排和掩护，但日伪方面在开始阶段，为了争取杜月笙的政治需要，很长时间内未动万、徐两人一根毫毛。

那么万墨林最后又是为何被76号抓捕的呢？这事实际上与上一个月发生的“天马号”专列爆炸案有关。

“天马号”专列爆炸案，是发生在汪伪政权成立之初的一件令汪精卫狼狈万分的事件，更使其在国际上声名狼藉。

1940年11月19日，日本表示将正式承认汪精卫伪政权，发表日、“满”、“华”共同宣言。汪伪汉奸们为能得到主子的承认而兴高采烈。为了广造声势，日伪在上海邀请了一批德、意、日轴心国的外交使节、日军高级军官，组团乘“天马号”专列兴冲冲地赶赴南京参加签字典礼。消息一出，有关情报立刻经由上海的军统秘密电台传到了重庆。军统局戴笠当即决定，布置人员伏击专列，给汪精卫一记响亮的耳光。

炸火车的任务就交由上海“忠义救国军”地下工作人员配合军统局苏州站联合执行。11月28日，他们派出警卫部队，掩护爆破队，乘夜潜伏到苏州城外京沪铁路线上的李王庙，将地雷炸药埋藏在外跨塘附近的铁轨中间，引线一直通到300米外一处茂密的树林之中，由特工詹宗象与薛尧负责爆破。次日上午9点钟，“天马号”专车风驰电掣般驶来，詹、薛二人立即按动电钮，但听天崩地裂一声巨响，专列即刻倾覆，日伪人员血流盈野，哀呼惨叫，共炸死日军大佐2人、内阁专员2人、庆贺专员和情报员多人，还有德、意使节及随车日军，死伤共计175人之多。爆炸之后，附近日军急速赶来支援，詹宗象和薛尧在跑出树林探看时被日军发现，死于乱枪。

消息传到南京，日伪《共同宣言》签字仪式被迫推迟举行。汪精卫气得拍桌大骂，狼狈万分。加上年初杜月笙组织的“高陶叛逃事件”的打击，汪精卫旧恨新仇一起算，立刻下令李士群消灭杜月笙，同时打击并瓦解渝方地下人员在上海的组织与活动。因在香港谋杀杜月笙不易得逞，李士群于是决定拿在上海的杜公馆管家万墨林开刀。当时重庆国民党常驻上海的三位大员，中央常务委员蒋伯诚、中央组织部副部长吴开先以及三青团中央书记吴绍澍均由万墨林负责接待并替供安全保卫。三位大员也都把万墨林作为左右手，在交通、联络、经费方面全依靠万墨林。李士群对此一清二楚，只要万一松口，就会有重庆大人物送命。

李士群把逮捕万墨林的任务交给了吴四宝。

吴四宝早就看上了万墨林，他看上万墨林是为了他的钱，并有心打掉他的威风。以往主子没放话，他便不敢行动，这下得到了机会。

闻风声吃紧，万墨林也知道汪伪要对自己动手，未免惊惶。他缩在华格臬路杜公馆中，足不出户，还通过法租界巡捕房的关系要了四名安南巡捕，带一部铁甲车，一挺机关枪，日夜守卫在杜公馆门口。吴四宝也知道，要闯入法租界杜公馆抓走万墨林，绝非易事。于是，他们便想出了一个钓鱼之计，引万墨林自动走出杜公馆。钓饵便是万墨林的一名徒弟朱文龙，他是具体负责上海市党部工作的吴绍澍与万墨林之间的交通员，此时已被 76 号秘密收买掌握。

1940 年 12 月 21 日，吴四宝指使朱文龙与万墨林通电话，声称一项“极重要”的情报要转递，但自己已暴露，不能直接上门，务必请他来拿走情报。万墨林推托了两次，但朱文龙仍坚持要见，万墨林只好答应。先约下午 4 时，临时再改晚间 8 点在金门大酒店前门接头。

万墨林戴一副茶色墨镜，坐一辆黄包车前去赴约。他下车后果然看到朱文龙正站在饭店对面向远处眺望。正当他绕行到背后准备叫他时，四名大汉一拥而上，当众反剪万墨林的双手，把他捆了一个结实。万墨林立刻面朝附近站岗的美国宪兵大呼“救命”，美国大兵跑过来干涉，但司机拿出了租界当局开出的准予缉拿许可证。美国大兵无奈，眼睁睁看着万墨林被架上汽车，绝尘而去。

万墨林被辗转送到了位于虹口的日本宪兵队。初审之后，又送到极司菲尔路 76 号汪伪特工总部。76 号也三番五次派人到万墨林家搜查，

金门饭店

但一无所获。

消息传到重庆，杜月笙和戴笠大为震惊。杜月笙马上派人向76号转达口信：一、总有一天大家要见面，请留下见面之情；二、你们要干的话，大家干；三、要钱，好讲。因上海急电还称：在敌伪严刑之下，万墨林熬不熬得过，大有疑问。不单是万墨林个人的生命安全有虞，而且万墨林掌握了中央在沪所有地下关系，倘使他一屈服，中央在上海的各机构，便有全被摧毁之可能。于是，戴笠立即电知蒋伯诚、吴开先、吴绍澍等人从速逃离住处，变更联络方式。同时，杜月笙也心急如焚地从重庆匆匆返回香港，运用各方关系竭力设法营救万墨林。

在76号汪伪特工总部，万里浪、吴四宝、佘爱珍等人对万墨林进行了审问。

佘爱珍见到万墨林，便带着笑容嘲讽说："万先生，侬也来啦！"吴四宝则不无威胁地说："万先生，你是高来高去的人物，我吴某人不过烂泥里面的小水蛇，不过今朝委屈你万先生到了这里，烂泥蛇也布下了天罗地网，就怕你进来容易出去难，插上翅膀也飞不动！万先生，我劝你遇事将就，不必太认真！"

此时万墨林心里倒也坦然了，他对日汪方面与杜月笙的关系相当清楚。他明白日汪目前还不至于置他于死地。只要保住杜月笙关照他不要讲出去的事情，杜先生一定有办法救他，于是几次审问下来，万墨林所说的都是言不答题的话。

于是，吴四宝命令："来人，把万墨林先生请下去，好好关照他一下！弗要辜负万先生的格副身胚。"万墨林知道，所谓"关照"就是上刑，心里顿时紧张起来，肥胖的身体本能地缩成了一团。

在刑房里，万墨林被剥光衣服，吊了起来。一桶冷水浇下去，万墨林浑身布满鸡皮疙瘩，上下牙齿格格地直打战。他先尝了吴四宝特制的那根双层阔牛皮鞭的味道，抽几下，便全身是血。这一顿暴打，据说是吴四宝要在上海流氓地界摆摆"威势"，以杜月笙家里的万二爷照样给他开过鞭，好像连杜月笙也给他打过一样。其实，吴倒并不在乎这个，他是要给万来个下马威，要他识相些。所谓识相，当然指的是要拿出铜钿钞票。

接着，他们还请万墨林尝了老虎凳的滋味。万墨林开始还硬撑，但几块砖头加上去，他吃不消了。正在死活难耐之时，万墨林一眼看见76号的林之江走了进来，他立刻呼救："哎哟，林司令，快救救我！"这位"林司令"，投汪之前是军统的一个行动队长，在"忠义救国军"兼过一个小"司令"职务，因同为帮会徒众的关系，万墨林与林之江相互熟悉。

林之江果然帮忙，他立刻命令行刑者从老虎凳上解下万墨林，还找了两个人扶着他在花园里转了几个圈子，让他活络活络筋骨，以免留下残疾。万墨林得以逃过此劫。

不久，万墨林处境有了进一步改善，因其妻给李士群的老婆叶吉卿先送去了10万块钱。叶吉卿因此放话下去："万墨林块头太大，只能问，不能打。打了他或许会中风的。"于是，万连皮肉之苦也都免去了。

叶吉卿的话，对吴四宝和其妻佘爱珍来说，就是一桩喜讯，他们知道：进账了。

与此同时，在高层，徐采丞按照杜月笙旨意，通过关系找到了汪伪第3号人物周佛海，间接晓以利害，逼他出手救万。徐采丞还找到了76号内与杜月笙关系最近的伪社会部次长汪曼云。

汪曼云于是专程由南京赶到了76号。他找到李士群说项，李士群表示可以帮忙，唯需稍假时日，使这件事冷下去，才能慢慢地设法。李士群还悄悄地表示先把万墨林解到南京，同时在外面不要再进行营救活动，否则让日本人知道了反会坏事。其实，把万墨林先解到南京的主张，正是徐采丞与周佛海沟通后周给李士群的指示，李士群趁机卖人情想捞点外快而已。

李士群随即打了个电话给专员室主任沈信一，要他把万墨林带到吴四宝的办公室与汪曼云见面。等汪到了那里时，沈已押着万墨林先到了。沈看到了汪，便说："你们谈谈吧！"转身出去，并随手拉上了门。汪觉得沈的做法，非常"落槛"（到位与知趣）。

万墨林一看到汪曼云，就急着对他说："我天天在望你，吴四宝忒勿漂亮！"

汪曼云说："怎么样？"

"看见我闲话勿曾问，就开我一顿鞭，拿我做足输赢，这算啥个道理？"

"现在不是讲道理的时候，他们问你的时候，你怎样讲的？"

"他们问我两件事：一是傅筱庵；一是隔壁（按：指张啸林，因张住在杜月笙住宅东隔壁，1940年10月11日被军统暗杀）的事。傅的事，我承认的；隔壁的事，我没有讲。"

"那好，隔壁的事你是千万不能讲的，因为关系到'先生'的做人问题。关于这件事，如再问你，你还要咬紧牙关，不能讲的。"

"这我知道了，曼兄，我自杀好不好？"

"为啥？"

"杜先生叫人关照我的。"

“这就是先生怕你把隔壁的事情说出来，使他做人不得，所以叫你自杀。现在你既然没有讲，将来也咬定不讲，又何必要自杀？再说我现在来救你，而你倒要自杀，不是在和我开玩笑吗？”

“此地的生活（指刑罚）我实在吃勿消。”

“这个我会给你想法子的，你别愁吧！”

汪曼云又把和李士群的谈话经过告诉了他，要他安心。

万墨林又说：“我到了南京，吃的用的怎么办？”

汪曼云回答道：“这我也会替你安排的，好在你住的地方（南京宁海路25号特工总部南京区的看守所）和我的家在同一条路上，仅隔二十多家，还有什么不便的？”万这才放下心来。

汪曼云又转去向李士群道谢。李士群则说：“万墨林的事情是不能太心急的，目前才抓进来，众目睽睽，正处在一个热当口，稍一不慎，就会出纰漏。因为万墨林在上海，不仅是万昌米号的老板，而且在杜月笙家里混了那么多年，手里有的是钱，干脆说也是颇有财名的人物。因此吴四宝、沈信一他们，还不是把万看作了财神菩萨？逮了他，无异中了航空头彩，都在我面前透露，像万墨林这样的身价，40万元钱总是值得的。我们既不能满足他们的希望，打个对折也得值20万元钱。所以在火头上，又怎能谈得拢呢？”对此开价，汪曼云既不便说接受，也不能说拒绝，只表示看今后如何发展再说。李又问汪回南京的日期，并要汪经常来谈淡，显示出他好像害怕汪曼云这条路子断了线的样子。

等到汪曼云再去找吴四宝运动时，吴没在家，他只见到了吴的老婆佘爱珍。汪曼云觉得此事对佘讲或许比对吴本人讲更为有效，因为吴四宝虽是凶煞，可是非常惧内。佘爱珍聪明过人，她一见汪曼云，就知道汪的来意，不待汪开口，便说：“汪先生，万墨林看到了吧？”“见到了，我正为此事来麻烦你们。”汪曼云边说边从口袋里掏出5000元钱递了过去。可是佘爱珍无论怎样不肯收，她说：“四宝与墨林也是朋友，墨林这里我们应该招待的。再说现在您又亲自来关照，您就放心吧，一切我负责任，这钱我决不能收的，我收了四宝也会怪我的。”汪曼云因见佘决不肯收，只好道谢退出，便在银楼里买了两副银台面与果盘银盆之类的东西，叫人送了去，佘便收下了。离开76号前，汪曼云又去见了李士群，他带上了厚礼：一件紫貂统子送给李士群的老婆做大衣，叶吉卿到南京后，汪又送了四台嵌玉的屏风。后来李士群把它运到苏州，放在饮马桥家里那座用红木楠木装配雕刻的大厅里。

于是万墨林及押运他的人便与汪曼云同车去了南京。万墨林以为汪是专程来陪送他的，心中对汪十分感激。当时李士群派来的押解人还是沈信一和几个特务，还有常驻76号的一个日本便衣宪兵。沈信一坐在万墨林身旁，他见汪曼云走进车厢，便站起来让汪坐，汪也不客气地坐下并对沈说：“万有不到的地方，请推爱多予照拂。”坐在万对面的那个便衣日本兵也认识汪，他对汪说：“你的老朋友啊？”汪说：“不错，我们过去是在一起的。”日本人又说：“我的统统地明白的啊！”汪听那个日本宪兵话里有因，便觉不便再与万谈下去，回到自己的车厢里去了。

到南京后，汪便去见特务委员会的主任委员周佛海，替万墨林说情。他说万只是杜家的一个佣人，与军统并无特别关系。周认为万、杜是私人关系，为不得罪杜月笙，甚至可以借此与杜拉拉关系建立好感，为日后留余地，万墨林过一阵就可以放的。同时，汪对看守所里的人，也做了收买工作。

不久后，万墨林受到了周佛海的接见。周先跟他开个玩笑，然后开门见山地说：“万墨林，你所做的事情自己明白。76号的门进去容易出来难，使你释放很不简单。我此刻是买杜先生的面子，只要关节打通，我自会放你。我说话算数，你也要向我提出保证，从今以后莫再到处托人，增加我的困难，我请你安心地等好消息。”万墨林连忙诺诺答应。

从此，万墨林便免去了拷打骂，过上了相对安逸的日子。

遵从杜月笙的旨意，徐采丞等人还在继续活动营救万墨林，他们在上海托了沪西兆丰总会的老板潘三省，经潘与76号接洽，得到了万的开释身价为20万元。这一消息甚至连日本宪兵队都知道了。

在南京，徐采丞又托了战前任职中国银行镇江分行经理的某关系人，专程到南京去找过周佛海，因周佛海曾在镇江任职江苏省政府教育厅长，与他相熟。有一天，汪曼云接到周佛海的电话，要他去西流湾周宅去一趟，汪以为事情有了眉目，便匆匆地赶到了周家。周一见到汪便说："杜月笙太瞧不起人了，他为了万的事叫镇江中国银行的经理来看我，我已答应可以考虑，怎的他随即送来了一对翡翠镯子，这算是什么？这不是在骂人侮辱人吗？要是这样，我即使要放也不放了。"汪听了只好赶紧解释，附和地说："这事情我一点也不知道，委实太岂有此理，我马上到上海去关照他们别再胡闹，否则我也要不管了。"这样才算消了周的气。其实周并不是不爱财，而是嫌礼太轻，他想要得到的是杜月笙的人情，所以他谢绝了小礼物，而且明确不同意让76号捞20万元钱才放人。那么，周佛海对万墨林所说的"只要关节打通，我自会放你"又是什么意思呢？那实际上是要杜月笙去打通日本人的路线。

原来，傅筱庵的子女听说与其父傅筱庵被杀有关的万墨林被捕，就一纸状书告到日本最高当局，要求严办万墨林，为父报仇。所以，日本宪兵直接把万墨林从特工总部南京区又押回到日军上海宪兵队司令部，当汪伪与日本军方开会商议如何处理万墨林时，日本军方坚持不同意将万交保释放。

徐采丞为此又去找关系买通日本人。1941年5月间，他找到伪国会议员金鼎勋。金某跟日本人渊源甚深，当徐采丞等前往金家恳请设法帮忙放人时，金鼎勋十分爽快地答应帮忙。

金鼎勋找到了兴亚院的高等参谋冈田和日本巨商坂田，由坂田、冈田带信给兴亚院提醒日方：皇军如需维持在上海的统治，杜月笙有巨大的利用价值，目前正在多方争取杜氏之际，汪政府特工羁押其亲信万墨林，实为极其不智之举。日方终于改变了主意，决定不久后将释放万墨林。

最后，万墨林在日军上海宪兵队司令部关了一段时间后就被释放了。

万墨林被释放的消息高调宣传，几乎家喻户晓。许多人为了巴结杜月笙，纷纷宴请万墨林，请柬如雪片。“大英雄”万墨林穷于应付，最后吃得急性肠炎胃穿孔，在南洋医院开刀做手术，可创口就是收不了口，于是只好在创口上安上一根橡皮管子，向外排污。此事引为笑谈。

得知万墨林出来的消息，76号警卫大队长吴四宝敲诈万的幻想落空，心中总有些失落，他看到汪曼云时便酸溜溜地说：“汪先生，你对万真是出力不少，这次他出来后，总要好好地谢谢你啦。”意思是要汪不要忘了他。他还说：“我想万也是在外面跑跑的，总不会有事有人，无事无人。”汪回答说：“我倒没想到这些，他也没来看我，我却到医院里去看了他。”吴说：“那万墨林太没良心了。”汪说：“我既不怪他，也谈不到这些，大家都是朋友呗，日子长哩！”委婉拒绝了吴四宝的勒索。

1942年冬，万墨林与国民党驻沪代表蒋伯诚在上海第二次被捕。当时蒋伯诚中风，住在福履利路。蒋太太首先被捕，然后万墨林和曹俊、王先清等十几人同时被捕，被关押在贝当路日本宪兵队审讯。当时万仍患慢性腹膜炎未愈，被送进大西路宏恩医院诊治，由万的小妾每日去为他洗涤创口与换药。后转西浦石路与蒋伯诚等关在一起，关押兼养病。重庆方面通过向周佛海施压，过了6个多月，蒋、万最终才被释放。

万墨林后来在他的《沪上往事》中写道：“我在上海为地下工作人员跑腿，随时都有被捉杀头的可能，我的两度牢狱之灾，并不一定就是高陶二位先生的事件所引起。而且彼此都为国家民族，引颈一快，死而无憾。时在美国的高宗武先生，刻在台湾的陶希圣先生，和他的公子千金，对我来说，只有让我分享一点点光荣的大德，绝对没有欠我的情。我的两度被捕跟高陶事件稍有关联，充其量不过是敌伪双方早晓得我沾过高陶事件一些光，想起当年他们自己的狼狈情景，修理我的时候，手脚来得重一点罢了。”

万墨林后来继续在上海为杜月笙工作，并做自己的米粮生意。抗战胜利后的 1948 年，蒋经国去上海整顿金融“打虎”，拿奸商开刀，蒋的检查小组与上海市警察局局长宣铁吾在运动一开始就逮捕了万墨林，罪名是“非法囤积稻米”，后来又搞到杜月笙儿子头上，经杜出面与蒋经国交涉，以“皇亲国戚”孔令侃的囤积事实相要挟，终于再次大事化小。1949 年后，万墨林到台湾担任了“国民大会代表”，晚年著有《沪上往事》3 册，于 1974 年 5 月在台湾出版，他还常在台湾《传记文学》杂志发表文章。

丁默邨堕入“色戒”险被杀

76 号的大头目之一丁默邨与李士群一样，早年参加过中国共产党，后叛变革命，投向国民党 CC 系从事特务活动。1934 年升任国民政府军事委员会调查统计局第三处（邮电检查处）处长，成为与戴笠、徐恩曾并列的国民党特务大员。但他缺少戴、徐的根底与权势，抗战爆发后，他到武汉，被调任军委会少将参议兼武汉特别市政府参事、秘书长，因地位下降而对当道者不满。

1938 年底，他受原部下李士群的策动，从香港逃往上海日占区，与李士群等汉奸组成“七人委员会”，叛国投敌，并奉日本之命，组建了 76 号特工总部，丁为主任，李为副主任。1939 年 8 月，汪精卫在上海市召开伪国民党“六全大会”，丁默邨被指任为伪国民党中央常务委员、中央社会部部长、中央特务委员会副主任兼特工总部主任，成为汪伪巨奸之一。

因为丁默邨是国民党中统出身，对国民党的特务机构及其活动规律十分熟悉，因而在指挥76号特工总部与重庆两统斗法时，心狠手辣，屡屡给对方以重创。重庆国民党当局决定尽快铲除丁默邨。因丁默邨曾在CC中统里干了很长时间，重庆当局便把暗杀丁的任务下达给了中统潜伏在上海的特工。

中统上海潜伏组的负责人当时为陈宝骅，是陈立夫的侄子。在接受了暗杀丁默邨的任务后，他就思考用什么方法来执行。因丁是老牌特务出身，对暗杀这一套行当十分熟悉与警惕，自当上汉奸后，更是警卫森严，行动诡秘异常，晚间只在浴室放一张棕棚睡觉，整天蹲在特工总部闭门不出，就是接近他也非易事。

郑苹茹

陈宝骅经过反复考虑，最后决定根据丁默邨的特点施用美人计，选派一个漂亮的女特务为诱饵，诱他上钩，然后选择适当场合将其暗杀。经过物色，最后选中了二十余岁的女情报员郑苹茹。

郑苹茹是中日混血儿。其父郑钺，又名郑英伯，浙江人，早年留学日本法政大学时，加入同盟会，从事民主革命活动。在日期间，结识了日本人木村花子。木村花子出身于日本名门望族，对中国抱有友好的感情。当孙中山、黄兴等革命党人在日本从事革命活动时，花子女士常聆听革命演说，深受影响，自愿为革命党人传递信息与文件。在活动中，她与郑英伯多有交往，最后缔结良缘。此后，花子女士改名郑华君，随夫到中国定居，追随孙中山从事革命活动。后来郑英伯弃政从教，在上海复旦大学任教授，以后还担任过设于上海公共租界的江苏高等法院第二分院的首席检察官等职。他们夫妇生有二子三女，郑苹茹是次女。

郑苹茹母亲郑华君（木村花子）

郑家老宅

1931年九一八事变发生后，华君夫人虽为日本人，却对日本军阀侵华行径十分不满，多有愤言，子女们受其影响很深。1932年“一·二八”上海抗战开始后，郑家全体投入抗日救亡运动，郑苹茹与姐姐一起跑到浦东乡间进行抗日宣传。1937年，中日战争爆发时，郑苹茹的大哥郑海澄正在日本名古屋留学，学习飞行，二哥也留日学医，日本当局不允许他们回中国，华君夫人回到日本，毅然带着两个儿子偷渡回国参加抗战。上海沦陷后，郑英伯一家因华君夫人是日本人的关系，继续留居上海，并参加抗日工作。

1937年，因郑苹茹的年轻美貌，她的照片被风行上海的《良友》杂志选为第130期封面，陈宝骅看到后，在一次舞会上结识了她，又通过其父的关系把她与其二哥郑南阳都拉入中统，成为上海区的情报员。而郑海澄则被其父母送到国民党空军服役，撤退到大后方参加抗战。

郑苹茹生于1918年，在中国长大，聪慧过人，又跟着母亲学会了一口流利的日语。她在上海读中学时，丁默邨曾兼任他们学校的校长。抗

刊载郑苹茹照片做封面的第130期《良友》杂志

日本首相近卫文麿及其子近卫文隆

战爆发那一年，她中学毕业，正准备入上海法政学院夜校读书。上海沦陷后，她参加抗日地下工作，凭着青春妙龄通晓日语的交际才能，广泛结交日伪人员，甚至1939年还参加接待过到上海访问的日本首相近卫文麿的儿子近卫文隆，猎获了许多重要情报。当时传闻近卫文隆在上海失踪了几天，日本当局大为紧张，怀疑他被人绑架，后虽无恙，但郑苹茹已被日方怀疑。实际上，中统特工稽熙宗确实通过郑苹茹接近过近卫文隆，但他们对近卫文隆做了什么工作却无人知晓。

中统上海组认为郑苹茹有暴露的危险，本准备让她撤退，此时却接到了刺杀丁默邨的任务，因郑年轻漂亮，还与丁默邨有师生之谊，便决定派她去执行。

郑苹茹伪装成一个涉世不深的贪财少女，借机结识了丁默邨，并以校长相称。果然，经过几个月的交往，郑苹茹不仅取得了丁的信任，而且引得他神魂颠倒，事事依从，两人形影不离。中统局见火候已到，就下令布置对丁的暗杀行动。

丁默邨

生性活泼、活动广泛的郑苹茹

上海愚园路1010号丁默邨住址旧宅

万宜坊地处上海法租界，外国侨民居多，郑家独居 88 号一座三层洋房，53 号则是文化名人邹韬奋的居所。在金雄白的笔下，万宜坊“活跃如邹韬奋，美艳如郑苹茹，都是最受注意的人物”[1]。

第一次准备暗杀丁默邨就是在万宜坊。有一天，丁默邨送郑苹茹回家时，在万宜坊路口，郑苹茹请丁到家里坐坐，但生性多疑的丁推辞说下次再来，使暗杀行动流产。

1939 年 12 月 2 日，丁默邨赴沪西朋友家宴，临时打电话给郑苹茹邀她一道参加。

[1] 朱子家（金雄白）:《汪政权的开场与收场》，网络版 www.doc88.com。

郑苹茹准备刺杀丁默邨的地点——西伯利亚皮草行

郑苹茹接到丁默邨的电话后，即与中统商定，她以购买皮大衣为由，将丁默邨诱至戈登路与静安寺路交叉路口的西伯利亚皮草行，让预伏的中统特务将其击毙。商定后，郑苹茹便到沪西赴约。饭后当郑苹茹向丁默邨提出购买皮大衣时，丁认为不是事前预定的地点，应该没有危险，便立即答应，即与郑乘上轿车，驶向西伯利亚皮草行。

到达目的地后，丁默邨让司机留在小汽车里，将车停在马路对面靠边的地方，便与郑苹茹进了皮货店。他让郑在柜台前选货，自己则在一边抽烟，并随意从店堂内往外看。突然，他透过公司的大玻璃窗看到人行道上有几个形迹可疑的人正从外向他打量。丁默邨立即警觉起来，马上意识到处境极端危险，必须迅速离开。他迅速想好对策，突然从自己西装口袋里掏出一大沓钞票，向玻璃柜台上一抛，随即对郑苹茹说："你自己拣吧，我先走了。"不待郑苹茹答复，转身就往外跑。

郑苹茹被丁默邨这个出乎意料的举动惊呆了，见丁默邨拉开店门冲出去，也想跟出来。可是，她刚走了两步，猛然想起屋外的预伏人员就要开枪，便停下了。而丁默邨冲出店门后，飞一般冲过马路，向自己的汽车狂奔。门外预伏的中统人员，没想到丁默邨突然跑出，迟疑之间让他冲过马路，钻进了自己的小汽车。那司机见丁奔来时，知事情有变，早就推开车门，让丁进来，同时发动马达。刺客醒悟过来后，立即掏出手枪向汽车射击。可丁默邨早已关上保险车门，子弹打不进来。汽车迅速开走，丁默邨因此逃过一劫。

中统精心布置暗杀汪伪特务头目丁默邨的行动，就这样失败了。

郑苹茹事后不死心，又到76号打探消息，准备再次行刺。郑苹茹不敢一人前往，就邀请沪西日本宪兵小队长陪同来到76号。李士群认为这是扳倒丁默邨的大好机会，在郑苹茹到达76号后，由涩谷把宪兵队长支开，将郑苹茹逮捕。

丁默邨想，如果将郑苹茹关一关，收收性子，也许可为自己工作，就没有出面干涉。哪知李士群已将此事作为彻底扳倒他的撒手锏。

李士群向日本人报告此事，认为由于丁默邨的疏忽大意，遭中统暗算，破坏"和运大业"，一定要丁默邨下台。

丁默邨的老婆赵慧敏及一帮汉奸太太陈璧君、杨淑慧、叶吉卿等，鉴于对他们丈夫在外到处猎艳的妒恨，也到76号大闹，一定要枪毙郑苹茹。

日本人曾向76号提出过几条命令，其中之一是不允许处理与日本人有关系的人，郑苹茹符合这点。但日本人提出要郑英伯出任伪职，换取女儿的性命，郑英伯拒绝了。郑英伯接到女儿的最后一张字条，上书："爸爸，我很好，请放心。女儿。"[1]

郑苹茹的未婚夫王汉勋

郑苹茹最终被李士群趁丁默邨外出的机会下令杀害，年仅23岁。金雄白后来记录了郑苹茹牺牲时的情形："果然，几

[1] 《三联生活周刊》2007年第36期。

天之后，枪杀的命令下来了。由林之江押着她到中山路旁的旷地上执行，上车时告诉她是解往南京，不久即可开释。车抵中山路，要她下来时，她才知道这已是她的毕命之地。但是她依然态度从容，下了车，仰着头，向碧空痴痴地望着，叹一口气，对之江说：'这样好的天气，这样好的地方！白日青天，红颜薄命，竟这样的撒手西归！之江，我们到底有数日相聚之情，现在要同走，还来得及。要是你真是忍心，那么，开枪吧！但是！我请求你，不要毁坏了我自己一向所十分珍惜的容颜！'说完，一步又一步地走向林之江，面上还露出一丝微笑。一向杀人不眨眼的林之江，对此一代红装，而又表演戏剧化的一幕，竟至手颤心悸，下不了毒手。他背过脸，指挥他的卫兵上去，他急忙走远了几丈路，枪声起处，血溅荒郊，一个如花似玉的美人，就此为国殉身。到今天，还有谁想到她呢？”[1]

郑苹茹牺牲后，她的姐姐于1942年因心脏病发作去世，父亲于1943年因胃癌去世。一年后，她的飞行员弟弟郑海澄和她的未婚夫王汉勋都在重庆上空对日空战中壮烈牺牲。郑华君夫人于1966年以八十高龄在台湾病逝。

郑苹茹是一个爱国动机单纯的青年，投身抗日救国，并献出了生命，她虽是中统人员，但她所做的一切都是为了国家与民族，她的死是值得人们怀念的。

抗战胜利后蒋介石给郑家的题词

抗战胜利后，上海举办地下工作者展览会，进门第一幅大照片就是郑苹茹。她牺牲后，蒋介石特地为郑家的题词表彰：

[1] 朱子家（金雄白）:《汪政权的开场与收场》第十二节“七十六号中的丁李搭档”，网络版 www.doc88.com。

“教忠有方。”[1]

平祖仁累及电影明星英茵送命

抗战爆发后，国民政府迁都重庆。沦陷区内国民党还有一些留守机构在继续坚持工作，在上海地区就秘密设有一个“松江行政督察专员公署”，专员为平祖仁。

平祖仁在上海办了一份《大英晚报》作掩护，暗中从事地下工作。该报从不唱高调，只登一些风花雪月的文章，所以在上海滩未曾引起76号的注意，一直平安无事。1940年秋，松江公署出了个叛徒，一名姓汪的工作人员秘密投向76号，平祖仁及副专员李持平、科长陈家栋等悉数被捕，松江公署被一网打尽。平祖仁等人抱着好汉不吃眼前亏的心态，一一写下自白书，表示悔过自新。这几个小人物也没引起76号特工的重视，就将他们统统释放。

谁料想平祖仁他们竟玩了一出假投降的把戏。平祖仁被76号放出来后，将《大英晚报》结束，很快潜返重庆。

平祖仁毕业于上海暨南大学，谈吐文雅，长相俊美，很有女人缘。一天，在重庆上清寺一个文化朋友的家宴中，平祖仁邂逅了一位美丽的女演员英茵，两人一见倾心。英茵曾出演《赛金花》《武则天》等话剧，她相貌出众，为人豪爽，结识了很多左倾文化艺术界人士。

英茵

不久，江南行署主任冷欣指示平祖仁继续回上海潜伏，伪装加入76号，搜集情报。

平祖仁再次潜返上海，英茵执意一同前往。几天后，平与其夫人、英茵三人一同起

[1] 《三联生活周刊》2007年第36期。

程，首先到达安徽屯溪，盘桓几天后，经杭州到达上海。

平的副手李持平伪装投敌后，一直在与76号周旋，他写些无关痛痒的情报，向76号领些津贴，渐渐成了76号一个不大不小的角色，李士群准备提拔他当第二处副处长。李持平眼看弄假成真，将来势必难以脱身，赶紧向平祖仁作了汇报。平祖仁遂决定大家一起撤到松江、太仓一带打游击。不久，三人一起失踪了。

李持平等人突然失踪，76号的胡均鹤明白上了当。与胡一向不和的马啸天立即在李士群面前放坏水，指责胡均鹤容留中统特工。但李士群除了下令限期缉拿外，时间一长也渐渐淡忘了。

平祖仁在松江乡间组织了一支十几人的游击队，他发起一次敌后攻势，给76号发了一封警告信，不料此举给自己招来了杀身之祸。警告信称："持平等受党国重托，志在抗敌，岂能和汉奸为伍？尔等作恶多端，血债累累，造孽深矣，奉劝及时悬崖勒马，回头是岸，否则，抗战胜利之日，必将玉石俱焚，身首异处也……"[1]

李士群一见此信，立马想起跑掉的几个小人物，不由得怒火中烧。胡均鹤为了洗刷自身，也积极主张缉拿这一帮人，原本可以翻过去的一页又重新被翻回来了，76号立即开始了侦查与追踪。

1941年中秋前，胡均鹤亲自带人在上海郊区一贫民窟内抓获了李持平、陈家栋，两人扛不住76号的酷刑，一一招供，很快，平祖仁被捕。

英茵为了营救平祖仁，通过亲戚介绍，与76号搭上了关系。李士群一见美丽的电影明星英茵，立即动了心思。李士群提出两个条件，一是要50两黄金，二是要英茵陪他两个星期。如果不依，平祖仁性命难保。

英茵与平妻费尽心思，凑齐了50两黄金，但对第二个条件，英茵

[1] 沈立行：《上海特工战》，上海书店出版社2000年版，第193页。

一直苦苦挣扎，不想答应。

一周的期限就要过去了，英茵陷入无边苦海，她既无人能商量，又不肯向李士群低头。最后，为了救平祖仁的性命，英茵无奈答应李士群的要求，但提出只能在深夜来陪，如果李士群食言不放平祖仁，则向新闻界揭发一切。

谁料想，叶吉卿已经掌握李士群与英茵的秘密交易。当李士群深夜与英茵在新亚酒店相会时，叶吉卿带人将两人堵在房间里。

叶吉卿打翻醋罐子，扬言要英茵人财两空。李士群发达之后，任何人都不放在眼中，唯独对老婆言听计从。平祖仁、李持平、陈家栋三人很快被 76 号枪决。

英茵面对如此结局不由得万念俱灰。她不仅付出了 5 根金条，还被李士群污辱，在替平祖仁收尸安葬后，英茵买了安眠药，在上海国际饭店自杀身亡。在留给平妻的遗书中，坦述了自己被李士群所迫，失身上当的经过。

当时，上海各大报纸都刊出英茵自杀的消息，其遗书中的一句："我感到全身疲劳，我要去休息了！"引得人们无不扼腕叹息！

唐生明"由渝来归"

在对付汪伪政权的特工战中，戴笠的军统局采取了"派进去"与"拉出来"的两面手法。一方面通过各种渠道，尽量派人打入汪伪内部，以参加"和平运动"取得汪精卫的信任，出任伪政权官员，而后开展搜集情报和破坏工作。另一方面，利用投汪者的灰暗心理，以既往不咎、戴罪立功为诱饵，将汪政权内有价值的人员拉出来，进行策反工作。唐生明"投汪"就是其中一例。

唐生明，湖南人，民国著名将领唐生智的胞弟，抗战前官至军事委员会中将参谋，抗战爆发后曾任长沙警备副司令等职。1938 年改任湖

唐生明

南常（德）桃（源）警备司令、第二区行政督察专员兼保安司令。因其为人圆滑，善于交际，被戴笠看中。1940 年 3 月，汪伪政权刚刚在南京开场，蒋介石便与戴笠策划，选定唐生明往京活动。因为他既是戴笠的好友，也与汪伪方面许多头面人物很有交情。

唐生明被戴笠召去重庆，赋予他“投汪”做内线的重要使命。唐始料不及，当时未敢答应，经戴笠一番动员后，意识到此行无法推托，便表示愿站在朋友的立场前去为之效力，但不愿加入军统组织。戴笠表示认可，说：“只要你肯去，我们之间可以一直保持和过去一样的朋友关系。我在上海市和南京的两个区，你也可以指挥，但不一定要你直接领导。”戴笠对唐交代，军统上海区给他一部电台供联络用，投汪的理由就是受不了大后方的艰苦生活，钱可尽量花，由他供给，生活要腐化，“你的腐化是校长特许的，是奉命腐化，只要别人认为你只知道玩，什么也不行，这样就有办法了”。戴笠还特地让人先在上海放出风声，说唐生明在后方过不惯，马上要搬家到上海来了。

稍事隐居后，唐生明于 1940 年 9 月携家眷绕道香港抵达南京“投靠”汪精卫，“参加和运”。

唐生明其兄唐生智与汪精卫历史上曾合作反蒋，相互关系深厚，加上唐生明本人还曾在黄埔军校与汪精卫有师生之谊，因此汪无法拒绝他，但对唐仍充满怀疑。

在为唐生明夫妇洗尘的宴席上，汪精卫佯醉大嚷：“你来得很好，我即使死在我的学生手上，也是甘心的。”重复了四五遍，并望着唐生明狂笑不止，似乎说：“我并非傻瓜，我知道你来干什么的。”唐生明听罢这刺耳之言，顿时显得有点尴尬，他急不择言地说：“哪里哪里，杀鸡焉用牛刀。”又一次说错了话，幸而被众人糊弄打了圆场。唐生明经过李士群、陈璧君的审查，最终被批准加入了汪政权。10月，汪精卫在伪国民党中央政治会议上提议任命唐生明为军事委员会委员。戴笠为假戏真做，特别让其兄唐生智在重庆报上发表声明，大骂其弟“落水为奸”，声明脱离关系，请政府通缉。

但汪对唐仍不放心，后来又关照李士群在苏州要注意他，不要让他到南京来。1942年汪精卫到苏州视察“清乡”，住在李士群双龙街的寓所里。当晚，唐生明夫妇以陪伴老师为名，往李士群家见汪闲聊，他在镁光灯下一连为汪拍了数帧照。汪在拍摄过程中故意造作，拍出来很不好看。唐走后，汪精卫对手下戏言说：“这又是送回重庆作为他(指唐生明)工作成绩的证据。”尽管如此，他并未对唐做进一步的限制与提防。

蒋介石和戴笠交给唐生明的任务有三：

一是在上海运用与汪伪要员们的旧关系，掩护军统地下组织的活动，“不使再遭到破坏，已被捕的要设法营救”。

二是在汪伪内部进行分化瓦解，以蒋介石的“宽大”政策拉拢策反汉奸，要在合适的时候，告诉他们“领袖是很关怀他们的，这种德意，应当让他们都知道”，“领袖”是能够体谅他们的，有些投敌是迫不得已，有些是没能及时撤退出来，“领袖”还是很关心他们的。能争取的争取过来，对于那些死心塌地跟着日本人干的，则要坚决清除。

三是要设法保全和壮大国民党在江南一带活动的游击队，帮助戴笠的“忠义救国军”，打击限制在这个地区活动的新四军，利用日伪的力量消灭新四军。这是“领袖”交代的最重要任务。[1]

唐生明的任务在于深藏待机，是戴笠埋在汪伪政权内的一颗重磅炸弹。他平时绝不活动，表面上为汪伪工作，先后被任命为汪伪军事委员

---

[1] 马振犊：《国民党特务活动史》，九州出版社2008年版，第252页。

会委员、中将高参、保安副司令、“清乡”委员会副秘书长等职务。他利用自己的历史关系和作为上海电影明星的妻子徐来，以打麻将等手段，与汪伪内部从周佛海起的上下级老熟人打得火热，并与汪精卫、周佛海的老婆甚至日本特务头目影佐祯昭等人打牌交往。[1] 他曾于太平洋战争爆发前，在与日本军官喝酒时，刺探到了日本将要南进开战的重要情报，报告给重庆，为中方判断太平洋战争的爆发并提醒美国提供了佐证。当然，唐生明也曾将军统得到的新四军情报提供给日伪“清乡”时用来对付中共武装。[2]

1941 年冬，军统驻上海沪一区区长陈恭澍被捕，向 76 号特务头目李士群交代了唐生明的底细。当时李士群已经从他们截获的一份劝告戴笠令上海站不必刺杀日本兵以免祸害当地民众的电报中，推断出电报可能就是出自唐生明之手，因而对他已有怀疑。得到证实后，鉴于汪精卫与唐的关系，李士群未敢擅动，只对唐生明加以监视，并把他送到南京交给汪精卫处理。但唐生明一到南京就被日本人接走了。接下来的事令唐大感意外，日本中国派遣军总司令部参谋长河边正三宴请了他，总司令部都甲大佐对唐说：“我们很久一直找不到与蒋介石阁下有关系的人商谈，今天找到了你，我们非常高兴。所以特别请你来谈谈。”明确说明他们知道唐的身份，但绝不会找他麻烦，相反却要保护他，支持他的工作，要他把与重庆的联络电台保留下来，由他们负责保护，使之作为日本与重庆暗中联络的一条线。并说汪与 76 号绝不敢为难他。河边正三也对唐说：“我们因为找不到办法，才拉汪精卫出来，希望通过你能和蒋介石阁下直接商谈中日合作方式，请你从中协助我们早点完成这个任务……大家都是一致反共的，都是为了大东亚共存共荣，日本对中国没有野心，并没有打算长期占领，我们应当很好地合作起来一致反

[1] 马振犊：《国民党特务活动史》，九州出版社 2008 年版，第 252 页。
[2] 马振犊：《国民党特务活动史》，九州出版社 2008 年版，第 252 页。

共。”[1] 随后，日本中国派遣军总司令畑俊六也会见了唐生明。

以后，唐生明便在日本人与李士群的保护下做了一个公开的特务，对他所提的要求，日伪方面总是尽量满足。其后被日伪捕获的几十名军统特务，如上海站的毛森等，陆续都由唐生明保释逃走了。

蒋介石与戴笠在得知唐生明已与日伪公开接洽后，也比较满意。戴笠电复唐生明，称赞他不负校长众望，能超出蒋对他的希望；要他先以个人名义与日方往来，多与之周旋，对日方所提的一切问题，不要先作具体答复，随时向重庆报告；还特别嘱咐不要先承认是代表什么人，一定要好好保持这一关系。他们从日本人对唐的态度中，悟出了日方仍对重庆留有后路，也就顺水推舟，让唐做了在南京的联络人。

与此同时，戴笠还派陈旭东、从西平等人通过亲友关系“投靠”到南京，与汪伪政权军政部长鲍文樾、海军部长任援道取得了联系，为蒋介石做策反工作。另派周镐、濮齐伟、毕高奎等多人去与汪伪社会部部长丁默邨、伪考试院院长缪斌、伪浙江省省长傅式说、伪南京宪兵司令陈皋、伪华北政务委员会教育总署督办周作人、伪山东省省长杨毓珣等人发生联系，全方位地挖汪精卫的墙脚，而这些汉奸也想借机会给自己留一条后路。蒋汪的双边关系真是复杂化了，这种勾结真真假假，重在互相利用。

消灭重庆地下党团

76 号开张不久，再次以“孔方兄”为诱饵，将国民党江苏省党部一网打尽。

国民党江苏省党部负责人马元放在国民党内也算个人物，他历任国民党江苏省执行委员，苏南沦陷后，曾在淮阴任江苏省民政厅厅长，后往上海潜伏从事地下活动。此人有一弱点，极为好色。1939 年春，由

---

[1] 马振犊：《国民党特务活动史》，九州出版社 2008 年版，第 253 页。

于张北生的告密，马元放被捕。当时，李士群得到情报，马元放等人在大中华饭店包房打麻将，并准备叫所谓“向导女”寻欢作乐。李士群立即通过公共巡捕房的华人总探长、暗通76号的陆连奎将马的包房控制，派76号的女特务张劲庐等三人，化装成妓女进入包房。随后，巡捕房的人及日本宪兵、76号的特工破门而入，马元放一伙悉数被擒。

76号三楼的优待室，专为软化被捕人员而设，这里陈设华美，有美酒佳肴，还有美女“招待”。被76号捉来的人，很难逃得过这温柔的陷阱。

马元放一行被捕后，当晚由丁默邨出面设宴招待，酒过三巡，双方越谈越投机，大有相见恨晚之势。只是马元放不肯公开落水担任伪职，其余三人石顺渊、崔步武、掌牧民都拿了钞票，宣誓拍照，国民党江苏省党部瞬间土崩瓦解。掌牧民后担任汪伪军事委员会委员长苏北行营秘书长，石顺渊因与周佛海关系密切，后来做了伪中央储备银行总务处处长兼电台总台长，崔步武先后担任汪伪“清乡”委员会少将专员、伪泰县县长。马元放由于与陈立夫、陈果夫关系密切，后由李士群出面，向梅机关说情，将其放回重庆，与蒋介石接洽对日和谈。

两个月后，76号又将三民主义青年团上海团部一网打尽，被破获的上海三青团组织人员名单在伪《中华日报》上公布，并由伪警政部颁发了《三青团员自首办法》:“三青团团员自首者，应向政治警察署或警政部驻沪办事处（即76号）领取申请书，逐项翔实填明，附最近二寸相片四张申请自首；并应亲填悔过书，捺印指模，觅具现任国民政府荐任职以上官吏二人，或殷实商店之保证，请求准予自新；申请书及悔过书经政治警察署或警部驻沪办事处审查合格后，即发给自新证。”[1]

其后直到1944年夏，三青团上海几任书记长奚培文、庄鹤礽等先后投降或被76号逮捕，奚培文提供了二十多名上海三青团人员名单，

[1] 游国立等：《汪伪特工史》，远方出版社1997年版，第276页。

导致他们全部被关入76号。国民党在沪负责人蒋伯诚、吴绍澍托付伪官金雄白营救，花了不少钱来贿赂76号特务。金雄白在自我标榜“帮助重庆不是为了邀功而是良心发现”的同时，还写了以下一段话：“同时我不能不忍痛指出：当时重庆派在沦陷区之地下工作人物，多半是浮躁浅薄之流，能够冒险在敌人势力范围内从事地下工作，诚然是一项光荣的任务……但那时的地下工作人员好似唯恐别人不知道他是在担任着秘密工作，一有机会就自动暴露出自己的身份，而且更夸大其地位如何的崇高，目的是不是仅仅为了要沦陷区的老百姓对之肃然起敬？或者包含有其他的副作用？……所以那时上海有多少国民政府派来潜伏着的工作人员几乎成为公开的秘密。”[1] 金雄白的这番话，多少道出了76号对渝特工战“全胜”的另一内幕原因。

面对一系列战果，李士群得意忘形，狂妄声称：左手消灭蓝衣社，右手打倒CC团！

76号特工总部从此进入全盛期。

军统上海区的活动与崩溃

李士群是中统的叛徒，熟知国民党特工的活动规律，在与重庆特工的对手战中占了不少上风，可谓名声远扬，不可一世。在影佐和晴气全力支持下，李士群的势力不断膨胀。在汪精卫面前，李士群也成了不可或缺的心腹人物。李士群乘机抛开周佛海与丁默邨，直接投入汪氏夫妇的怀抱。

汪精卫与陈璧君一直记恨于戴笠在河内的刺汪行动，虽然没有被打死，但其心腹曾仲鸣命归黄泉，也把汪一伙吓得够呛，河内之行成了汪精卫挥之不去的梦魇。眼看李士群的76号特务势力越来越强大，汪精

[1] 朱子家（金雄白）:《汪政权的开场与收场》（第二册），香港春秋杂志社1963年版，第82页。

卫下令，要李士群除掉戴笠在上海的特工势力。

抗战开始后，上海因其地位重要，被戴笠的军统局确定为工作重点区域。戴笠对上海十分重视，派其得力干将来沪主持工作，确保人员装备充分供应。军统局上海区是其地方区站中最大的一个，区本部有3处办公场所，下设联络站22处，秘密电台3座，预备电台1个，所属人员达千人，有5个外勤工作组，7支行动大队，力量壮观。但就是如此庞大的特务组织，因内外不利因素，在不久后很快被汪伪特工全部击溃，成为戴笠的难言之耻。而其中最主要的一点就是上海区人员复杂，多数人在被捕后经不起威逼利诱，被李士群顺藤摸瓜各个击破，如多米诺骨牌般倒下，崩溃之势一时竟不可遏制。说到底，这是军统组织的软肋和他们与汪伪理不清的关系所致，双方虽然杀来杀去，一旦利益需要，从上到下都是可以立即握手言和的。

抗战伊始，戴笠任命其亲信周伟龙为上海区区长。1938年11月，周伟龙被法租界警务处逮捕，由赵理君继任代理区长。不足一月，戴笠便派来了他的“十人团兄弟”王天木正式接任，而以赵理君任副区长兼行动队长。赵不服气，自恃与戴关系不错又熟悉情况，处处与王为难。王天木一贯骄横，不吃这一套，他重组区内人事布局，拉拢重用助理书记陈弟容和行动队的刘戈青等亲近戴笠的人，排挤赵理君。上海区内部一时闹得不可开交。

戴笠闻之不悦，在1939年去香港时，电召王天木赴港谈话。王天木自忖此去定为赵理君告状所致，对刘戈青发牢骚。刘戈青听罢表示要干一两件大事，为王在戴笠面前撑个台面，使王见了戴先生也好有所交代。他们商量结果，准备刺杀伪维新政府外交部长陈箓。

2月18日，是农历除夕，他们得到情报，陈箓已回沪过春节。按照事先侦察的结果，当天下午，刘戈青带了几个行动队员冒雨突袭了位于上海法租界愚园路愚园新村25号陈箓住所。他们趁雨天人少警卫松懈之际，一举解决了卫兵，顺利进入客厅，将陈箓击毙。此案一发，沪上舆论轰动。戴笠对此也表示肯定，通知参加行动的一行人随王天木一起来港受奖。

但刘戈青的好意并未化解王、戴的矛盾，在谈话中，戴笠果然对赵理君一味偏袒，批评王天木。王天木一气之下与戴笠发生激烈争吵，戴笠不能容忍，当即宣布撤销王天木的区长职务，让赵理君担任。他要王回天津去做直属通讯员。

王天木遭此重击，思想不通，他决不甘心败在赵理君手下。愤恨之下，他对戴笠也不买账了，动了与戴分手的念头。在往来津沪之间时，他开始寻找与汪伪特务联系的渠道。

1939 年 7 月 14 日，军统在上海法租界的 14 处秘密地点受到日本军警联合租界当局的大搜捕，虽因内线警告，敌方想抓的军统上海区区长赵理君、书记郑修元及总督察毛万里等人逃脱，但曾参与河内刺汪行动的王鲁翘等人被捕。王鲁翘是王天木女儿的男朋友，与王天木关系密切。戴笠闻报后认为，日本人如此准确地掌握了军统的活动地点，一定是有全面熟悉上海区情况的人提供了情报。而王天木的情形近来不太稳当，成为重点怀疑对象。戴笠本着一贯宁可我负人、不可人负我的方针，令赵理君立即干掉王天木。8 月 15 日，王在赵理君枪口下侥幸逃生，这样一来，他便与戴笠彻底翻了脸。

第二天，王天木带领陈弟容、马河图、岳清江、丁宝林以及原“忠救军”支队长何行健等随员叛变投向汪伪 76 号。李士群为之大喜，任命王天木为汪伪特工总部高等顾问，陈弟容为第一处处长，何行健为反共救国军第二路司令。

王天木、陈弟容投向 76 号后，交出了更多的军统在沪潜伏特务名单地址，还向日伪供出了军统南京及安徽等地站点的情况，军统局南京、青岛、北平、天津、安庆等地组织均因此被破坏。8 月 17 日，安庆站长蔡慎初被捕，后在押往南京途中被救出。另有军统局香港电台通讯员袁良刍由港赴沪，他因不知王、陈投降76号一事，故自投罗网，虽年逾六旬仍遭严刑拷打，被救后几近残废。王、陈的出卖，给军统的敌后网络造成了极大的损失。

王天木还去信对留在香港电待命的刘戈青进行策反，他说："兄于15日被赵理君暗杀未中，查系老板命令，此乃太无天理是非，遂于翌日开始自由行动，弟见信速返。"

刘戈青以事关重大，将此信交由军统局香港区区长王新衡报告戴笠。戴笠虽然对王天木的行为十分恼火，但碍于他的影响，为避免恶果扩大化，转而采取妥协方法，派吴安之携带自己的亲笔函件去上海找王天木，想劝他回头。但王再予拒绝。

刘戈青于1939年8月10日赴渝向戴笠报告，他向戴请命说他可以运用与王天木的关系回沪宁再执行刺杀汪精卫的任务。戴笠批复说："吾弟忠勇为国，思虑周详，至为感佩。沪上环境险恶，我固不愿弟赴沪工作，但为打开目前之僵局，与挽回工作之劫运，以期得到最后胜利，亦不得不派弟一行。兹以另电冠夫同志，拨弟国币5000元，希即妥为部署，秘密赴沪，万希胆大心细，严密进行。事之成败，系于弟身。"

戴笠又另附一信交代刘戈青带给王天木，信中再次劝说："余遇君素厚，弟念数年来患难相从，凡事曲予优容，人或为之不平，余则未尝败易颜色，似此无负于汝，而汝何竟至背余事逆耶？……惟念汝现居逆方高位，有机会与汪逆接近，正可乘间为我而图之。故特准戈青重履险地，即为我达此意与汝也。若果能出此，则不惟往者不咎，且必能以汝之此项功绩，而邀逾格之重奖也。戴罪图功，此其时矣。望勿负余意，余由戈青代达。"

10月4日刘戈青抵沪，6日见王天木并出示戴函，要其刺杀汪精卫。王天木阅后紧张得汗流浃背，瘫于沙发上，思考再三后当面允诺之。但王天木对戴笠其人已完全看透，决计分手，他对刘戈青说戴的为人是“违仁背义，男盗女娼”。

王天木表面上议定刺汪计划在双十节阅兵时下手，将刘戈青化装成汪精卫的卫士，伺机下手，但后来因为汪伪政权未能如期成立，阅兵式取消，刘戈青甚为着急，认为在汪伪开府前下手意义最大，更怕日久暴露。

戴笠送王天木 4 万元以为活动经费，但王收钱后拖之不办，借口力量单薄，要拉陈弟容加入。刘戈青与陈见面，陈提出要让戴释放其被扣家属作为条件。戴笠听从了刘的意见，放其妹陈弟燕，并派刘旧属朱三元送其到沪，还面交其父劝说陈弟容回头的信函，陈弟燕跪求其兄不要再做汉奸，陈弟容佯允之。

不久，有与刘戈青同住的军统人员被捕，巡捕房到处抓刘，王天木闻讯心惊胆战，害怕刘戈青被捕后供出刺汪计划而牵连自己。王指使陈弟容杀了刘戈青，陈不忍下手，又不懂王天木的真实意图，结果自作主张地把刘戈青带到了 76 号特工总部。王天木吓得躲了起来，后来听说刘戈青没有将他供出才又露面。

刘戈青被捕次日，李士群亲自接见并设宴招待，套问其来沪任务，并许以高官厚禄。刘戈青对李士群称：军统在沪力量强大，只要一个电话，会有人敢来 76 号看他。李士群不信，说若有人敢来，可让他们自由交谈。刘戈青立即电召朱三元在商人包擎天陪同下来到 76 号，李士群当面恭维其有胆有义，一面道“少陪”。刘戈青写下便条连同手表交与朱三元，托其转交戴笠，朱即离去。其后，包擎天三天一次去探视，李士群也未干涉。刘戈青在 76 号曾遭受严刑虐待，后在军统人员运动下历经艰辛于 1941 年 5 月逃回重庆，戴笠还为其开过欢迎会。

戴笠听说王天木又出卖了刘戈青，遂彻底绝望，命令仍在上海的吴安之不惜一切代价杀掉王天木一伙。吴安之运用他与王的保镖马河图的私交，以同乡之谊及国家大义，劝岳清江等人“归队”军统成功，他传达戴令，并令在76号中的内线丁宝林与许清江配合之，立即刺杀王天木、陈弟容。

12月25日圣诞夜，王天木、陈弟容、何行健带马、岳、丁等10多人去各舞厅游玩，深夜时分，人渐散去，当他们走出沪西愚园路兆丰夜总会大门口时，马河图突然拔枪射击，何行健、陈弟容当场倒地死去，但王天木却无恙。是他们有意放了王，还是传说的王躲进了女厕所而侥幸逃脱？说法不一。王天木虽因搞不清的原因未被刺死，但却被76号抓去，李士群要他对陈弟容、何行健之死负责，关关放放前后审查两年多，直到1942年冬才由李士群派任为华北特务工作团的副团长，这等于废掉了他的“武功”，从此再也施展不开本领了。行动之后，吴安之偕马河图离沪逃去了河南。

军统上海区的工作，因王天木等的投敌破坏而面临崩溃。为挽救局面，戴笠派其亲信同学姜绍谟秘密去沪组织第二区，以图另起炉灶。

姜绍谟毕业于北京大学，曾任国民党东路指挥部少将参议、浙江省党部委员、教育部司长等职，抗战后加入军统。他去沪后，除书记陈祖康及随身电台外，皆不用军统网络，给人印象是来加入汪伪“和平运动”的，从而较好地隐蔽了身份。他利用与汪伪财政部钱币司司长梅哲之及伪政府文官长徐天琛的关系来搜集情报，利用与汪伪军事委员会常委、绥靖军总司令任援道之弟任西平的关系来策反他，最后得到任援道具结上书蒋介石，表示“身在曹营心在汉”，戴罪立功。姜绍谟还利用旅日华侨王某，买通了驻南京日军“登部队”的译电员与打字员，及时报告了日本飞机计划轰炸重庆罗家湾军统局的情报，使之得以避免损失。但姜绍谟的活动对于军统局上海区恢复工作局面并无多大作用。

与此同时，戴笠还派忠义救国军政治部主任文强前往上海租界，任军统策反委员会主任兼忠救军驻沪办事处处长，直接受戴笠的领导，专事对汉奸的策反工作。他还代表戴笠参与“上海统一委员会”的活动，这一机构是国民党运用上海帮会的力量来协调中统、军统、外交部驻沪办事处、国民党江苏省党部等进行地下活动的。文强在沪的活动不受军统上海区管辖，但有横向联络关系。

戴笠放出姜绍谟、文强来沪活动，是他狡兔三窟之举。鉴于上海区人员的不争气，他不得不为在上海的组织和工作做万全之备份。他绝不肯放弃重建上海区的努力。

1938 年 8 月初，戴笠派出了他的得力干将、擅长行动的陈恭澍从香港转赴上海，出任上海区区长，试图在与汪伪特务的斗法中全面扭转被动的局面。

陈恭澍，河北宁县人，黄埔军校五期毕业，后又毕业于南京中央陆军学校特别研究班，1932 年起参加戴笠领导的特务工作，曾任北平站站长、北平区区长、天津区区长、华北办事处主任。1939 年，任重庆卫戍司令部稽查处长，奉命潜赴河内主持刺汪行动，后调回重庆任军统局代理第三处处长。

当时，陈恭澍刚从中央训练团党政训练班第三期受训毕业，戴笠召见他说："我们在上海的组织，已经遭受敌伪破坏，到目前为止，还没有掌握到全面情况，而且仍在恶化中。我决定你去处理这问题，要排除障碍，维护工作的继续执行。"

陈恭澍到达上海后，首先对区本部进行了调整。为短期内见成效，他计划将行动与情报一元化，并加强了行动力量，还拟订了一份《人事组织调整方案》呈递戴笠，得到了批准。戴笠复电说："兄处所拟扩展沪区行动组织之计划，弟已批准，请兄物色忠勇人员，迅行成立，所需武器，请兄设法收买。"

戴笠连连催促陈恭澍行动，甚至打电报来斥责他："兄乎！河内一击未成，竟胆小如鼠耳！"于是，陈不能不硬着头皮加快行动，组建了上海站直属新编第一组、第八行动大队各组织。按照戴笠的来电指示：

“今后行动应具必死之决心，集中全力，孤注一掷，非大流血不足以寒敌胆，而发扬我民族抗战精神也。”他们干了不少显露脸面的事。

据陈恭澍自己称，在他主持上海站工作的两年内，“制裁大小汉奸走狗一百余名，破坏日寇军事设施及焚毁军需物资等五十余次，另外，最使敌军丧胆的是格杀了日本现役武装官兵约四十名，于此，我方牺牲之惨重亦可想见”。他们刺杀的对象包括了与军统为敌的法捕房督察长程海涛、76号伪特工第三行动队队长赵刚义、机要处处长钱人龙、叛变投靠76号的原军统人员邵范九（国民党元老邵力子的堂侄）等一批敌对分子。影响比较大的，则是刺杀了伪上海市长傅筱庵和投日的黑帮大亨张啸林。

在制裁汉奸的同时，有军统人员提出不能只杀汉奸而对他们的主子不加打击。于是，上海区提出了一个歼灭日本军人的计划，要求军统局本部授权他们相机行事，在上海日占区范围内刺杀日本军人，不论其军阶高低，无须事前报备，有机会就立即格杀，以达震慑之效果。等了四五个月后，戴笠回电批准执行，但没有具体说明要求事项。

据当时报载，军统上海站的抗日杀奸团此时在上海地区开展了针对日本军人的武装行动，其战果据陈恭澍自己统计如下：“民国三十年10月底，上海区发生重大事故，抄去大批文件，敌方于同年11月28日（星期五）在《中华日报》及《新申所》上发表了一份经他们记录再加整理后的蓝衣社在沪所犯案件统计表，表中可分为两大部分，第一部分是对汉奸的制裁，第二部分是破坏、扰乱及格杀日本军人……”其中自1940年9月到1941年10月共行动50余次，毙伤日军60人以上。

被惩罚的日本军人中官阶最高的是赤木亲之，他是公共租界警务处警务副监。1941年6月17日，在愚园路由军统上海区第三行动大队第四组李亮组长布置，副组长叶东山率四名行动队员踩点后埋伏刺杀。

陈恭澍在回忆录中说：“上海区上述歼敌专案的确震撼了上海地区

的日本驻军，最明显的事实，就是有很长一段时间，穿制服的日本军人除了结伴成伙，戒备外出外，绝不敢单独一个人在路上行走，横眉怒目擅闯民宅的事很少发生了……我们认为这就是打出来的效果。至于陷区人心大快，那就更不用说了。”

军统局上海站对日军官兵的刺杀，在一定程度上打击了侵略者，但作用并不大，也不能对中日战局发生多大的影响，而且每次行动的结果，都会引起日军的疯狂报复，使行动地区的人民蒙受损失。当时的报刊都有报道，如重庆《大公报》1941 年 5 月 10 日载中央社香港电称："敌方戒备之中央市场，有日籍稽查员一名，被人枪杀毙命，事后敌将无辜菜贩捕去数十名。”“日军在闸北大举搜查，逮捕居民五百余人……以照片一一对认，结果无一人相似。”陈恭澍在其书中也承认："至于说到波及当地居民，也就是因为杀日本兵而害了我们无辜同胞的事，过去已屡见不鲜，每逢一次行动破坏后，日军总是封锁现场，任意逮捕附近居民，除严刑拷问外，且乘机肆意掳掠奸淫，无恶不作。其接近大都市的地方，因耳目众多，或许还稍有顾忌，到了穷乡僻壤，那就更为所欲为了。举个实例来说，民国二十七年春，笔者在北平亲率王文诸同志制裁第一号伪头目王克敏一案，事后日本军方立刻封闭九城，切断一切的交通出入，在一夜之间，全面大搜查，总共逮捕了三千多人，其中与我们有关系的也只有武汉卿夫妻二人而已，其余的都是遭到池鱼之殃。”“每发生一起枪击日军的案子，事后最倒霉的还是当地的居民。”

上海沦陷后，军统没有像中统一样倾巢投敌，而是在租界中潜伏下来，时时出击，与 76 号作对，76 号一直也没有挖到军统的老巢。但俗话说，堡垒最易从内部攻破。

军统局上海区第四行动大队副队长万里浪，四川人，枪法好，杀人如麻。他与投敌的苏成德是好友，1939 年 10 月，万里浪在苏成德的诱惑下落水为汉奸。

万里浪投敌后，立即设计抓捕军统上海区书记郑修元，一时几乎得手，陈恭澍急忙安排郑撤退。当时，随王天木投敌的陈弟容被军统击毙后，所遗76号第一处处长职务由万里浪继任。万里浪是个穷凶极恶的人，他上任后拼命给李士群卖命，到处搜捕军统人员，并残酷地对待被捕者。他利用过去当忠救军指导员时结下的关系，把原忠救军分队长、现任上海区第一行动大队第三分队长的周西垣拉了过去。当陈恭澍请命制裁万、周时，戴笠却对这份报告拖延不批。有消息说，这是因为万里浪投伪是戴笠的安排，但从万对上海区的破坏情况来看，即使是戴笠的计划，那么这时戴也是哑巴吃黄连，有苦也难说了。1941年6月28日，新任上海区第一行动大队队长刘原深又被万里浪绑架，接着区内人员连连被捕，特别是刺杀日本官兵最多的第三行动大队，到10月，大队长蒋安华以下六十余人只有一人幸免。上海区人员大批被捕，陈恭澍无法阻止这多米诺骨牌效应，就提出了大规模的换人计划，欲将上海区人员撤走五百余，再从忠救军调入千余，让万里浪无人可捕。正在此时，区长陈恭澍也出事了。

1941年10月29日，上海区有十余人被日伪搜捕，其中包括区会计和大量的记录有关行动与关系单位人员的账单，立即成为日伪的追查线索和凭据。陈恭澍得到内线报告，马上向戴笠发报告，接着去找区书记齐庆斌商量对策。但齐已被捕，陈恭澍被留守的汪伪特务抓获，送往76号。万里浪在李士群安排下得意扬扬地对陈进行了审问和劝降。

随着陈恭澍、齐庆斌的被捕，军统局上海区被汪伪特务组织76号全部破坏，11月28日，汪伪《中华日报》公布“渝方蓝衣社上海区组织系统及其名单”，将军统局上海区10个部门、8个行动大队、5个情报组组织人员名单全部公布，其中相当部分被捕人员被吸收参加了76号伪组织。李士群甚至利用缴获的电台给重庆军统局发报，欢迎戴笠来南京投汪，气得戴笠几天闷闷不乐食不甘味。这是抗战开始后，蒋汪特务在上海滩的较量中，军统方面的又一次大失败。李士群出于内部斗争、对外寻求后路等多方面的原因，对被俘的陈恭澍、齐庆斌等人并未为难，只是要求他们投降，与日伪合作，以绝对不能再“走回头路”（指与军统再联系）为唯一条件，而先期被捕的军统局上海站长钱新民、副站长尚振声就是因被捕后又“走回头路”而被76号杀害的。

在得到陈恭澍的允诺后，李士群竟然冒着得罪汪精卫夫妇的危险，为河内刺汪的主将之一陈恭澍打了掩护，也不知他怎样说服了曾在审讯时对陈恭澍破口大骂暴跳如雷的陈璧君，使汪精卫夫妇破例答应不再追究往事，这不仅使陈恭澍保留了性命，而且得到了使用，被派往杭州伪“政治保卫学校”任教育长。李士群死后，陈恭澍又得到日本特务机关梅机关晴气庆胤、中岛信一等人的庇护，组织了一个为日本人搞情报的“第一委员会”，由日军方直接供应经费物资，甚至连伪政府要人周佛海也要讨好他。其间，陈恭澍又暗中与重庆军统恢复了联系。抗战胜利后，陈恭澍立即被委任为军统上海区第三站站长，半年后的1946年春节前夕，他忽然被国民政府以汉奸罪逮捕，并判刑12年。一年半后被释放，转任“中央训练团励志训练班”第一大队上校大队长，后又任“国防部绥靖总队”第一大队上校大队长，开赴华北参加反共内战。退台之后，他撰写回忆录《英雄无名》丛书5册，详细回忆了他的特务生涯，留下了不少资料。

关于陈恭澍被捕后的经历，如果仅凭他在回忆录中所说，只是向日伪交代了一些“他们所知道的情报”和不会对重庆方面造成直接危害的情况而言，这在推理上是说不通的。李士群和日本梅机关不是傻瓜，而汪精卫夫妇更是对试图暗杀他们的人痛恨至极，他们一定不肯轻易放过历次追杀汪精卫行动的主持人之一陈恭澍，而陈自己解释的日伪认为他有用、李士群和梅机关的矛盾等理由，其前提也都是陈要答应合作才行。所以，有情报说陈恭澍已供出先期打入汪伪政权的唐生明真实身份等重要情报，才得以被76号放生和收编，是有一定道理的。

军统局上海区又一次被日本及汪伪76号特工端了老窝，陈恭澍的叛变是终结性的一幕。

据不完全的资料统计，76号组织闻名的特务中，除李士群、丁默邨外，来自原军统、中统及帮会的干员就有苏成德、马啸天、杨杰、林之江、王天木、陈恭澍、万里浪、胡均鹤、夏仲鸣、潘达、戴昌龄等，在丁默邨左右的参谋人员中，有顾维武、黄香谷、凌宪文、茅子明、奚培文、李子云、翦建午、彭年、孙育才等；李士群的左右有傅也文、黄敬斋、唐生明、唐惠民、叶耀先、孙时霖等。由此可见，76号的力量主体，来自国民党中统与军统的叛变人员。

随着太平洋战争爆发，上海租界全面沦陷，渝方与汪伪特工的较量不再是明刀明枪地杀来杀去，而改为暗中较量。

第三节　绑架勒索　扰乱社会

李士群、吴四宝一伙76号头目本是上海社会中的“穷措大”，后依靠日本人的势力一步登天，成了暴发户，对金钱、权力的极度贪欲使这伙人到了丧心病狂的地步，他们除效忠日汪的政治活动外，也为满足贪婪的个人私欲，干下了许多扰乱社会、危害人民的犯罪行为。

绑架方液仙

方液仙，浙江宁波人，1893年出生于上海。1911年在上海创办中国化学工业社，后又不断建厂，制造调味粉与酱油精、三星蚊香、箭刀牌肥皂，并办有晶明玻璃厂、中国制管厂、肇新化工厂等，他还在上海与吴鼎昌创办中国国货公司，任董事长兼经理。八一三淞沪抗战后，上海沦陷，日伪方面引诱方液仙出任伪职，但遭其拒绝。

方液仙主营的三星牙膏广告

方液仙主营的三星蚊香广告

方液仙经营有方，身家巨富，被李士群、吴四宝一伙垂涎，诬陷其私通重庆，有反汪言行，在方液仙外出时将其绑架。

1940 年 7 月 25 日早晨 7 时，吴四宝派特务埋伏在星加坡路（今余姚路）10 号方家附近。10 时左右，方液仙出门，车行不远，被特务堵在车内，保镖被特务乱枪打死，方液仙在挣扎时因枪支走火中弹受伤。特务们担心巡捕房得到消息，匆忙中将方液仙押往附近的 76 号第二行动大队队部，第二天才将方偷偷送到 76 号。

吴四宝逼迫方液仙承认与重庆有联系，要其写信让家属拿出巨款来了结此事。但方液仙个性倔强，断不接受吴四宝一伙的无耻敲诈。

方液仙的伤口虽经包扎，但依然血流不止，吴四宝一伙的毒打使其几次昏厥，奄奄一息，数日后就去世了，年仅 47 岁。

方液仙从不结缘政治，其家属一直以为方被土匪绑架，并未怀疑是 76 号所为。直到一个与 76 号有瓜葛的同乡远亲送信来，他们才得知方液仙已被76号撕票，但尸体下落不明。为了赎回方液仙的尸体，其家属付出十余万元，吴四宝一伙将其悉数瓜分，方家才领回方液仙的尸体。当时此事在社会上造成巨大影响，但方家慑于76号的淫威，并不敢对外揭露其中真相。

垄断黄赌毒

对于具有浓厚“黑帮”色彩的76号来说，烟、赌、毒、舞都是他们的生财之道。

上海沦陷后，日本侵略者推行毒化中国人民的政策，在他们的支持下，沪西一带赌台烟馆林立，这些场所都领有日本宪兵队的执照，交纳娱乐捐，受日本人的保护。

76号为了从赌场里捞油水，借口调查重庆特工活动，频频出入赌场，或封门搜查，或闯入搜捕，直闹得赌场无法营业，不得不向汪伪特务们低头，乖乖交上保护费。丁默邨、李士群两人并不出面，全部由吴四宝代劳。

吴四宝规定，所有赌台必须向他登记，根据赌场大小决定每月的保护费，赌场的保镖由吴四宝派出，一是防止其他流氓捣乱，二是监督赌场的营业情况。

在日伪联手操纵下，沪西的赌场很快由原来的6、7家发展到21家。

赌场里除赌博之外，还设有舞厅，并供应西餐点心甚至鸦片，上海乃至沪京沪杭一线的赌徒舞客纷至沓来，沪西赌风之甚，可谓空前绝后。后来，赌台一直开到南市一带，吴四宝派了亲信徒弟凌世昌坐镇南市俱乐部捞钱。

吴四宝对金钱的追逐已到了六亲不认的地步，并亲自出演了一出徒弟杀师傅的丑剧。

高鑫宝，球童出身，英语流利，反应灵活。后加入杜月笙门下，以运烟土起家，是杜手下“小八股党”之一。高鑫宝在公共租界麦特赫司脱路（今泰兴路）开了一家丽都舞厅。吴四宝早年做过高的司机，并拜他为先生，因此有师徒名分。

上海沦陷后，高鑫宝通过李士群的关系在沪西几家赌场入了股份，又在自家的丽都舞厅楼上开了赌台，生意兴隆。

由于丽都开在公共租界内，不是 76 号的势力范围，高鑫宝既不要向日本人交娱乐捐，又不向 76 号交保护费，因此获利颇丰。吴四宝红了眼，不顾师徒名分，向高开口要分利。高鑫宝一肚子恼火，逢人便骂吴四宝不是个东西，欺师灭祖，不得好死。吴四宝听到传来的消息，怒火万丈，心中暗起杀机。

1940 年 3 月 15 日晚，高鑫宝从一品香旅馆出来，准备返回丽都舞厅，站在路边等自备车调头时，被吴四宝的手下赵嘉猷、唐万芝开枪击中，在送往医院的途中死亡。

此招可谓杀一儆百。其他赌场的老板从此服服帖帖，对 76 号吴四宝一伙俯首帖耳，不敢有丝毫得罪。

除赌场外，76 号特务还从烟、毒行业疯狂谋取暴利。

巨商盛宣怀之侄盛文颐，早年因出身偏房，空有虚名，生活状况不佳。因学过日语，搭上日本人，被看中委托其从事“以毒养战”的“大东亚的特殊资源”的毒品，为此他开设了名似慈善机构实为毒品专营店的“宏济善堂”，垄断了沦陷区苏浙皖三省的鸦片生意，上海大大小小的烟土行都从盛家进货。由于“宏济善堂”的后台老板是日本人，76 号特务们虽然垂涎于盛家的烟土生意，但不敢直接下手抢夺，吴四宝一伙便转向上海各家土膏行、吸售所，派出大小流氓打手持枪上门滋事，迫使烟馆仿照赌场向吴四宝一伙交纳保护费。

吴四宝还在沪西郊区开设了一家吗啡制造厂，由 76 号武力保护；

在八仙桥首安里开一家白粉店，雇佣日本宪兵队的密探，专售白粉，吴四宝自己做了贩毒老板。这是他自认最来钱的生意。

对于76号垄断黄赌毒的恶行，汪政权中也有人认为："对于'七十六号'不择手段的做法，特工人员的横行闾阎，包庇赌窟，公然开设于南市与沪西区大规模的赌窟，有'好莱坞'等不下数十家，虽然背后有日本特务机关因筹措经费而为之撑腰，但直接使民众对汪政权怀着最大的反感。"[1]

[1] 朱子家（金雄白）:《汪政权的开场与收场》第十二节"七十六号中的丁李搭档"，网络版 www.doc88.com。

[第五章]
作死的疯狂

第一节　为日汪效力

日本军政当局在侵华战争之初，原以为只用几个师团的兵力在短时间内就可以征服中国，但战争的发展特别是中国军民的殊死抵抗，使日本人彻底陷入侵华战争的泥潭。七七事变之后，日军虽然占领了中国半壁江山，但随着战线越拉越长，已消耗其大量人力物力，日军不得不停止了大规模的战略进攻。战事进入战略相持阶段后，日本军政当局调整战略方针，在政治上实行“以华制华”，对中国政府开展诱降、分化工作，削弱中国的抗战力量，经济上则疯狂掠夺广大沦陷区的资源，妄图“以战养战”，为长期侵略霸占中国打下物质基础。汪伪政权的出现，正是日本军政当局上述政策的产物。

汪精卫成立伪政权，原以为可以改变自己长期在国民党内屈居第二的地位，建立自己的军队，施展政治抱负，成为独当一面的政治领袖，与日本实现全面和平。但是，日本人要的只是一个与“满洲国”一样的傀儡，根本不允许汪伪政权成为一个独立的政府，因此在政治、经济上，汪伪政权无法有任何作为。

在这种状况下，76 号特务组织只能完全成为日本侵略者的打手与工具，为日本侵略中国、掠夺中国经济服务。

为满足日本掠夺竭泽而渔

战略相持阶段到来后，日本军政当局认识到不可能在短期内结束侵华战争，遂改变策略，充分攫夺中国沦陷区的物资，实现以战养战、现地自给，以满足侵华日军的需要。

八一三战役后期，日军在杭州湾登陆后，就开始发行军票，打击中国法币，削弱中国抗战力量，同时，沦陷区的关税、统税、盐税也被日军攫夺殆尽，大量工厂被日军强制军管，物资被日军劫掠一空，劫余物资则被禁止移动，通过登记后被强制征购或采买，成为日军的军需物资。

日本把沦陷区的铁路、水运、航空、通讯等统统掌握在自己手中，不让中国人管理，要求各地伪政权充分为日军开发中国资源提供便利与帮助。日本人既要充分开发利用沦陷区的资源，又要对沦陷区的经济严加控制，东南沦陷区一带工厂统统被日军强占，由日军管理，成立所谓的“国策公司”，如华中铁道、华中轮船、华中航空、华中水电、华中盐业、华中蚕业公司等，还成立了一家“中支那振兴株式会社”来统领在华中地区的所有日方殖民企业。

1939 年 6 月，汪精卫在日本与日相平沼、前首相近卫的谈判中，曾竭力要求日军将霸占的中国工厂发还，由汪伪设立一个“接收日军管理工厂委员会”来管理此事，但驻华日军设立了诸多障碍，使发还工作迟迟无法实现。日军只同意将小规模的企业发还，但规模较大的企业在解除军管后仍为中日合办，与军事有关的工厂直接由日方“收买”。

日军迟迟不发还强占的工厂，加上日本军人、浪人勾结汉奸在中国疯狂走私，大发横财，76 号汪伪特务借此机会肆意滥捕勒索，使中国资本家恐惧与反感，阻碍了他们的恢复生产与经营。

1942 年秋，汪精卫第二次访日，继续与日方交涉“发还工厂”问题。

当时，在太平洋战争中已处劣势的日本面临重重危机，正所谓内外交困。日本东条英机政府决定从军事与经济方面强化汪伪政府，使其能够更好地为日本侵华战争服务，并决定积极促进汪政权与中国大资本家的合作，拉拢中国民族资本家。为使上海及周边沦陷区的资产阶级能有实际行动来支持日伪政权，东条内阁遂决定解散“国策公司”，逐步将日军强占的中国工厂发还伪政权，对于日本军人、浪人与汪伪特工的走私、贪污行为，则派辻政信前往中国进行“整顿”。

根据汪日东京会谈协定，1943 年春，日军陆续将强占的工厂，包括纺织、化工、食品加工等较大规模的企业发还中国资本家。但是，日本对有价值的企业，在发还前进行了洗劫，拆除了机器设备；对不愿与日军合作的企业，则索取所谓的管理费，使华商无法顺利收回；对仍能继续生产的企业，日军以各种名目实行合资经营或收买，使中国企业能继续为日军服务。

日本人撒下的诱饵终于引来了唯利是图的商人，上海一些大资本家不再和日伪刻意保持距离，闻兰亭、江上达等人公开和日伪来往，在一些公开集会上，大汉奸们与日伪头目把酒言欢，日伪乘此机会进一步控制上海工商界，通过改组各业公会，使亲日亲汪的汉奸商人公开亮相，为汪伪政府摇旗呐喊。在这当中，76 号特务们如同苍蝇逐臭，有缝便钻，借机伸手工商企业，捞取钱财，而那些汉奸商人，也不敢得罪 76 号，只能与其沆瀣一气。

在侵华战争爆发之初，由于日军数量不多，其军粮基本从日本、台湾、朝鲜运来。随着战争的发展，日军兵力不断增加，且由于运输日趋紧张，日军开始在中国征集军粮，同时日本商人在日军的保护下，在苏浙皖沦陷区大肆压价抢购米粮。对于中国共产党领导广大农民实行坚壁清野抵抗日军掠夺的地区，则进行残暴的烧杀抢“三光政策”。

由于日军的掠夺与控制，1940 年夏，南京发生了严重的米荒。

当时，南京城内米价一夕数涨，人心惶惶，百姓怨声载道。汪精卫大为恼火，因为伪政权成立还没几个月，“首都”居然闹起了米荒，使其大感丢脸。这次南京的米荒，就是由于日军在芜湖产米区大肆压价抢购军米，使南京米源断绝所造成。汪伪政府赶紧向日本主子求救，日军将日商三菱洋行3000吨米调运南京市，售给伪政府作为公粜米，平价供给南京市民，方才平息了这场米荒风潮。

随后，日军吸取了教训，停止在芜湖地区收购军粮，由汪伪政府设立粮食管理委员会，在芜湖地区设收购管理站，组织中国米商按市价收购米粮，伪方按照协议为日军提供军粮。日伪勾结的结果，使日军得到的军粮大大超过了由日军自己出面的抢购，发挥了汉奸助纣为虐的作用，随后，伪粮委会也改组成为粮食部，负责向日军供应军粮。

汪精卫“还都”南京建立伪国民政府后，自忖如果能使大上海的资本家们向自己靠拢，就能使政权增加实力，增加与日本讨价还价的资本。于是他们采取一系列措施，逼迫商人们合作。迫于日伪的压力，上海工商界恢复了同业公会活动，但只有一些二三流的商业人物向伪政权登记，那些有声望的资本家，有的已随政府内迁重庆，有的则深居简出，不愿公开活动。76号特工在上海滩为非作歹，滥捕滥杀，特别是大资本家方液仙被76号特工撕票之后，更使商家人人自危。日本人不得不出面整肃，以缓和与中国资本家的关系。伪中储行的建立与中储券的发行，也使中国商家不得不与日伪发生关系。

不久，上海证券交易所恢复营业，这是上海工商界靠拢日伪的第一步，随后，闻兰亭主持的上海纱布交易所也开始复业。

1943年春，上海投机商人操纵棉布、棉纱等重要物资，造成物价上涨，引发经济危机。汪伪内部以陈璧君为首的公馆派与以周佛海为首的CC派素有矛盾，由于周佛海一派掌握经济实权，公馆派的人就借此机会大肆攻击，说是周佛海的人在操纵棉纱、棉布交易，大发横财。汪精卫闻之大怒，命令手下严查，甚至说杀几个人也无妨。但结果却出人意料，周佛海一派与此毫无关联，被查出的两大投机商，一个是汪精卫老婆陈璧君的远亲，一个是76号头目李士群的亲戚叶姓商人。由于有汪伪政权内部最强势的两派力量为后台，结果“严查”一说自然是不了了之。陈公博访日回国后，仅处理了一个无名小商人和一个小银行，所谓查处囤积投机大案事就这样草草结束了。从这件事也可以看出当时76号及李士群在伪政权中的地位。

这场危机的结束是因为日本最高经济顾问决定从日本运来十几吨黄金，用于收买被查封的棉纱、棉布，因为此举不仅可消除上海投机市场的筹码，还可稳定物价、巩固伪中储券的信用，为日本进一步掠夺中国物资打下基础。

1943年后，日本人为了更多更快地攫夺中国，计划借助汪伪政府的力量，成立“全国商业统制总会”。日本人频频与中国商界人物接触，在“商统会”下分别设立了“米统会”“棉统会”等，此举表面上是日本人向中国人移交物资统治权，实际是为了加强物资掠夺。“商统会”的设立，表明日本人并不想把物资统治权交与汪伪政府，而是企图利用“商统会”来拉拢与控制中国商界，进一步掠夺中国物资。

在日本的操纵下，汪伪最高国防会议于1943年3月11日决定成立“全国商业统制总会”，以唐寿民为理事长，袁登履、林康侯、吴震修、叶扶霄、江上达等13人为理事，闻兰亭为监事长，周作民、郭顺等5人为监事。同时通过《战时物资移动取缔暂行条例》，规定自3月16日起，在南京、上海两市及苏浙皖三省实行。在此之前，日方陆海军当局和驻华使馆发表联合声明，由于汪政权对英美宣战，实行了战时物资统制体制，日方已决定取消过去实施的关于陆海军“长江下游占领区物资移动取缔规定”，自3月16日，长江下游占领区物资的移动，按汪政权颁布的《战时物资移动取缔暂行条例》施行，同时，由日方陆海军核发物资移动许可证的权限，也移交给了“商统会”。这就是日方所谓向汪政权“移交物资统治权”的全部内容。

1943 年 3 月 15 日，“商统会”在上海正式成立。其所属“米统会”成立后，伪粮食部即停止直接收购米粮，江苏、安徽产米区收购日军粮及民食米均改由“米统会”办理，原由日商控制的江浙产米区也划归“米统会”经营。日本商人控制米粮北运和出口，在沦陷区不再直接收购米粮。后来，伪粮食部发生了部长贪污案，粮食部被裁撤，“米统会”成为米粮统治的唯一机构。由于“米统会”根本无法满足日军不断增长的军粮需求，日军不久又开始就近自行“征集”军粮。

李士群及其 76 号特工插手日军征集军粮事宜，从中捞取巨额利益，并逐渐发展到因与日本军方竞夺粮食供应而产生矛盾，并受到了日方的制裁，具体情形后叙。

“棉统会”成立后，汉奸商人江上达得到日本大使馆上海事务所的支持，与日商密切合作，为日本收集大量原棉，沦陷区纺织业于是呈现出虚假的繁荣。

介入对渝联系

1943 年 1 月，伪国民党“五中全会”后，汪伪政府成立了秘密的“对渝政治工作委员会”，由汪精卫任委员长，周佛海任副委员长，其工作目的，第一是收买重庆国民党的直系军队将领及在沦陷区内与重庆有关的人员，第二是收集与重庆有关的情报。该委员会下设政治局，由苏成德任局长，在南京中央饭店设办事机构，月拨经费 60 万元。

周佛海命令“对渝政治工作委员会”的特务们活动时要注意两点：“一为减少日本色彩关系，使之成为纯粹中国政府机关；二为对渝取守势的行动，勿取攻势，即对于实行恐怖行为之分子，为维持治安自应适当处置；对于情报人员，则可顺其自然，至对于策动反抗南京政府之分子,加以监视可也。”[1] 其目的在于预留“将来见面余地”[2]。基于其一贯的反共立场，他不仅命令汪伪特工“今后须移重点于对付共产党”，而且鼓励与重庆国民党当局联合反共。这年 11 月，周佛海派彭寿前往重庆，“告以见蒋先生时可谋求保全实力，预备战事结束后对付共产党”，“中日问题必有解决之一日，国共问题则为今后之根本问题也。”[3]

随着美军在太平洋战场上开始对日军反攻，周佛海对时局陷入极度忧心忡忡的情绪中，他在日记中写道：“第一，时局日紧，战局愈不利，日本对华亦必愈紧。苟军事、政治失利，日方必不反省自己办法之不对，而必归怨于我政府之不协力或无力，将来一切怨毒，必丛集于我政府少数要人之身，尤以其少壮军人为然。此种波涛必极汹涌，如果被迫撤兵，尤将焚杀，使我膏腴之地变成焦土。此其一。长江下游遍布新四军，如日本撤兵，重庆之正规军未到，而共产党先到，且青黄不接之时，当地之保安队、警察必与地痞流氓勾结，肆行掠劫。此其二。正规军来，而民族英雄之气焰亦必使人难受。此其三。故吾辈所希求者，仍为中日全面和平成立，日本于友好精神下撤兵，则上述三恶浪可不致发生。”[4]

周佛海也一心想把重庆拉下水，在日本人的授意下，他再次派出代表往重庆活动。

1944 年 9 月 5 日，日本最高战争指导会议通过《实施对重庆政治工作方案》，决定迅速促使与重庆停战，通过汪伪政府，使重庆与日本直接谈判。9 月 13 日，日本陆军次长柴山兼四郎到南京，向陈公博、周佛海传达日本内阁的决定：“日政府虽明知形势不利，时机不顺，不易成功，

[1] 《周佛海日记》(下)，中国文联出版社 2003 年版，第 933 页。
[2] 《周佛海日记》(下)，中国文联出版社 2003 年版，第 955 页。
[3] 《周佛海日记》(下)，中国文联出版社 2003 年版，第 953 页。
[4] 《周佛海日记》(下)，中国文联出版社 2003 年版，第 981 页。

但仍盼积极进行全面和平工作，惟日政府不出面，望我政府行之，且不可使外闻知系日方所发动”，并举出和谈重点：一、纯以平等立场讲和；二、如美国撤退在渝空军，日即全部撤兵；三、渝与美、英之关系，尊重渝方意见决定；四、关于保证问题，俟确知渝方意见后决定；五、关于宁渝、汪蒋问题，乃中国内政问题，由双方商办。[1]

日本内阁情报委员会的成员

周佛海闻之欣喜，又派出渝方要员张嘉璈的妹夫朱文雄前往重庆。朱文雄当时在上海一家公司任经理，其间他曾往返重庆多次，并与何应钦、张群、熊式辉等人关系密切。朱于1944年10月14日由上海赴渝，但直到1945年5月底方才返回上海。此时，德国已战败，日本即将土崩瓦解，朱文雄的重庆之行任务遂不了了之。

[1] 《周佛海日记》(下)，中国文联出版社2003年版，第1079页。

第二节 主办“清乡” 扩充势力

76 号特工是日本侵略者的奴才走狗，是汪伪政权的忠实保护者和帮凶，他们在日本人特务机关的指挥操纵下，成为汪伪傀儡政权的打手与工具。丁默邨、李士群一伙拼命保护汪精卫、陈璧君等汉奸头目的安全，还积极参与汪伪政权的卖国行动。李士群领导 76 号特工主办了汪伪政权最大的军事与政治行动——“清乡”，76 号特工势力由此深入江南一带，给这一地区人民造成了深重的灾难。而李士群则一举登上江苏省省长的宝座，从一名国民党中统小特工成为汪伪高官，达到了其个人卖国生涯的“顶峰”。

主办“清乡”

抗日战争进入相持阶段后，深陷侵华战争泥潭中的日军，为了确保占领区，巩固刚成立的汪伪政权，在中国掠取更多的战略物资，支持其在太平洋地区进行更大的军事行动，于 1941 年初，由日军最高军事顾问部向汪精卫政权提出了一项名为“清乡”的军事行动计划。

“清乡”计划的内容是，日军准备在江南占领区划定某一地，首先进行军事打击，彻底消除地区内的抗日力量，同时进行政治肃清与经济建设，建立所谓“模范地区”，并逐步由点到面地推广到整个占领区，巩固日军的侵略成果。

为执行这一计划，日军最高军事顾问部还制定了一份“清乡”工作大纲：

一、为了确保建立基于民众的独立体制，日华合作实施“清乡”工作，加强汪精卫政府。

二、在不受政府其他机构掣肘的情况下，成立一个有权并且能专心于“清乡”工作的特殊机构，在占领区某一有限地区进行政治建设，并由中国人自己的力量来维持。该地区的“清乡”工作大致完成后，就将工作扩大到相邻地区，逐步向整个占领区发展。

三、设立一个直接受汪精卫指挥的“清乡”委员会，作为负责进行“清乡”工作的机构。“清乡”委员会由政府中有关治安方面的官员和军事委员会的军事委员组成。为了开展当地的“清乡”工作，设置办事处，由秘书长担任该办事处的负责人。

在“清乡”工作期间，行政院、立法院和军事委员会把工作地区的行政、立法、司法和军事等所有权限转交“清乡”委员会。当地的“清乡”工作，在汪精卫的直接领导下由秘书长负责进行，业已完成“清乡”工作的地区，其行政权限归还行政院。秘书长人选由汪精卫指定，他应擅长于统率部下，并具有政治水平和工作能力。

四、首先集中统一日华武装力量和汪精卫政府的政治、经济、思想工作，全力进行讨伐，彻底肃清敌人的武装团体和所有潜伏的地下敌对组织。从外围来封锁“清乡”，汪精卫政府应当把绥靖军的三个师、税警部队的两个连队划归日本军司令官指挥。军事顾问部派遣军事顾问，负责进行日军与秘书长之间的联络工作。

五、扫荡敌人的武装集团后，治安工作由民众自卫和警察来维持。为此，要确立通过保甲制度而形成的民众自卫组织和训练有素、装备精良的警察，使之保持密切的联系。随着“清乡”地区治安的确立，日华军队撤离“清乡”工作地区，驻于其外围，以防敌人夺回该地区，同时做好下一步对相邻地区采取行动的准备。

六、在确立治安的同时，重建精干的地方行政机关，以便稳定政治和经济。为此，要事先选派业经训练的行政委员随同讨伐军一起行动，迅速重建行政机关。但要尽快以当地头面人物为主，组成自治组织，由此取代区分公所以下的地方机关。

首先要提高“清乡”地区的民众生活水平。当前，要采取强有力的保护经济的政策，争取掌握民心。而且，要谋求复兴产业和引进民族资本，以期“清乡”地区的财政独立。

七、日军对政治和经济全不干预。为此，在“清乡”工作开始的同时撤走日军在“清乡”地区的政治、经济领导机关和物资机关。第一期“清乡”地区定为苏州附近的常熟、无锡、江阴、昆山、太仓五个县。

八、第一期“清乡”工作，宜通过四个月准备，三个月讨伐，大致完成。所需经费向行政院告借二千万元，“清乡”委员会于一年间向政府还清。

日本军事顾问部提出的这份“清乡”计划，与汪精卫强化政权的需要一拍即合。

汪伪政府实际掌管的区域，只不过是苏、浙、皖三省沦陷区及宁沪两市，且只能控制点和线，即大、中城镇及铁路、公路等交通线，新四军等抗日武装力量在广大农村极为活跃，日伪势力无法渗透。汪精卫也企图通过“清乡”稳固并扩展自己的统治。

由此可见，日伪所谓的“清乡”，主要针对的就是活跃在江南一带的中共武装新四军。

1941 年 3 月 24 日，汪精卫主持召开了伪中央政治委员会第 41 次会议，决定成立“清乡”委员会，汪自兼委员长，陈公博、周佛海副之，李士群任秘书长，主持实际工作。

李士群这个“清乡”委员会秘书长实际上是由日本人指定的。

1941 年元旦，汪伪政府最高军事顾问影佐桢昭邀请李士群到台北泡温泉，过日式新年，并对李士群透露了即将开展的“清乡”计划。由于李士群手中掌握着指挥汪伪特工的实权，日本人很器重他，影佐要求李士群出面负责“清乡”，以 76 号伪特工势力作为“清乡”的主要力量。李士群对日本人从来都是言听计从的，便一口答应下来。

汪精卫最初曾想让周佛海一派的罗君强来主办“清乡”。罗君强时任伪边疆委员会委员长，虽是特任官员，但汪伪政府根本没有边疆可言，罗这个官迷也无事可干，牢骚满腹。“清乡”是汪伪政府成立后的首次重大军事行动，得此重任，罗君强兴奋难抑，在家中召集一帮亲信庆祝。罗君强得意忘形地说：“汪先生要我筹设‘清乡’督办公署，不用说，我就是第一任督办了。今后我既是边疆委员会的罗委员长，又是‘清乡’督办公署的罗主任。”[1]但以后的事实证明，罗君强高兴得太早了。

汪伪政府的经济大权掌握在周佛海手中，虽说周也是伪特务委员会的主任，但实权在李士群手中。由于沦陷区的鸦片贸易掌控在日本人信任的盛老三手中，汪伪的人不敢下手谋夺。罗君强建议周佛海仿照宋子文税警团的方式，建立自己的武装，控制税收。日本派遣军中的实力派人物冈田酉次是周佛海留日同学，经冈田与影佐商量后，同意建立税警团，但日本人却把任务交给了李士群。李士群马上命手下林之江开始招兵买马。

林之江出身黄埔，后落水为奸，由他来组织伪税警团对李士群来说极为合适。但周佛海、罗君强两人亦非善辈，到嘴的肥肉岂能吐出。周佛海先以工作太忙为由辞去伪警政部部长一职，让李士群担任，再以专心整顿财政税为名，宣布自兼税警团长，罗群强任副团长。这一招让李士群猝不及防。当时在日本人看来，由谁来当这个税警团长倒也无所谓，反正汪伪政府的一切都在他们的控制之下，而李士群经此打击，从此就和周佛海一派结下了深怨。

这次李士群得到日本人的许诺主办“清乡”，但他还要撬掉罗君强才能如愿。这回有了日本人撑腰，李士群就跑到陈璧君那里走“公馆路线”。

陈璧君也认为“清乡”是加强汪政府实力的大好时机。因为时任伪江苏省省长的高冠吾是“维新政府”的旧人，他对汪府的政令一贯爱理不理，汪伪政府实际上政令不出南京城门。汪伪政府正想借“清乡”打

---

[1] 沈立行：《上海特工战》，上海书店出版2000年版，第209页。

开在江苏的局面。因此，当日本人向汪精卫提出由李士群来主办“清乡”时，汪没有反对。由于李士群地位较低，难以服众，汪精卫就把原计划设在行政院下的“清乡”督办公署改为“清乡”委员会，汪精卫兼任委员长，陈公博、周佛海任副委员长，李士群任秘书长，实际负责操办一切。李士群有了汪派的支持，顺利地从罗君强手中夺过了“清乡”大权，终于报了组建税警团时的旧仇。

李士群从此登上了权力的顶峰。

俗语说福兮祸所伏。由于李士群锋芒毕露，不仅与罗君强反目成仇，后又与周佛海、梅思平公开叫板，树敌过多，终致杀身之祸。

从 1941 年 7 月开始，到 1945 年汪伪政府垮台，历时四年之久的“清乡”，给江南沦陷区人民带来了深重的灾难。

汪伪“清乡”队（1942年冬）

1941 年 7 月至 1942 年夏，“清乡”运动在吴县、常熟、太仓、昆山、无锡、江阴、武进、镇江、丹阳、扬中十县展开。

1942 年春至 1943 年夏，着重推广到太湖东南地区、上海郊区及汪伪苏淮特别区。

1943 年夏至 1944 年初，“清乡”重点转移到镇江地区、苏北地区以及浙江、杭州地区。

1944 年初至 1945 年夏，广东和安徽地区又建立了“清乡”封锁线。

汪伪“清乡”委员会本部设在南京马台街 22 号，其内部共设有 4 个处，第一处管理事务、文书、人事；第二处管理行政；第三处管理军事即管理保安队和“清乡”警察；第四处管理社会福利，同时还设有秘书室、会计室、地方行政委员会、经济设计委员会、民众运动设计委员会、教育设计委员会，整个机构的总人数在1000人以上，组成人员都是从伪行政院与军委会各部门借调过来的。李士群为了扩充自己的势力，乘机把76号和警政部的大批亲信安插进来，其亲信人物汪曼云担任了“清乡”委员会的副秘书长，李派势力逐步在“清乡”工作中占据了优势。

不久，为了就近指挥苏南地区的“清乡”，又设立“清乡”委员会驻苏州办事处，李士群为处长，汪曼云为副处长，办事处设在苏州十字街信孚里。“清乡”委员会的人统统搬到了苏州办公，南京马台街22号大院顿时冷清下来，其后“清乡”委员会便搬到鸡鸣寺旁的伪行政院内，这里原是国民政府考试院地址。

李士群上任伊始，即拟定了“清乡”工作计划：

一、“清乡”工作要取得民众的协助，以期完成。为此，要着眼于保护“清乡”地区内的民众经济，把重点置于争取那里的民心。

二、充分发挥特工的作用，在“清乡”工作开始前，弄清“清乡”地区内外的情况。

三、充分进行宣传，在“清乡”工作开始前，使民众彻底了解“清乡”的目的和方法。

四、任命新招募且已经过训练的巡警来维持“清乡”地区的治安，原先部署在“清乡”地区的旧警察经再教育后，分配到下一期的“清乡”地区进行工作。

五、为了开展“清乡”工作，对区分段的主要人员，以其从事税务、教育、管理封锁和自卫组织的领导成员等，加以教育和训练，事先将“清乡”工作的方式贯彻到基层。对于乡镇公所的官员，要起用当地有名望的人物，但要通过特工严加监视。

六、确立保甲制度，以此作为民众自卫的基础组织。

七、关于税收，废除原先的承包制，由办事处直接征税。禁止县和区进行税收。县和区所需经费由办事处支付。以往拖欠的国税和省税均免收。

八、为了统一“清乡”工作的进展和便于监督，与“清乡”工作有关的所有机关都要按月按周制订“清乡”工作进度计划表，提交有关方面。

九、为揭发官员的恶劣行为，要采取特别措施。但是，官员的薪水要提高，使其生活有足够的保障。

十、日军在“清乡”地区对政治和经济全不干预。特派前往“清乡”地区的军事顾问负责日华之间的联络和纠纷的调停事宜。

十一、办事处雇佣五名日本人，他们在处理有关财政、教育、封锁、自卫和警察事务的具体工作时，作为秘书长的顾问。

在“清乡”工作开始的同时，驻扎在“清乡”地区的日本军经理部的物资采购人员、特务机关的县联络员和其他日本官员，停止其业务活动，并撤离该地区。

十二、针对集团的匪贼所采取的军事行动，以及封锁线的划定，从7月1日开始。

从1941年7月开始，以沪宁铁路沿线为示范区，以苏州为中心，向四面开始“清乡”。

日伪在“清乡”地区的军事行动以日军为主，汪伪军警配合，采取拉网式的战术，兵分十几路向“清乡”区分进合击，妄图彻底扑灭其间的抗日武装力量。军事扫荡之后，在“清乡”区边缘构筑铁丝网、电网、竹篱笆等，在各要口设置“检问所”，并筑碉堡瞭望哨，隔绝“清乡”区内外交通，实施封锁政策，为向下一步政治“清乡”发展扫平道路。

政治“清乡”就是要组设保安队及警察、自卫队等，实行保甲制度，进一步巩固基层伪组织。

汪伪在“清乡”区内建立了警察、保安组织，省、专区、县分别设立保安司令部、保安处和保安大队，还有“清乡”委员会直属的“清乡”警察总队和各地的警察大队，花样繁多。汪伪以这些武装为支柱，强行将居民编组保甲，发放良民证，并实行连坐，发动告密检举运动，并推行所谓的自首政策，对“清乡”区内与新四军有过联系、有过抗日言行的居民，一律列为“自新户”，限定日期登记“自新”，凡被视为嫌疑者就送到俘虏营进行感化，整个“清乡”区变成了庞大的集中营。

三个月后，汪伪政府又拟定了一个更为详细的“清乡”计划：

一、“清乡”对象：

“清乡”不是撵老百姓，而是清除扰害老百姓的败类。其败类，大约可提出三部分：

1. 共党。共党是奉行第三国际使命，违反民族利益，危害中国，扰乱农村，破坏东亚合作的唯一之大敌；

2. 土匪地痞。自七七事变后，土匪地痞到处利用抗战美名，厉行抢掠勒索之实，骚扰农村，同“共匪”沆瀣一气；

3. 新旧土豪劣绅。为国民革命应打倒之对象，其平素操纵村政，鱼肉乡民，钻营权势，借为自私自利之图，制造农村黑暗。

以上农村三害，互相串通，应一扫而廓清之，始能奠定新政治之永恒基础。

二、先决问题：

“清乡”工作是繁难持久的工作，不能浅试辄止，所以得顾虑到以下先决问题：

1. 充实财力。否则中途拮据，事受顿挫；

2. 事权统一。否则不能主动机动，遇事掣肘，容易贻误时机；

3. 武力充实。否则兵不经练，弹药不济，人数不足，实不能摧毁恶势力，而顺利地完成“清乡”使命；

4. 干部调整。干部决定一切，干部是领导执行任务的中坚分子。故无健全干部，则任何良好政策，皆不能圆满地完成；

5. 与友邦密切联系。共同协力，始得弥补我们新建军之弱点。

三、军事问题：

1. 指挥统一。始能主动机动，有得心应手之妙；

2. 编制配备。编制要庞大而整练，或短小而精悍；配备要因时、因地、因人、因事而制宜。不必拘于成规旧法；

3. 战略技术。我占据交通城镇，则应采用攻击战、防守战、闪电战、包围战等战略。以后另有政策以申述之，兹从略。

四、政治问题：

关于政工人员，最低要做到以下各点：

1. 不贪污、不腐化；

2. 不扰民、不害民；

3. 能奉公、能守法；

4. 能组织、能训练。

如此则弊绝风清，政治廉明，人心归向，而乱源永绝矣。过去政治腐败，压迫人民生活，也为造成“共匪”、地痞、豪绅等之大动乱的一个主要原因。

五、经济问题：

经济与老百姓成为血肉相连的密切关系，况战后农村，如涸泽之鱼，待水滋润，休养生息，尤待扶持。

六、教育问题：

1. 恢复已有教育机关；

2. 设立新教育（以教、学、做一致为主体，不偏乎劳心或劳力）。

各种短期训练班；

平民校（包括男女成年）；

半日校（农隙讲学或报告生产经验和时事问题，以启民智）；

夜校（农隙讲学或报告生产经验和时事问题，以启民智）；

轮回识字班。

以上军事、政治、经济、教育一齐动员，治标治本，兼筹并顾；方能收事半功倍之效果，获一劳永逸之成算。

不过"清乡"中心工作，首重军事。军事如不能开拓，其他一切皆无从设施。"清乡"对象，首在"共匪"。如"共匪"清除，则其他跳梁小丑，皆销声匿迹矣。所以，以下所陈四大政策，仍以军事为主，以新四军为明显对象。

七、囚笼政策：

"共匪"占领广漠之农村和荒野之地，有流氓地痞为之爪牙，耳目灵通，此击彼窜。如隔断为大块小块，则成笼中之囚，行动拘限，然后分区扫荡，使内少逃窜之机，外乏援救之力。分割办法：

1. 凡铁路两弯，皆筑沟壕；

2. 交通要道皆设堡垒；

3. 集中河道两弯之船只，以便统制。

如此设备成功，我有瓮中捉鳖之易，而彼无此击彼窜之便。或分进合击，或各个击破，均有得心应手之妙。

八、堡垒政策：

这是稳扎稳打步步为营之插钉政策，这是共党得意之作的游击战术的死对头。因为共党缺乏飞机、大炮和子弹之补充，对于攻打堡垒，最感头疼。兹将堡垒之功用，分别提出：

1. 使"共匪"的行动受拘束，在夜间行动也不方便；

2. 可作为前进之阵地；

3. 可作为交通之据点；

4. 可作为政治工作、宣教工作之集合修养地；

5. 可作为合作事业，物资交易之贸易场；

6. 可以镇压附近居民，对堡垒成为归心力；

7. 可以使敌方精神不安，挫其锐气。

守堡垒之注意：

1. 夜间“共匪”围攻时，切勿出击，延至天明彼必自退。

2. 与后方堡垒交通，要保持联系；

3. 白天巡视堡垒附近有无沟、坑，以防地道袭击或埋地雷；

4. 清除堡垒附近之一切引火物；

5. 堡垒内之人口，要严格登记，有生客来要立时报告，以便检查；

6. 附近食粮，集合在堡垒内，免被夺取。

每一堡垒筑成之后，在二十里地内，实行保甲编练、户口调查、颁发居住证。一切宣抚成功后，再以大兵力压迫前进至相当地点，再行新建堡垒，完成后留少数兵力，即可踞守。如此步步前进，而敌方之活动范围日窄，民众离心也越强，我之成功信心也增高也。

九、封锁政策：

完成战争的任务，要摧毁敌方兵力，枯竭物资，挫败意志。而封锁政策，即能协助完成以上大部分之使命。

1. 物资封锁。

2. 情报封锁。

3. 军事封锁。

十、剿抚政策：

善用兵者，主张攻城为下，攻心为上。况此次“清乡”之对象，虽有“匪共”之外形，实具胁迫、盲从、地域之局限、环境之刺击[激]等等不得已之内容，故应剿抚兼施，恩威并用。以武力临之以威，以宣抚怀之以德，则心悦诚服永止乱萌矣。

1. 关于“剿伐”。

我据有交通及物资丰富之市镇，士兵之营养，弹药之补充，均属好过敌方，况有友军之飞机炮火等优势为之协助，根据此种优越条件，宜采取全能战术，正以打击对方之游击战术。全能战术之基本概念：

A. 缜密计划；

B. 突然出动，出其不意，攻其不备；

C. 出奇制胜，善守者，敌不知其所攻；善攻者，敌不知其所守；

D. 集中攻击，打击最弱之一环；

E. 兵力胜过对方，出动具压倒之势。

不战则已，战必决心，须致敌人歼灭或削弱而后已！至行军之驻军注意：

A. 注意警戒左右翼之游击队；

B. 注意废墟中之地雷，并防阴雨大风中夜袭；

C. 进入家时，注意门上所系之手榴弹；

D. 注意宿营附近有无暗沟，以防夜袭；

E. 注意监视残留之老太婆、妇女、儿童为敌人之侦探。

以上系敌人惯用之技术，故特别提出。余属军事常识，不再赘言。

2. 关于宣抚。

国民之为“匪”好乱，半由于政府领导治化不够，半由于环境教育之不良。古人说：“苛政猛于虎！”今当为政以宽，始得收拾人心，与人以改过迁善之机。所以宣抚为“清乡”治本之办法。

A. 宣传国策，假如人民知道不亡国，有饭吃的策略，必不致轻掷生命铤而走险！所以宣传使之知道进至信仰，孔子说：“不教而杀为之虐！”

B. 宣传方式方法，要多搜集对方事实材料，列为讲话、文字、漫画、戏剧、诗歌等之活泼内容，文字要注意浅白通俗，使平民易于消化；

C. 赈济农民。如在战场中所得敌人之公粮分配给贫民，春耕时贷款或种子，或办理合作社，供给以廉价之必需品。[1]

[1] 余子道等：《汪精卫国民政府“清乡”运动》，上海人民出版社 1985 年版，第 14—19 页。

这份计划完全是站在汪伪立场上的奢谈，政治上显然是以巩固日伪统治和反共为主要目的，军事上用的是残酷的反游击的扫荡策略，以“囚笼”“堡垒”与封锁为其具体手段。表面上宣传顾及民生，实际上直接以沦陷区人民为施虐对象，广大百姓在日伪“清乡”严酷镇压之下处于水深火热中。那些多如牛毛的“清乡”法规，如“整理保甲肃清零匪办法”“违反封锁赏罚规定”“管理自新户办法”“反封锁规定赏罚细则”“各种证明书发放规则”“清查户口法”“联保切结法”“物资统制法”“物资移动法则”“物资保管处理办法”“物资移动取缔法”“米粮封锁办法”“妨害新法币治罪条例”等，条条法规像无形的绳索，使“清乡”地区的老百姓被镇压、禁锢与掠夺，失去了正常的生活。其中如“各种证明书发放规则”就明文规定：凡通过“清乡”地区封锁线的人，须持有伪“清乡”督察专员公署发给并经日军指挥官盖印的特别通行证；“清乡”区内的居民，由伪乡镇长发给良民证；“清乡”区内居民通过封锁线时，须有伪乡镇长发给通行证；“清乡”区外的居民通过封锁线时，则由当地大检查所发给限期旅行证。于是乎，失去了行动自由的沦陷区人民就像被关进了集中营。

为了阻止抗日武装的活动，“清乡”地区的老百姓为日伪所迫修筑长达数十里的竹篱笆。竹篱笆内是“清乡”区，外则为非“清乡”区。沿着竹篱笆的交通要道，分设大小检问所。老百姓出入“清乡”区，必须通过检问所出示身份证，经过检查人员的盘问方才放行，随身携带的东西，检查人员任意勒索没收。就连一些毗邻的乡村之间，也被迫筑起一道道竹篱笆封锁线，百姓要串门也得绕行几十里通过检问所。日伪封锁条例规定，凡破坏或私越封锁线者，格杀勿论。

“清乡”地区在日军残酷的军事扫荡之后，汪伪“政工团”随即跟入驻扎，进行宣传，强迫当地居民按户摊派封锁费，建筑篱笆封锁线。随后开始建立伪乡镇机构，进行户口调查，编组保甲，实行联保，强迫人民建立瞭望台和瞭望哨，以加强封锁的效果。要是某一地段的封锁线遭到破坏，附近的老百姓就会大难临头，受到日军的重点扫荡。

日伪势力互相勾结，以搜查抗日分子为名，在“清乡”区域任意骚扰，入户翻箱倒箧，抢劫老百姓的财物，所以老百姓习惯把“清乡”叫作“清箱”。

沿着封锁线设立的大小检问所，是出入“清乡”地区的关口。检问所有水陆之分，也有大小之分。大检问所，日军都派部队守卫。检问所的设置，名为确保治安，用以防止共产党与游击队进入“清乡”区，但实际上除了扰民害民，起不到多大作用。一个检问员曾说，如果他们查到了便衣新四军，甚至摸到了他们暗藏的武器，反而不敢吭声，急急地让他们过去，深恐给自己找来麻烦。要是来者明白地说他们是什么部队的，甚至说是新四军，那就连问都不敢问，更别说搜查了。当时那些当检问员的，都是为了捞钱发财，他们并不想为此而丢掉性命。然而，检问员对普通老百姓不仅盘查细问，而且多方为难，非遂其敲诈勒索之欲是不会放人过关的。于是，一些经常出门者，为了减少麻烦，不管自己是否带有违章的东西，都主动塞上几块钱，免得受辱受气。这种贿赂，已成了公开的秘密。

据汪伪要员汪曼云回忆，他有一次带着副官到浙江崇德视察。在硖石候车的时候，正好有一班从上海开杭州的慢车到站。汪曼云闲着没事，便到车站的一个大检问所看看他们的工作情况。

这个检问所的建筑是一个大草棚，它沿马路的一边有两条长板桌，桌前用竹竿拦住人行道，旅客挨次前进，将行李放在桌上接受检查。汪曼云看到旅客们把携带的行李从桌上推向检问员的时候，手中早已暗暗地捏好钞票，当检问员接过行李时，同时也接过旅客手里的钞票，装进了自己的大衣袋。然后随便把行李翻一翻，在行李上用粉笔划了一个字，就算过关了。

这一趟车的旅客检查完毕，每个检问员的大衣袋里，都被钞票塞得鼓鼓的，汪曼云派副官过去一搜，竟有 8000 元之多。当时，米价一石不到 100 元，沪杭线上每天有 8 班车对开，这一趟车检查人员就捞到了 8000 元，一天下来可想而知会有多么惊人的收获！

汪曼云将此事交给太湖东南第二期"清乡"专员张鹃声查办，但张私下告诉汪曼云，这些问检所主任和检查人员职位，都是花钱买来的官，派人下去查办时，这些检查人员已一逃而空，结果不了了之。当时老百姓称：做生意要做五洋（指受统治的洋火（柴）、洋皂、洋钉、洋药、洋油），做官要做"清乡"，丁默邨的妹夫甚至连简任的官都不做，宁愿去当一名雇员性质的检问所主任。难怪李士群在致汪精卫的清乡报告中写道："第一期清乡工作已今次完成，唯参加工作之部队间有军纪不良，急应改善"。[1]

接待汪精卫夫妇视察

为宣扬"清乡"、宣示地位，1941 年 9 月，汪精卫从南京出发，带着林柏生、汪曼云、周隆庠、陈昌祖等一大批随员前往苏州视察"清乡"。

"清乡"中汪精卫检阅伪军

在日军安排下，身着"上将"军服的汪精卫来到了苏州。对于文人出身的汪来说，掌握最高军权是

[1] 《李士群致汪精卫电》（1942 年 11 月 27 日），（台）"国史馆"藏档，典藏号 118—010100—054。

汪精卫视察“清乡”

汪精卫观看伪军军事演习

他长久以来的最大愿望。这次是他第一回以军队“最高统帅”的身份出现并阅兵，这极大地满足了他的虚荣心。只是汪对军事基本上是一窍不通，以致在检阅致礼时竟错举了左手，弄出了笑话。

为了讨好汪精卫，在他经过的街道两侧，都张贴了“确立治安”“改善民生”等各式各样的标语，被迫前来欢迎的老百姓和小学生们列队喊着口号。可汪精卫经过的地方，都封锁交通，断绝行人，由日军五步一岗十步一哨，荷枪实弹，严密戒备。几处十字路口，还架上了机枪，时刻准备射击。

汪精卫的行辕设在苏州狮子林。在汪到达时，厅上已张挂了军用地图，由日军“清乡”指挥官堤少将向汪精卫作军事形势的说明。驻苏办事处处长李士群与伪苏州地区“清乡”督察专员张北生，则向他汇报“清乡”概况。各个伪公署，分别有书面报告和口头汇报。当晚，李士群便在狮子林设宴招待。席间，日酋堤少将听说有同桌汉奸在他的家乡日本鹿儿岛待过，自以为他乡遇故知，且又多喝了几杯，一时性起，叫人拿来笔墨纸砚，居然附庸风雅，厚着脸皮当众挥毫作画，不管你要不要，每人送了一张。他还犹以未足，竟将右手掌向大砚池一按，在他画好的“大作”上面，按上了一张大手印，以示并不假冒。一时群魔乱舞。

第二天，汪精卫一行从苏州到常熟。

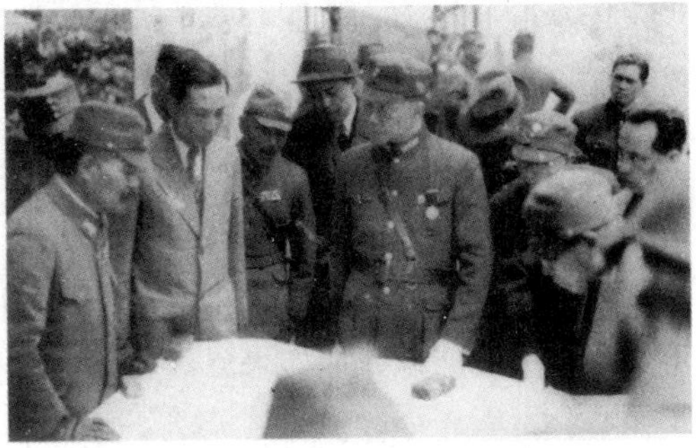

汪精卫观看伪军军事演习

汪精卫与日本军官视察伪军后发表讲话

在常熟，汪精卫对群众发表了长篇讲话。汪精卫说："如今有友邦军队援助，又有'清乡'委员会全体工作人员一同努力，那些'匪共'，自然逃走的逃走，潜伏的潜伏，暂时的销声匿迹了。可是友军方面已经宣言，'清乡'工作完成之后，即当撤退，'清乡'委员会，也会以为那时候已是大功告成，那么逃去了的'匪共'，如果乘机再来，怎么办呢？我敢切实地告诉你们各位，大批的'共匪'乘机再来是不可能的，政府已经有了充分的准备，他们如果敢再来，定然给他一个消灭。这一点，你们各位可以放心。至于潜伏着的呢，那就要靠你们清白乃心，不断努力了。如今，为什么要办保安队，办警察，办自卫团，办保甲？为的是集合人民的心力，使组织坚固，训练纯熟，那么潜伏着的'匪共'，除了感化，只有露形，绝无潜伏着的可能。至于办保甲，为什么要你们各位报真实人数、真实姓名呢？因为各位良民有了真实的人数，真实的姓名，那么'匪共'便无缝可入了。还有一层，保甲不专是防范的，保甲的最大意义，还在各界民众，亲爱团结、同谋幸福、同谋进步，经济教育、慈善事业，样样都是要民众同心协力，才能有效地进行，如果各存姑息，各存自私自利之见，那么就是不自爱了。不自爱的人，是不会爱国家、爱地方、爱人民的。我所说‘清乡’，‘清乡’必要清心，就是要将一种纯洁的爱国家、爱地方、爱人民的心事，扩大起来，并且深入到有益于社会的各种事业里头。为什么说要扩大呢？比方就一乡来说，如果一省不太平，一乡是不会太平的，所以我们如果想常熟太平，必要将爱常熟的心事，扩大起来，爱江苏一省使江苏一省太平，常熟才能真正太平。一省如此，一国也如此，中国不太平，江苏是不会太平的，所以我们如果想江苏，必要将爱江苏的心事扩大起来，爱中国，使中国太平，江苏才能真正太平。一国如此，东亚也是如此，东亚不太平，中国是不会太平的，所以我们如果想中国太平，必要将爱中国的心事，扩大起来。爱东亚，使东亚太平，中国才能真正太平。中华民国成立以来，如今已三十年了，为什么不能完成建设，反弄到了今日国破家亡的现象呢？这全是因为忽略了国父孙先生的大亚洲主义，由中日不相安而至东亚不安，东亚不安愈甚，中日的不相安愈甚，如今日本已经反省，已经提出建设东亚新秩序的口号，和平反共建国运动，由此兴起，去年基本关系条约，已告成立，今年中日关系更加密切，强化国民政府的口号，因此提出，所谓强化国民政府，是日本想中国做一个建设东亚新秩序的伙伴，并且做一个有力的伙伴。即如‘清乡’，原是国民政府的责任，日本所以这样的援助，无非想国民政府早日扫除‘匪患’，肃清内部，早些完成中华民国的建设，早些分担建设东亚秩序之责任。我们明白了这一层便可知道，即清乡一件事，也与东亚全局有关，不明了东亚大势，不从整个东亚着想，则东亚之内，中日不能相安，中国只有和三十年以来一样，没有完成建设之可能。江苏无从说起，常熟更无从说起。由爱常熟，扩大到爱江苏，爱中国，爱东亚。中日两国，互相亲爱，共同努力，在数量上，有大小之殊，在质量上，却是一样的，这是和平反共建国的根本要义，这也是

‘清乡’的根本要义。我本来今日打算和各位说说‘清乡’的，但是不从和平反共建国说起，‘清乡’便无本源，无本源便无结果，所以不惮向各位谆谆地说，盼望各位体念我此次前来与各位相见的一片诚意，以及现在的一番苦口之言，同心协力做到地方太平，中国太平，东亚太平。”[1]其献媚日本之丑态暴露无遗。

翌日，汪精卫一行又乘汽车到达昆山，换气艇到太仓的支塘镇视察，然后回到常熟。

汪精卫每到一地，都要询问“清乡”前后人口与赋税收入的变化。他把这两个问题作为治安是否确立、民生是否改善的标准。随之而来的大小伪官吏也依葫芦画瓢，以此为考察“清乡”政绩的标准。那些乡村小吏们为了邀功请赏，不惜虚报人口，从而加重劳役，增收赋税，造成一派虚假的“繁荣”。

在汪精卫回到南京后，伪宣传部派出一个 10 人的“清乡”记者视察团去苏州采访，对所谓“清乡”成绩大吹大擂地宣传了一番。

9 月底，不甘寂寞的周佛海也以“清乡”委员会副委员长的身份前往苏州“视察”，李士群率领手下又是一阵忙乱。其场面虽不如欢迎汪精卫那样兴师动众，大张旗鼓，但也属“热闹非凡”。周佛海到了苏州，在日军安排下到各处跑了一圈，听取报告，当晚，李士群便在狮子林设宴招待。

汪精卫、周佛海到“清乡”地区视察过之后，汪妻陈璧君不甘寂寞，也要去视察一番。汪精卫亲自向李士群的副手汪曼云布置说：“夫人要到杭州去视察‘清乡’，我想请你陪去；不过这次到杭州，不是以汪夫人的名义，而是以‘中央监察委员会’常务委员的身份去的。”

陈璧群带了陈春圃、陈群以及褚民谊的老婆、林柏生的老婆、曾醒等十几个人，由“清乡”委员会包下一节车厢，从上海浩浩荡荡出发

[1] 余子道等：《汪精卫国民政府“清乡”运动》，上海人民出版社 1985 年版，第 10 页。

了。汪曼云赶紧打电报通知李士群布置沿途保卫事宜，并特别声明：欢迎的标语上不能使用汪夫人，而要使用陈委员。

陈璧君一向自视甚高，目空一切。她在上海站看到她讨厌的伪教育部次长樊仲云也在候车，生怕樊也上她的专列，特意要汪曼云前去阻止。上了专列后，陈璧君发现包厢里还坐着伪考试院院长江亢虎，更是气不打一处来，非让汪曼云去将他赶走。

原来江亢虎是在上海北站上的车，日本列车长以为江是与陈璧君一起的，就将他引入了包厢。当时，汪伪部长以上的官员不仅乘坐火车免票，进出车站也不受询问检查。江亢虎正是利用这种便利，往返沪宁之间，跑起了高级单帮。一次，汪精卫出巡视察"清乡"，日本宪兵在车站加强了警戒。江亢虎正好搭同一班车赴上海，虽为考试院院长，也遭遇日本宪兵的检查，谁知一查就查出问题来，江亢虎随身带的两只大皮箱，装满了违禁的猪鬃。如果此事发生在普通老百姓身上，那一定会即行处死，日本宪兵看到江亢虎是伪考试院院长，最后只让江的随从将两皮箱猪鬃带回了事。

陈璧君一行人到了杭州，伪浙江省府已拉来大批军警特工以及"民众代表"欢迎，月台上乌泱泱一片人，陈璧君看了十分开心，她自我陶醉地表示："我是来慰问你们的，却惊动了这么多人，真是不安。"

伪浙江省省长傅式说将陈璧君一行人接到家中吃午饭，过后将他们安排到西冷饭店住下。由于这里已不是日军警戒区，76号特工总部杭州区承担了饭店的警卫任务，里里外外布置了大批特工。

陈璧君这次出来视察"清乡"，实际是为了过过当伪官的瘾，她还是一个饕餮之徒，胃纳极强。属下为了讨好她，极力为她安排了各种各样的杭州特色佳肴，于是每餐都免不了杯觥交错、酒肉满桌，直吃到昏天黑地腹胀而归。

汪精卫是伪中央军校的校长，伪第二方面军第一军军长徐朴诚是伪中央军校的毕业生，徐想以学生的名义请师母吃饭。汪曼云便与傅也文、万里浪商量，将杭州奎元饭店上上下下都包了下来，除在楼上给陈璧君一行人留下座位，其余都由特工坐满，装成食客的样子，方便警戒。

这天中午，陈璧君又到西悦来饭店吃饭，饭后便驱车前往东街路100号四省边区行营与76号特工总部杭州区视察，陈璧君对特工很感兴趣，分别接见了杭州区的特工头目，并召集特工亲自训话。原军统上海区区长陈恭澍投敌后，此时在杭州为李士群办了一所“中央政治保卫学校”，培训特工。陈璧君特意关照接见的时候陈恭澍不准出来，因为陈恭澍是当年河内刺汪案的主要执行者，除了陈本人很仇恨厌恶这些重庆刺客外，河内案中汪的替死鬼曾仲鸣的姐姐曾醒这次是陈璧君的随行人员，故而她决不见陈。

当天晚上，陈璧君一行人又到了竹斋街的王顺兴饭店，警戒任务仍然是由76号特工总部杭州区负责。饭店门口警察密布，陈璧君一下汽车，伪杭州市警察局局长就上前立正敬礼，陈璧君自觉威风凛凛，过足了瘾。

在王顺兴饭店，特工们按惯例包下饭店，桌与桌之间虽是熟人，但彼此并不交谈。饭桌上，陈璧君吃得津津有味，汪曼云特意上前为徐朴诚作了介绍，说明徐是汪精卫的学生。汪精卫在国民党内曾是二号人物，大家尊称之为“先生”，而国民党及其军内对蒋介石称呼为“委员长”和“校长”，充满官方的崇敬意味。这两种称谓形象地勾画出汪、蒋两人的政治实力与地位的差异。汪对蒋可谓羡慕忌妒恨，汪精卫在南京拉起伪政权后，便依葫芦画瓢，也办起一个中央军官学校，他想模仿蒋介石的黄埔，过把校长瘾。徐朴诚正是为了迎合汪的这种心理，转着弯来拍陈璧君的马屁。

陈璧君在杭州享受足后，又要到绍兴去看汪精卫的祖坟。这天一早，伪浙江省省长傅式说夫妇以及日本驻浙江联络部长渡边，带了日伪军前来迎接，76号特工总部杭州区也派来了两辆敞篷车，上面坐满了武装特工。陈璧君一行在日伪武装簇拥护送下，浩浩荡荡开往绍兴。一到汪氏祖坟墓地，事前安排好的僧尼便做起法事来。不到半小时，陈一行人便返回了杭州。第二天，陈璧君带着满车的礼品返回了上海，结束了她的“清乡”之行。所谓“清乡”的真谛，在此得到了很明白的诠释。

在“清乡”过程中，李士群指挥“清乡”机构把吴县、昆山、常熟、太仓4县的权力全部接过来，交由张北生任督办专员的苏州地区“清乡”督办公署，于是“清乡”区公署署长的权力甚至超过了县长，他们甚至可制定单行法规，在报请“清乡”委员会或驻苏办事处后施行。随着“清乡”活动的扩大开展，李士群的势力范围不断扩大，无锡、江阴、武进、镇江、丹阳、扬中6县尽入其手。但李士群还不满足，他又盯上了伪江苏省省长的宝座。

李士群胜苏败浙

伪江苏省省长高冠吾，原是“维新政府”留用的官员，他手下的伪江苏省民政厅厅长蔡洪田是其主要亲信。李士群曾想请蔡担任“清乡”委员会行政设计委员会主任委员，并兼任苏州地区“清乡”督办专员，但蔡洪田看不起李士群，没有前来就任，李士群这才找来张北生任职，从此李、蔡之间就有了隔阂。

恰在此时，发生了一件伪官员利用职权敲诈案，成为李士群攻击高冠吾的契机。

伪江苏省民政厅的科长王春元受蔡洪田指使，以免职为要挟敲诈江都县长潘宏器5万元，被县长家属告到陈璧君那里，原来，县长的儿媳原是陈家丫环。

事情闹开后，汪精卫大为震怒，他认为一个小小的科长竟敢敲诈，一定是厅长在背后捣鬼，他命令李士群立即调查。

李士群先把蔡洪田扣留在苏州他本人的住处，将那个小科长逮捕，并大造舆论，说江苏省政府腐败，矛头直指省长高冠吾。

原来，高冠吾的前任伪省长陈则民是江苏绅商集团的一员，陈下台后，江苏绅商集团便向日本人势力寻求靠山，闻兰亭、江上达、蒋君辉等人与驻沪宁的日本军方来往密切，形成了一股不可小视的势力，日军对这帮人也很重视。李士群便串通日本人佐佐木太郎拉拢这批商人，欲借助他们的力量来扳倒高冠吾。

佐佐木太郎毕业于日本陆军士官学校，曾任天津驻屯军福田师团少佐参谋。国民革命军北伐时，在山东受到日军阻挠，发生济南惨案。佐佐木是这一事件的重要参与者。其后调任东北驻屯军联队长、旅团长、师团参谋等职，晋级少将。1938 年，与土肥原贤二同往上海组织特务机关，策划唐绍仪出面组织伪政府，因唐绍仪被杀而停止工作。土肥原前往华北后，佐佐木留在上海，担任上海日侨在乡军人会会长，他广泛结交中国各式人物，有“日本杜月笙”之称。佐佐木大肆搜集中国情报，并利用汉奸内部矛盾冲突，使之激化倾轧，从而加强对汉奸的控制。李士群与佐佐木关系密切，因此，佐佐木也成为李士群谋夺江苏省省长宝座的主要帮手。

76 号特工总部成立之初，日本上海宪兵队派今村大尉为 76 号的指导官。因今村官阶较低，周佛海、丁默邨一帮人不把今村放在眼里，相反，李士群却对今村毕恭毕敬，这样一来，凡是周佛海、丁默邨找日本人办事，今村都会推三阻四，而对李士群则有求必应。当时，76 号的经费与武器都很缺乏，周佛海数次与日军“登部队”商量都没有结果，李士群通过佐佐木的关系，“登部队”一次发给 76 号一批长短枪装备，并按月补助其 3 万左右日本军票。

李士群从此与佐佐木来往密切，互相依靠。佐佐木将自己的门徒夏仲明介绍给李士群做翻译，李明知这是佐佐木派来监视自己的，还是没有拒绝，视夏仲明为心腹知己，事事与之商量，对佐佐木的指示无一不从，从此两人的关系愈加密切。

汪精卫在南京建立伪政权后，对原南京“维新政府”的势力刻意进行分化，陈则民下台后，高冠吾接任伪江苏省省长，绥靖军被扩编为和平建国军，任援道任第一方面军总司令，但高、任二人对汪精卫仍取不即不离的态度。

“清乡”开始后，汪精卫就想借“清乡”将“维新政府”的势力一一扫平，李士群因此成了汪的“开路先锋”。

在“清乡”过程中，各地“清乡”分会与省政府机构因权力划分与工作不协调而产生了大量矛盾。“清乡”分会往往不经过省府的同意就直接向各县政府发号施令，各地官员既不敢拒绝，又怕政府为难，十分难办。伪调查统计部调来大批特务，组成“清乡”服务大队，这些特务组成小分队深入县乡活动，敲诈勒索，无恶不作。“清乡”分会甚至截留各县田赋管理处和营业税征稽处税款来充作“清乡”经费。

高冠吾对李士群的所作所为忍无可忍，向日军提出控告，但李士群此时正是日军的红人，反斥高对“清乡”工作不力，汪精卫正想借“清乡”的机会打开工作局面，对高的意见也不予理睬。在“清乡”一周年纪念会上，李士群公开指责高冠吾唆使县保安队不服“清乡”分会的指挥，影响了“清乡”的效果。

在李士群的煽惑下，佐佐木拉拢江上达、蒋光宇等商人一起商量倒高，但商人的本性使他们不愿公开站出来与“维新政府”作对，只肯暗中相助，李士群便命手下特务搜集高冠吾贪污受贿、盗卖军械、克扣行政经费等黑材料，四处散布高的劣迹，制造舆论，煽动倒高情绪。高冠吾恼羞成怒，对李士群开始反击。高下令各县府揭发“清乡”服务队的不法行为，并停止其给养供应。李、高之间的冲突终于从暗斗升为明斗，李士群决心一定要搞掉高冠吾。

“清乡”之初，伪省府曾借口筹措“清乡”经费，向商界加征25%的营业附加税，此事仅由汪精卫口头同意，伪行政院并未下过正式命令，而各县商会因“清乡”的原因也不敢反对。现在，高冠吾下令停止“清乡”服务队的给养供应，总商会便乘机提出中止营业附加税。这笔税款，仅苏、锡、常、澄、虞5县一季就有270余万伪币之多，如果中断，对高的伪省府财政是一个巨大的打击。高作出此决定前，并未征求日本顾问金子的意见，金子闻后大发雷霆，要求高不得中断“清乡”服务队的给养供给，命其在营业税或田赋中扣除，这使高的政府财政更加困难。

紧接着，李士群向南京伪监察院提出弹劾，列举高的十大罪状，陈群亲往苏州调解也未成功。

高、李二人斗得满城风雨之际，南京上海的日军却作壁上观，始终不表态。这是为什么呢？佐佐木帮助李士群倒高，这本是日本军部的意思，但日本人一贯阴险，惯于借刀杀人，他们拉拢中国商人倒高也是一种掩护。

江上达等人也深知其中奥妙。江上达到南京与梁鸿志一番沟通，首先取得了维新派人物的谅解，然后再向日本人建议由李士群主政江苏，使江苏军政统一，“复兴经济，确保治安”。

1942年10月，伪行政院免去高冠吾江苏省保安司令一职，改由李士群接任，同时，命驻防苏南地区的伪和平建国军第一方面军归李指挥，这下，任援道也被拉进了高李争斗的漩涡。

任援道指使私人秘书吴观蠡在上海小报上著文攻击李士群，其文为《愚园路某公馆的秘闻》，影射李士群夫妇荒淫无耻的生活。李闻之大怒，派特务捣毁报社，打伤报社人员。吴观蠡负责任援道的私人往来信函和接待工作，平时住在上海爱棠路爱棠新村任宅，李士群又派特务前往此处搜捕吴观蠡，但吴早已闻风而逃。任援道及其子任祖萱当时都不在上海，家中所藏白粉鸦片都被李士群的特务顺手牵羊，一掠而空。

高冠吾大势力已去，其手下一帮趋炎附势的小人纷纷倒戈。伪吴县县长孙靖华便是其中一个，他向李士群出卖高冠吾勾结苏州大毒贩贩毒一事来讨李欢心，李士群得此情报果然大喜过望，立即派特务将毒贩小金宝抓获，并搜出大批毒品。据毒贩交代，他与高冠吾的关系，由省政府一名赵姓秘书居中拉线，赵秘书带领省政府的警卫人员负责到码头提运毒品，高冠吾所得赃款也由赵秘书领取。

李士群这些咄咄逼人的举动使高冠吾无路可走，便先下手为强，将赵秘书毒毙灭口。日本人不肯放过高，又到苏州“清乡”办事处提审毒犯小金宝，而此时小金宝已被李士群秘密转往上海76号特工总部。日本人转而追到省政府调查赵秘书的死因，高冠吾情急之下要自杀。

恰在此时，常州无锡交界处的横林镇发生了老百姓抢夺军米事件。

横林镇是京沪线上一个粮食集散地，此地的日商大丸洋行是日伪军粮采购总站。当地民众因不堪日伪粮食统制，千余民众冲击了“清乡”封锁线，袭击军粮站，抢走军米四五百石，烧毁房屋数十间，并打死日伪军警，烧毁军粮仓库，群众也有数十人死亡。日伪双方都搞不清事件的真相，有人认为是新四军进攻南京的先声，有人说是农民抗售军米，而高、李双方都抓住此事大做文章，高竭力散布说是李士群纵“匪”抢米，李士群闻之气急败坏。

李士群又与江上达等一帮商人商量对付高的办法。当时，汪伪实行粮食统制，伪政府人员与日本军人商人相勾结，低价向百姓收购军粮并吞没配给物资，转手高价抛出牟利。日军收购军米的价格一般低于市场价的30%—40%，再以公定价格配给肥皂、火油、食糖等统制物资，但这些配给物资往往被经手人员层层侵吞。江上达等人认为，横林事件正是老百姓受到伪政府压迫后的反抗，责任应在江苏省府，省长高冠吾应负主要责任。这一说法得到了日军的肯定。

此时三期“清乡”已经结束，如果将此事定性为共产党或国民党所为，必将影响“清乡”的政绩，负责江南防务的日军小林师团是不愿意承担责任的。如果小林没有责任，那么李士群也没有责任，因此，日本人和李士群统一口径，把横林事件定为“官逼民变”，并在《大公周刊》上发文宣扬。

《大公周刊》是日本驻华大使馆情报部长广田主办的一份内部刊物。该刊专门根据需要刊发揭露伪方丑闻内幕的报道，日本军政当局往往以此为据来查办他们不再需要的汉奸。因此，关于横林事件的文章发表后，伪府中维新派梁鸿志急忙赶往日本大使馆和兴亚院华中联络部疏通，但均遭拒绝。

四面楚歌的高冠吾被迫于 1942 年底向伪行政院引咎辞职。

1943 年 1 月 22 日，伪行政院免去高江苏省省长之职，在最高国防会议第二次会议上正式任命李士群为江苏省省长。李还兼任保安司令和伪党部办事处主任，独揽江苏党军政大权。高冠吾则调任安徽省主席。

江苏省省长到手后，李士群立即对省府大换班。76 号及李士群的亲信大量被安置进省府。唐惠民担任省府秘书长，民政厅厅长张北生，财政厅厅长余百鲁，教育厅厅长袁殊，建设厅厅长陈光中，警务厅厅长宗志强，保安处处长按例由李士群兼任，唐生明实际负责，原伪省府人员只留下 2 人，一是社会福利局局长奚则文，一个是社运指导委员会主任委员茅子明。一时间，伪省府几乎成了李士群亲信的天下。真可谓一人得道，鸡犬升天。李士群终于如愿以偿。

李士群此时年龄不到 40，已达其汉奸政治生涯的顶峰。他一人身兼伪调查统计部部长、特工总部主任、“清乡”委员会秘书长、江苏省省长、保安司令等数项要职，红极一时。但物极必反，李士群从 1943 年 1 月就职到这年 9 月被日本人毒毙，仅 8 个月时光，就以暴毙收场。

苏州的“清乡”结束后，李士群按计划继续向浙江地区“清乡”。俗话说，上有天堂，下有苏杭。浙江省物产丰富，经济发达，是李士群一直觊觎的肥肉，他想玩弄在江苏夺权的老把戏，把浙江纳入自己的势力范围。

李士群在江苏的所作所为令浙江省伪官吏们心悸，但浙江省省长傅式说可不同于高冠吾。高冠吾是“维新政府”的旧人，在汪伪政府中后台不硬。傅式说曾任上海大夏大学校长，是社会名流，且与汪伪高层人物关系密切。傅式说利用自己与日军驻浙部队头目的私人关系，说动驻浙日军反对李士群来浙江。汪政权不敢反对日本主子的旨意，李士群只能派汪曼云到浙江代行其职。

浙江人深恐李士群势力渗入浙江，故给汪曼云来了个下马威。

这年7月，汪曼云一到浙江，就去拜见驻嘉兴的日本宪兵队队长汤本大尉，汤本其人傲慢无理，对前来作礼节性拜访的汪曼云等人不理不睬，一同前去的日本联络官有吉也感到难堪不已，汪曼云被气得第二天就返回了南京，只留下两个副处长维持局面。

由于傅式说联合驻浙日军处处阻挠浙江的“清乡”工作，汪精卫不得不去视察一番，实为调解他们的纠纷。1942年，“清乡”委员会驻浙办事处成立，由傅式说兼处长，其手下各机构全为清一色的傅派人物。

尽管浙江的傅式说将李士群阻挡在外，但不可否认，李士群及其领导的76号特工势力，正是通过“清乡”达到权力的顶峰，连周佛海等人也大呼，“清乡”地区愈扩大，行政院的管辖范围愈缩小。

李士群的建军梦想

随着76号特工势力的发展，李士群的仕途似乎越来越顺，逐步成为汪伪集团中的重要人物，他的个人政治野心也急速膨胀，梦想起建立一支自己的军队，以达拥兵自重、称霸天下的目的。

李士群说："我们将来的政治出路，全靠我们自己的实力。现在和日本人合作，受到重视和重用，就因为我们有一定的实力和办法。将来如果说蒋介石胜利了，我们拥有实力，不愁得不到适当的地位，即使共产党胜利，我们凭武装实力，和他们谈判，也可讨价还价。万一不行，还可拥兵割据，以待时机。因此，我们现在不但要扩大和加强特工组织，而且还要建军。所以，大家无论是对和平军、渝军、共军，只要有路可钻，必须想尽方法去拉拢，甚至用打入、拉出、分化等方法，只求达到目的，可以不择手段"，"我现在已经开始准备在浙东四明山区建立军事根据地，因为那里进可攻，退可守，是很好的地盘。"[1]

李士群在"清乡"过程中，建立了"清乡"警察大队和保安队等一些地方武装，由于日本人对李士群采取利用与限制的双重手段，同时也由于汪伪集团内部权力争斗激烈，李士群被对手所扰，其建军梦始终没能实现。

在"清乡"开始之前，李士群就通过 76 号特工总部杭州区区长谢文潮，大力拉拢驻浙东一带的伪和平军第十师师长谢文达，对伪和平军第一军的徐朴诚、程万军、龚国良等部也极力搞好关系，双方相处融洽，但李士群始终无法将这些部队收归己有。同时，李士群还命手下大将傅也文在杭州建立闽浙赣皖四省边区行营，专门收编蒋方军队在四省一带的散兵游勇。

不久，苏北的"清乡"开始了。李士群准备借机实现自己的建军梦。

李士群公开利用"清乡"地区统一建制的规定，改编当地的伪军伪警，他派姜颂平一手办理此事。为了迎合李士群的建军梦，姜颂平积极在南通一带收编地方部队，建立汪伪特工总部江苏实验区南通分区外勤警卫队。1943 年 4 月，南通分区改为苏北分区，其下侦行科改为行动大队，由出身黄埔三期的王屏障为大队长，大队部下设警卫排。同时还

[1] 江苏省政协文史资料委员会编：《江苏文史资料》第 29 辑，第 138 页。

设有三个外勤警卫中队。

但这种小股武装满足不了李士群的野心，他把目光瞄向了伪军，又找来姜颂平说："你和李总司令（指驻泰州的汪伪第一集团军总司令李长江）以及颜秀五、丁聚堂、陈才福等几位师长都有过直接联系，又和施师长（即汪伪第七师师长施亚夫，是经中共组织同意打入汪伪组织的）是老友，所以你此次成立特工总部江苏实验区南通分区，首先要去拉拢他们，说明我的打算是把新四军赶出江苏，希望他们通力合作，将来总有出路。" [1]

姜颂平听了李士群的这番话，认为此任务有一定难度，但不妨去联络一下，与军方搞好关系。"清乡"南通分区还未成立，姜颂平就去找了施亚夫，向其大谈汪精卫、李士群的和平建国思想。施亚夫表面上与姜颂平应付一番，还到苏州与李士群见了面，李士群设宴招待一行人，施亚夫与之周旋一番，但不久后，施亚夫就带队伍起义到了抗日根据地。伪军三十四师师长田铁夫，也是李士群的争取对象，但这支部队被李士群争取过来后，部分被编为"清乡"派遣队，由日军直接指挥，李士群并未落到好处。

驻扎泰州的伪第一集团军司令李长江是汪伪军队的重要人物，作为军中实力派，他平时根本没把李士群放在眼里，面对李士群的诱惑与拉拢，只是打哈哈，戏言："好呀！我们全是姓李，本家，好说！好说！"但他始终没把一兵一卒交给过李士群。

南通地区的伪军及地主武装很多，他们生怕在"清乡"中被改编吃掉，纷纷托关系找门路以自保。由于伪特工组织中没有军队编制，李士群无法搞到和平军的番号，最后只能编成一支"清乡"警察大队，受张北生的指挥。张北生此时俨然已成"清乡"专家，由于一切都听从日本人的旨意，他已经有些不把李士群放在眼里了。张北生在"清乡"中搜

[1] 江苏省政协文史资料委员会编：《江苏文史资料》第29辑，第152页。

刮民脂民膏胡作非为，积累下巨额财富。抗战胜利后，张北生被捕，南京军事法庭曾准备处其死刑，但经张的家属以金条开路，终保其未死。

此时在“清乡”区内发生了一件南通通海自卫团汤景延部诈降事件，给了李士群、张北生当头一击，挫杀了他们的凶焰。

新四军英勇机智反“清乡”

汤景延

1943 年 4 月，日伪在苏北通海五县疯狂开展“清乡”，严重威胁中共抗日根据地的安全。根据中共组织的安排，新四军南通县通海自卫团团长汤景延部率部 600 多人“投降”了日伪。167 天后，这支英勇的部队突然暴动，如同一支尖刀刺向敌人心脏，重创了日伪军，而后返回了根据地。

汤景延最先是与 76 号特工总部江苏实验区南通分区区长姜颂平取得联系，姜不知其中有诈，对假意投敌的汤景延部非常欢迎。当时，汤部只有 32 名中共党员，经过苏中军区党委的安排，又秘密调进 30 余名中共党员，充实了部队的力量。4 月 15 日，汤部进行了两场假战斗后，取得了姜的初步信任，开始了插入敌人心脏的绝杀行动。

最初，伪方并不完全信任汤景延，派人暗中监视汤部的行动，并要求汤景延把家属安排到部队驻地，实际上是要把他们当作人质。6 月的一天，一辆小车突然将汤景延接到南通游玩，原来，这是张北生和姜颂平玩的一出鬼把戏，他们把汤景延调离后，立即又将汤部分开集训，并不准部队携带武器，到了 8 月，又将汤部分调刘桥、石岗等十余个绵延 200 公里的驻防点，以分散其兵力，团部被移往金沙，归日军大队长山本控制。

面对复杂受困的情况，汤景延想出一招。他深知敌伪人员贪得无厌，发财心切，就提出与姜颂平一起办个商行来赚钱。姜果然上了钩，协记公行立马开了张。协记公行在几个港口都有分行，贩运蔬菜与粮食，汤景延利用公行生意打通了新四军长江南北的联系，为新四军江北主力购买运输军需物资，传递情报，掩护来往人员。

到了9月29日，汤景延部按计划开始了暴动。

这天下午，汤景延安排一名营长宣布“结婚”，邀请敌伪军官赴宴，汤的家属以喝喜酒为名，先行撤离。

傍晚，汤景延又以打麻将为名，将汪伪特工金沙组组长翟光耀、伪南通县警察局局长傅来群等人邀来家中，玩牌的中途，汤景延借故外出，其手下警卫人员一拥而入，当场打死翟、傅等人。接着，汤景延指挥团直属队，一举俘虏全部敌伪特工，副团长沈鼎立指挥十几个驻防点的部队同时暴动，并顺利到达集合地点。

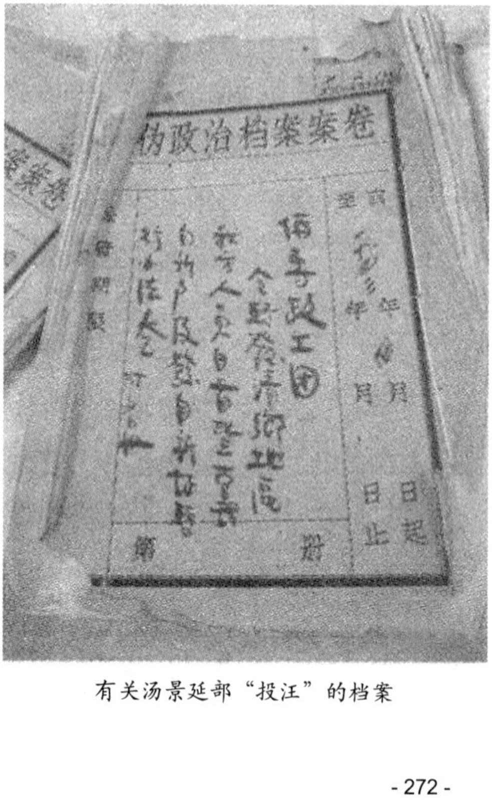

有关汤景延部“投汪”的档案

经过167天的斗争，新四军汤景延部深入虎穴，有力地打击了敌伪的“清乡”行动，成功保护了中共抗日根据地。这是新四军反“清乡”的突出战例，也是对李士群“建军”梦的沉重一击。

“清乡”中76号特工总部的扩张

1943年2月，日伪“清乡”开始向苏中地区发展。日军调来小林师团4个大队的正规军和部分宪兵，与伪军配合向抗日根据地大举进攻。李士群也调集了特务并网罗一些汉奸武装组成“清乡”警察大队，由南通地区行政专员兼保安司令张北生指挥参加围攻。李士群说：“我们在苏北‘清乡’，真正目的不在于消灭新四军，因为新四军在苏北的力量相当大，以我们的力量是远远不够的。我们只希望在‘清乡’后，沿黄海向北推进，直到把新四军赶出江苏境内为止。这样，我们将来才会有出路。”[1]

李士群借“清乡”之机尽力扩大伪特组织，以南通地区为例，就可见 76 号在“清乡”中的扩张方式及其运作情形。

当时，李士群委派姜颂平为 76 号特工总部江苏实验区南通分区（后改为苏北分区）区长，区部就设在南通城内原海门县天主教朱主教的公馆内，所以人们又称特工总部苏北分区为朱公馆。

姜颂平是海门四甲坝人，早年参加过共产党，红十四军失败后被捕叛变，参加了国民党中统，曾历任南通、海门、涟水等县特务员，后来又投靠了汪精卫。

姜上任后，先派原中统特务宗子敬等人租下朱公馆为活动据点，并开始搜集情报。由于张北生领导的“清乡”公署和姜颂平的特工机构都在此地活动，二者在争夺势力范围过程中，矛盾冲突不断。

姜颂平到职不久，其手下陈自求就遇到一次暗杀，但侥幸没有送命。陈认为这是新四军所为，就提醒姜在“清乡”中不能太过分，多做好事，为自己留条后路。当时，南通县有两个伪警队长许俊和王敬一，平时作恶多端，经常带日本宪兵搜捕杀害抗日人士，这两人在张北生到南通后，又抱上了张的大腿，气焰比以往更加嚣张，引起姜颂平手下特务的不满。姜为了树立朱公馆的威信，就下令搜集许、王二人的材料，呈报给 76 号伪特工总部转报汪精卫，将许、王两人枪毙，借机打击张北生的势力。

---

[1] 江苏省政协文史资料委员会编：《江苏文史资料》第 29 辑，第 217 页。

姜颂平朱公馆的情报组织遵循汪伪特务机构的活动宗旨，秘密情报工作以搜集中共的抗日情报为主，以各小组为活动单位的一般情报工作是公开的，负责搜集解放区的政治、经济、军事情报，以及抗日根据地的报纸、材料，而通过设置内线的方法打入中共内部的秘密关系，则以单线联系，由组训科或情报科直接掌握。苏北分区领导下属站、组建立了广泛的情报网络，一般情报交由交通员逐日传递，而紧急情报则通过电台传递，对提供有价值情报的人员给予钱物奖赏。

新四军华中第四军分区在南通县金沙镇与商人合作，开了一家经营纱布的启成公司，在南通城外东门开设了一个门市部，另外在海门县治茅镇开了一家小型织布厂。“清乡”开始后，一名启成公司的职员刘永年向伪特告了密，姜颂平接报后，立即派人秘密侦察，随后派人查封了启成公司及门市部、海门的织布厂，其经理及职员多人被捕。刘永年还向姜招出了启成公司在上海的办事处，姜派人前往上海，由76号上海区协助执行，但该处人员已先行撤离，伪特工扑了个空。

此外，1943年夏秋，新四军设在泰州的秘密电台被苏北区伪特工破坏，新四军通过水路采集的一批军需物资也被截获。伪特苏北区下属的张芝山小组，还根据情报秘密逮捕了新四军潜伏情报小组成员王雨声及其妹妹等人，并伏击了新四军武工队，给新四军造成一定伤亡。

与此同时，张北生领导的“清乡”公署也从事情报工作，由其内弟孙永刚负责，以“政工团”的名义公开活动，与特工总部苏北区相抗衡。1944年，张北生率部在狼山围攻新四军武工大队，武工队队长邱大宝被捕，张北生竟未加审讯，即命人将邱大宝装入麻袋沉江。

为了推进“清乡”，汪伪政府设立了200万元的专项“清乡”开支，这块“肥肉”让大小伪官员们垂涎三尺，他们以各种名目办班捞钱，大肆扩展私人势力。其中就有李士群办的“清乡干部人员训练所”，余百鲁办的“赋税人员训练班”，何廷桢办的“会计人员训练班”，谢雪荪办的“封锁检问人员训练班”，唐生明办的“军事人员训练班”，袁殊办的“政治工作人员训练班”，张仲寰办的“特种教育师资训练班”，马啸天办的“特种工作人员训练班”，等等。

李士群办理“清乡”，不仅大发横财，还利用手中实权打击了周佛海、高冠吾，夺取了江苏控制权，正可谓连连得手。他尝到“清乡”的甜头，就想自此将“清乡”的事务一手包办下来，以谋取更大的利益，这便需要各种人才来为他服务。于是他就想到要办一所“清乡”干部学校来培植自己的私人党羽。

最初他派汪曼云负责“清乡”干部学校具体组建事项，但后来因傅也文负责的闽、浙、赣、皖四省边区行营被裁撤，为了安插傅也文，转由傅接手来办。

“清乡”干部学校校长为汪精卫，副校长为李士群，傅也文当上了教育长，是学校的实际负责人。傅也文选了苏州慕家花园一所已停办的教会女校为校址，略加修缮，便开张上课了。学校并未对外招生，伪江苏省府所属机关和“清乡”机构保送来五六百名学生，学习期限为两年。李士群对这批学生寄予厚望，指望将来能用上这些忠于自己的私人力量。但没等到第一期学生毕业，李士群已一命呜呼。李士群死后，傅也文也去职不干。学校的毕业生无处可安置，只能四散了。因作恶太多，李士群和 76 号特务们虽得意一时，却终究逃脱不了因果报应。

“清乡”委员会政治工作团团长袁殊其人

在中国近代情报斗争史上，袁殊是一位十分特殊的人物，被对手骂为“侏儒其形而诡计满腹”。他在抗战前后，周旋于国共两党与日伪势力之间，以多重身份，在国民党中统、军统，日本与汪伪以及中共几方面的秘密关系中，纵横捭阖，应付自如。他加入过青帮，在表面上扮演过“汉奸”角色，暗中却又同时兼任国共两边的间谍，他先后坐过国民党、汪精卫的大牢，新中国成立后又曾被错误关押，历经生死磨难。他虽犯过错误，但究其根底，还是一名中共党员，曾为中共的情报工作出了重大贡献。

袁殊

袁殊，1911年出生于湖北圻春，号逍逸，又名学艺、学易、军光，化名曾达斋。少年时代随母赴上海谋生，在极为艰难困苦的逆境中，依靠半工半读，获得一定的文化知识。北伐战争时期，一度投身于北伐军并加入国民党。大革命失败后，沦落在“狂飙社”当伙计。1929年留学日本，专攻新闻学，后因经济拮据，于1930年冬回国。

在日本，袁殊接触了一些进步思想，回国后他曾担任“中国左翼文化总同盟”常委，参加过上海左翼文艺活动。创办《文艺新闻》，经常发表带有左倾观点的作品。他还曾披露了国民党当局杀害“左联五烈士”等重大新闻。袁殊与当时上海左翼文化人冯雪峰、夏衍、楼适夷等都很熟悉，在上海文艺界具有一定的影响。

袁殊在左翼文化活动中表现出来的交际才能，很快引起了上海中共地下党组织的注意。1931年10月，经中共情报负责人潘汉年的介绍，袁殊加入了中国共产党，并参加了中共情报系统——中央特科的工作，当时他年仅20岁。潘汉年对袁殊说：“你加入的是秘密前卫组织，从事的是保卫组织的秘密工作，你要在一切人面前保守组织的秘密，万一你因保卫组织而牺牲了，那只能做一名无名英雄。”袁殊表示接受一切条件。从此，他与中共情报工作结下了不解之缘。

为了党的情报工作的需要，根据党组织的指示，袁殊停写了带有左倾色彩的文章，关闭了《文艺新闻》，也不再与夏衍、楼适夷等激进文化友人来往，他有意渐渐从文坛淡出，并在社会上造成他已消极隐退的假象。

袁殊的父亲是老同盟会会员，与国民党上层社会有一定关系，但袁殊寻机向国民党上层渗透时，并没有依靠他父亲的关系。1932年春，他经表兄贾伯涛的牵线，利用他与国民党上海特别市党部社会局局长吴醒亚的同乡关系，成为吴的门客。吴醒亚是中统特务头目，他在中统组织内成立了以湖北帮为主的特工组织“干社”，袁殊被任命为社里情报股股长。这样，袁殊成功地进入了国民党特工组织。经吴醒亚介绍，他又成为“新声通讯社”的记者，出入南京政府宣传部门，并结交了日本驻沪领事馆副领事岩井英一，两人成为朋友。

1931年九一八事变后，为了加强对日情报工作，袁殊有意识地加强了与岩井的关系。岩井英一是日本外务省在中国从事情报工作的资深特务，他和袁殊接触后，把袁殊看作“在华亲日分子”。袁殊伪装得宜，深得其信任，并开始接受其每月两百元的津贴，成为“日本间谍”。这一安排得到了中共组织的批准。1933年，袁殊一度与中央特科失去联系，转而为共产国际远东情报局工作。在此期间，袁殊因“怪西人”事件而被国民党逮捕，并经叛徒指认暴露了身份。考虑到袁殊与吴醒亚的特殊关系，同时又怕开罪岩井英一，国民党特工机关仅以“思想文化罪”，判袁殊2年9个月的监禁，实际上袁殊在狱中只待了8个月就被释放了。出狱后，为了转变角色，党组织同意他再度赴日本留学，成为早稻田大学历史系的研究生。

30年代初期，袁殊就加入了青帮，拜在青帮“大”字辈人物曹幼珊的门下，这样一来，袁殊与中统吴醒亚、日本驻上海领事馆、帮会都有了联系，是个集多重身份于一身的情报人员。袁殊巧妙地利用多重身份，广开情报来源，为中共中央提供了许多有价值的情报。与此同时，他当然也有选择地为中统和日方提供情报。1937年6月，中共秘密组织负责人潘汉年以八路军上海办事处主任的身份回到上海，袁殊在他的领导下开展了一系列工作，取得重大收获。

全面抗战爆发后，袁殊在从事情报员工作上表现出来的特殊才能，引起了国民党军统的注意。经青帮大佬杜月笙的介绍，戴笠亲自出马拜访袁殊，希望他为军统工作。袁殊将这一情况向潘汉年作了汇报，潘汉年认为“机会难得，不可错过”。于是，袁殊接受了戴笠的任命，再次变身成为军统上海区国际情报组的少将组长。他一人具有中统、军统、日本、青帮和中共五重身份，是中国情报史中绝无仅有的特殊人物。

八一三淞沪战役期间，袁殊化装成日本学生越过战线到日军阵地侦察，他提供的重要情报使我方避免了重大损失。袁殊奉中共与军统之双重命令留沪工作，他以军统少将的名义，成立了秘密行动小组，专门惩办侵略者和汉奸，并得到了军统局的奖励。其中最为成功的是炸毁了日本在虹口的海军军火仓库。为此，军统给袁殊记了大功。

1937年上海沦陷后，袁殊去了香港，为避人耳目，他与中共地下党负责人潘汉年在一所下等的妓寮见了面。袁殊向潘汉年报告了自己在上海的工作和搜集到的重要情报。潘汉年告诉他，国共两党现在虽然合作抗日，但是两党本质上是对立的。现在袁殊是为军统做了很多事情，深得戴笠的赏识，如向右转，他可以就这样跟着戴笠干下去，成为军统的“红人”，但是袁殊也不可能成为戴笠的“红人”，因为戴笠的心腹都是清一色的国民党黄埔系。何去何从，希望袁殊自己慎重选择。袁殊听罢慨然表示，一切都听从党组织的安排和潘汉年的指挥，并提出了希望恢复自己的组织关系问题。潘汉年说，组织问题要以后再说。他告诉袁殊，鉴于上海沦陷之后，日本在上海的特务机关频繁活动，又成立了汉奸特工总部，而在上海租界孤岛，英、美、法等国依托租界当局从事情报收集，苏联和共产国际在上海也设有情报活动组织。为了完成中央社会部提出的更高的情报工作要求，特别是搜集具有重大战略价值的情报，我们要在情报工作第一线的上海开辟和建立新的情报据点，所以自己也将很快回到上海工作。

1939 年，袁殊又到香港参加了军统大会并接受戴笠布置的任务。戴笠在会上表彰了有功人员，并大骂投敌叛变分子，告诫手下不要叛国投敌，在袁殊听来，似有“敲山震虎”的含义。会后，戴笠会见了袁殊，交代了今后的工作任务：一是利用和岩井英一的关系，继续搞日本方面的情报；二是立即制裁 76 号头目李士群。戴笠知道袁殊和李士群颇有历史渊源，而且袁殊对李士群有恩，因此他这样安排，一则是利用袁殊的关系达成任务，二则也是借机考察袁殊的真实立场。

袁殊接受任务回到上海后，考虑再三，觉得杀李一事难办。当时李士群已经是个闻名沪上的大汉奸，但他很害怕别人暗算自己，行踪诡秘，难寻其踪。情急之下，袁殊根据过去爆破虹口日本海军仓库的经验，准备将伪 76 号特务组织来个连锅端式的爆炸。经过勘察地形，他发现 76 号后面是一片菜地，他决定先从看守菜园的老汉下手。于是，袁殊打扮成饭馆老板，经常上门买菜，时间一长，就熟悉了。袁殊怂恿老汉回绍兴老家看看，还派自己的伙计帮老汉看守菜园。老汉一走，袁殊马上从看菜园的小屋内开挖了一条 50 米长的地道，直通向 76 号地下，预备装上烈性炸药，等到李士群、丁默邨都在 76 号之时即可引爆，将这帮特务一网打尽。这份行动计划也送给了军统上海区区长王天木，并得到了他的批准。

正在等待王天木运来炸药之时，李士群给袁殊打来了电话，要他去静安寺路的 DDS 咖啡厅见面，袁殊不以为怪，坦然而行。一到咖啡馆，他就被 76 号特务绑架，直接带回审讯。袁殊开始假装不知，李士群就把他亲手写的爆破计划扔到他面前，袁殊这才知道，王天木叛变了。袁殊想了一下，随即表示既然如此，愿听李士群处置。李士群给袁殊三天时间考虑，袁便当着李士群的面给岩井英一打了求救电话。岩井英一一听就急了，他还要袁殊为他效力，随即出面以袁殊是外务省系统情报人员为由，将袁殊从76号保释了出来。

袁殊能获救，主要是因为日本外务省与军方对于汉奸培植的对象不同。岩井英一保释袁殊，是因为他在上海成立了一个日本特务机关“特别调查组”，袁殊是其中的一员，他对袁的任务另有安排。

岩井英一营救袁殊并非不图回报。而且，自他认识袁殊的第一天起，他就着力培养袁殊亲日，欲拉拢袁殊为日效力。在影佐桢昭筹备成立汪伪政权之时，他曾找到岩井协商帮助事宜，岩井看中了袁殊。当袁殊被安排往百老汇大厦后不久，岩井就向他提出要求，要他立即写一篇谈所谓中日亲善关系的文章公开发表，实际上也就是要袁殊公开表态当汉奸。袁殊立即请示了潘汉年。潘汉年早已料到岩井英一的这一手，他指示袁殊将计就计，公开出面当“汉奸”，打入日本谍报机关。潘汉年说：“我看这是一个机会，也许还是难得的好机会，向敌人营垒渗透，在敌垒中建立我们的内线，需要的就是这种机会，你若真能成为汪伪政府中代表一个派别的领袖人物，不但可以起掣肘汪伪政权的作用，获得情报的机会也更多，对革命的贡献更大。当然，这对你个人来说是很委屈的，需要付出巨大的代价，要承受亲朋好友的误解和公众的唾弃，清白玷污，名誉扫地。”

自参加中共情报工作以来，袁殊早已将自己的生死利益置之度外，但他确实没有想到要背负“汉奸”的骂名。现在，有了潘汉年的明确指示，袁殊义无反顾地“按组织的意思去向水里跳”，甘愿“落水当汉奸”。他按照岩井英一的意见，经过一番斟酌，以严军光名义写了一篇《兴亚建国论》，在中日几家报纸上发表，成为由岩井英一扶植起来的“公开汉奸”。

1939年，岩井率袁殊等8人赴日，拜见日酋阿部首相、近卫文麿枢府议长以及陆海军首脑，增添了袁在日伪方面的资本。

不久后，岩井英一为了掣肘汪伪汉奸势力，就让袁殊出面组织一个名为“兴亚建国同盟”的汉奸文化团体，加入到汪伪政府中去。1939 年 11 月，袁殊根据中共的安排，向岩井英一建议把它扩大为一个由岩井英一控制的伪组织——兴亚建国运动本部，得到了岩井的赞赏。于是，他便在地处上海宝山路的“岩井公馆”挂起了“兴亚建国运动本部”的招牌，成立了“兴亚建国运动委员会”，并筹备出版了《新中国报》和《兴建》杂志。“兴亚建国运动本部”表面上是一个接受日本外务省津贴、支配的汉奸组织，有千原楠藏、儿玉与士夫、武井龙男、岩田幸雄、高桥忠作、高冈天行等日本政界人物加入，实际上却是中共的一个新的情报据点。“兴亚会”的主任委员是原属改组派的陈孚木。经何香凝、廖承志做工作，陈表示愿意为抗日而实行“特洛伊”木马计，该组织的机要员是从延安来的情报干部刘人寿，其所办的《新中国报》，经理是曾在桂林《救亡日报》工作的中共党员翁永清（字从六），以化名鲁风的中共党员刘慕清为总编。在他们辅佐袁殊的具体操作下，日本外务省每月拨给“兴亚会”20 万元军票中，有相当一部分成为中共上海地下党组织的活动经费。

为迷惑日人，《新中国报》伪装得宜，出版后第三期即在头版上刊登日本天皇照片，并大书“天皇陛下御照”，其“马屁”功夫使周佛海之流也摇头自叹不如。袁殊还特邀了当时沪上一批知名女作家为该报写稿，如张爱玲、苏青、周练霞等人，张爱玲之成名，也赖于袁殊的报纸与杂志的捧红。《新中国报》在抗战胜利后的 1945 年 8 月 15 日晚上即被中统地下人员接收；16 日，又有重庆任命的上海市副市长吴绍澍派人来接收，欲改名为《正义报》继续出版；17 日，何民魂的代表又来接收，要改名为《革新日报》；8 天后，第三战区顾祝同的《前线日报》以及国民党宣传部的《文汇报》奉其东南专员冯有真之命都来接收，一时闹得不可开交。最后，《新中国报》被几家瓜分。所谓“接收”变“劫收”，乱象由此可见。

“兴亚建国运动本部”除为中共地下党掩护了一个电台外，更重要的是创造了地下工作的一种新模式。因延安远离情报中心上海，又急需掌握日本大本营动向及日、汪、蒋三方的微妙关系与变化。在日伪与顽固派的夹攻下，中共隐蔽战线工作的任务更为艰巨，必须以更灵活的方式深入敌人内部。袁殊进入日本人的活动圈中，对获取敌方情报也就更加有利，于是袁殊的“兴亚建国运动本部”便成了中共的重要耳目，他由此将大量情报发往延安。

尽管袁殊是个“公开的汉奸”，但他毕竟在上海滩活动，曾几度被国民党和日伪怀疑过。国民党曾密令它在上海的情报系统调查袁殊的真实身份。1941 年 2 月 27 日，孔祥熙派遣在上海的情报员就在一份致重庆当局的密电中报告说：袁殊虽几度“在中央机关（指国民党的军统）服务，实则为共产党工作。前年袁被捕后在日方组织伪党（指汉奸组织兴亚会），亦为共党指使。现袁为共党担任工作有四（方面）。共党在沪安全问题与共党在沦陷区之交通亦由袁负责”，“共产党利用日伪报纸攻击中央（指国民党中央）皆由袁办理”。但军统对袁的真实身份一直没有弄清。76 号特务对于袁的身份与活动也曾再起疑心，周佛海侦知袁殊及其左右在为中共工作，便下令打击。岩井收到求援，即派日本驻华大使馆一等书记官清水董三约见了周佛海，否认袁与中共有关，警告其不许抓捕。周表面答应，但暗中却继续监视。两个月后，76 号再次请求岩井交出袁殊，岩井便把袁藏到了虹口日军警备区，76 号无计可施。后来岩井找周佛海，要他用袁出任《新中国报》董事长，还发给袁殊每月经费 3 万元，增补其为汪伪“中委”，

袁殊凭借“兴亚会”负责人的身份，在汪伪政权内担任过伪国民党中央委员、宣传部副部长、“宪政实施委员会”委员、江苏省教育厅厅长等职务。汪伪开始“清乡”后，袁殊先后被委任为“清乡”政治工作团团长、镇江地区“清乡”公署主任兼地区保安司令。他因此与李士

群、罗君强共事，并与熊剑东成为罗君强的文武二将。

1945年初，袁殊辞去了伪教育厅厅长等职，仅留下一个上海市参议的名分。抗日战争胜利后，袁殊被任命为军统“忠救军”新编别动队第五纵队指挥和军统直属第三站站长，被授予中将军衔。

抗日战争胜利后，国民党政府得知袁的真实身份后拟按汉奸罪对袁殊提出起诉，但在共产党组织的安排下，1945年10月7日，袁殊由交通员秘密护送到苏北解放区，并于1946年重新履行入党手续，结束了长达14年的敌营生活。

直到1946年初，国民党方面才知道袁殊去了解放区，于是，“抗战有功人员袁殊”立即变成了“共党汉奸”。军统对袁殊下了通缉令，并派人去苏州抄家。国共重庆谈判《双十协定》签订后，袁殊随军北撤。

时任中共华东区组织部部长的曾山亲自找袁殊谈话，考虑到各种关系，让袁殊暂时改名，跟他姓曾。从此，“曾达斋”这个名字用了几十年。后来，袁殊被任命为华东局联络部第一工作委员会主任，定为旅级干部。后又调往大连，在李一氓领导下从事解放区城市建设。

1949年2月，袁殊调往北京，转到李克农领导的情报部门工作，专事日美动向的调研。1955年4月，他因潘汉年案牵连而被捕入狱。1982年，又随潘汉年的平反而平反。后来，中共中央军委对袁殊做过政治结论，肯定了他的贡献。

1987年11月26日，袁殊病逝，结束了他坎坷而传奇的一生，享年76岁。[1]

唐生明与“清乡”

唐生明是由蒋介石亲自点将、受戴笠派遣打入汪伪的，但汪精卫一

---

[1] 此节参考《情报战：袁殊与敌特的精彩战斗》，载《中国国防报》2006年3月21日，并据其他资料而成。

直对他有怀疑。后来，陈恭澍被捕，供出唐的真实身份，汪为了拉唐彻底下水，便派唐任“清乡”委员会的军务处长，主管军事，逼他上前线，与重庆为敌。因为汪精卫一贯主张反共建国，他不仅要消灭共产党，也要消灭忠义救国军，唐生明如果只打共产党，那蒋介石也不反对，如果唐生明打了“忠救军”，必不为老蒋所容，只有下水为汉奸这一条路了。

汪伪的“清乡”号称“三分军事七分政治”。1941 年 4 月“清乡”委员会开始酝酿组织时，汪精卫就派李士群找唐生明来负责“清乡”的军事行动。唐生明很为难，曾密电蒋介石请示，蒋指示其加入，并要唐利用日军和伪军来消灭新四军，同时要保护军统的忠义救国军，不能使其受损，还要促其扩大。唐遂加入“清乡”。

在大规模“清乡”开始前，李士群在南京举办了一个“清乡”工作人员训练班，调训了上千名人员。同时，上海 76 号特工总部内也办了一个特工人员训练班，培训特工人员，以配合“清乡”活动。

很快，“清乡”委员会在苏州成立了办事处，并把在南京的机构和人员统统移住苏州，只留少量留守人员。李士群和唐生明都把家搬到了苏州。办事处处长由李担任，唐生明任副处长。

“清乡”区内的日军是不轻易出动的，他们一切听从日军官的命令。日本人最希望中国人自相残杀，趁机来消灭“清乡”区的中共抗日力量，在这一点上日伪双方是有共识的。当时，苏州办事处指挥的伪军大部分是由土匪收编而来的保安队，原来一直由日本人指挥，现在转到苏州办事处名下，这些保安队居然不肯听从李士群的指挥，因为他们不愿做奴才的奴才，反而更愿意和日本人打交道。于是，唐生明从军统的忠义救国军投伪人员中挑选一些人员来充任伪军的骨干，例如，苏州办事处的黄征夫就是其中一个。汪精卫为了借机扩充力量，花费重金购买日本的武器装备来武装伪军，这客观上加强了李士群的势力。

唐生明在这一时期与重庆保持着密切的联系。唐生明通过重庆方面得到新四军及其领导的地方游击队的情报，唐再将情报交由他所控制的情报员转报上来，以唐的名义向日本人和李士群汇报，然后，再派部队前去清剿。

重庆方面得到新四军的情报后，一面通知唐，由伪军去出击，同时，又通知在这一地区的忠义救国军阮清源部和郭墨涛部，要他们不着痕迹地阻击被日伪军攻击的新四军，同时命令忠义救国军避免与日军正面冲突，保存实力。

但新四军方面的情报也很灵通，他们往往在事前即已安全转移，不知去向，让兴师动众的日伪军大队人马扑个空。

李士群、唐生明一伙都明白，以他们的力量要想一举消灭新四军是根本不可能的，1940 年发生的“皖南事变”中，蒋介石的几十万大军采取突袭的阴险手段，都没有达到目的。李士群和唐生明只希望新四军能主动从“清乡”区域撤离，他们就能向汪精卫和日本人交差了。

两个月后，原在“清乡”区域活动的新四军主动开始战略转移，向苏北地区撤退。李士群和日本人认为“清乡”取得了成功，敌伪报纸开始大肆吹嘘“清乡”的战果。实际上，新四军撤离后，日伪军抓不到人，就拿老百姓来充数，大批普通百姓被充当新四军遭到残杀，日伪才有了“战绩”。

日伪军虚报的“清乡”成绩使南京中国派遣军总司令畑俊六也信以为真。8 月底，他来到苏州视察，李士群和唐生明出面接待，苏州“清乡”办事处因此忙作一团。

李士群平时也很难见到畑俊六，他不会放过一切向日本人献媚的机会。由于新四军便衣队常出入苏州城活动，李士群十分担心会有针对畑俊六的暗杀行动。那几天里，苏州城内日伪特工遍布大街小巷，一片紧张气氛。

畑俊六的专列终于驶进苏州站。他在车站检阅了一队日军后，立即前往宫巷办事处，由李士群亲自向其介绍“清乡”情况。李士群在听到畑俊六赞许和勉励的几句话后，露出谄媚的笑容。

汪精卫访日归来后，听说畑俊六已到苏州视察过，连忙也随主子往苏州视察一番。李士群为讨好汪精卫，特意要唐生明为汪再安排一次军事检阅。李士群和汪曼云对军事是外行，唐生明便主持了这次军事检阅。汪精卫出身文人，非常想得到军队对“领袖”的崇拜与敬意，这会使他有“君临天下”的感觉。李士群安排的军事检阅正合汪精卫胃口，他特意穿上了大元帅的戎装。平时，汪精卫一贯穿便衣，还习惯脱帽还礼。在检阅伪军时，当他看到队伍经过检阅台向他敬礼时，这位站在主席台上的“大元帅”，几次欲脱下军帽还礼，站在一旁的唐生明急出一身冷汗，好在汪几次在抬手准备揭帽的一瞬间，又犹豫地放了下来，唐生明终于松了一口气。

第二天，汪精卫前往常熟视察。李士群安排唐生明陪同汪精卫同乘一辆车前往。在车上，汪精卫与唐生明聊了很多。汪精卫对“清乡”寄予很大希望，对日本人也存有一定幻想，汪一再叮嘱唐，要巩固扩大“清乡”成绩，以取得日本人的信任，建立自己可以控制的军队，把日本人的防卫接过来，逐步实现政治和经济的独立。他还向唐吹嘘了自己在日本访问时所受到的隆重接待。唐生明以为汪是害怕司机听到两人的谈话而故意说一些冠冕堂皇的话，孰料到了常熟后，汪与唐两人闲谈时，唐把几个月来受日本人的气一一向汪诉说，竟遭到汪的斥责。汪精卫劝唐，小不忍则乱大谋，“我们国家太没有力量，国人太不争气，事事都不如别人。过去我们没有抗战前，名义上虽是独立自主的国家，我们不是一样受日本人和英、美、法等国人的气，特别是日本人的气，我们受得最多。你总不会都忘记，何况今天我们要想希望他们帮助我们，并且是依赖他们来实现我们的反共建国国策，哪还能不受点气呢！”

汪还说：“过去受许多强国的气，今天只受一个国的气。蒋介石搞了那些年，弄得损兵折将，焦头烂额，结果是内外不讨好。共产党一天天坐大，今天还不能不和共产党讲合作，英美还是给他气受，他过的日子不会比我们好。今天我们能把日本人拉下水来帮我们反共，这又有什么不合算哩！”[1]

唐生明听此一番谬言，心里知道了汪的立场，就再也不向汪精卫诉苦了。

1943 年 9 月间，李士群被日本人毒毙，由陈群接任伪江苏省省长，唐生明的身份渐渐公开，不能再继续参与“清乡”，他的工作变为主要与日本人进行勾结，为日蒋双方“谋和”牵线搭桥。

第三节　争权夺利　内斗自残

汪伪特工组织是汪精卫从事卖国活动所依靠的一支重要力量。汪精卫初到上海时，手中没有一兵一卒，没有组织基础，全靠丁默邨、李士群一伙替他打天下。

李士群依靠丁默邨的声望拉起一支特工队伍后，与丁在警政部长之职上产生过争执，在 76 号领导权问题上又斗争不断，周佛海由于需要李士群的特务势力，在丁、李二人的争斗中，对李士群采取了姑息养奸的做法，使李士群气焰愈发嚣张，终将丁默邨赶出 76 号。但李士群在羽翼渐丰后，竟抛弃周佛海，直接投向汪精卫，并公开与周佛海叫板。

[1]　余子道等：《汪精卫国民政府“清乡”运动》，上海人民出版社 1985 年版，第 106 页。

李士群的暴发和树敌过多，引起日伪与重庆双方的仇恨，最后终于招来了杀身之祸。

所谓上行下效，周佛海、丁默邨、李士群一伙为利益不断相争，其手下特务也纷纷效仿，76号内部因此一直纷争不断，处于激烈的矛盾冲突之中，甚至在一定程度上削弱了自身的力量。

汉奸是一群毫无政治信仰的人，他们纠结在一起只是为了升官发财的私人利益与享乐，甚至不惜出卖国家与民族，因此，他们在内部斗争中也是心狠手辣的。

丁、李争夺76号统治权

在投日之后到汪伪政权成立前后的日子里，76号头目李士群与丁默邨的关系由因利益而结合逐渐发展到因利益的争夺而渐生嫌隙。

李士群因在中统受气不得志而投靠日本人，原来只是想为日本人做走狗发一笔横财，并没有过高的政治目标。他曾说："过去CC对我的手段太辣，要借此报复一下，出口鸟气。同时因为太穷，想在日本人那里能骗到20万块钱，就准备滑脚溜走，因此不想大干，仅答应日本人做些情报，不做行动。"[1] 因此，李士群推出资历职级高于自己的丁默邨为特工首领，盖因自己资历和号召力不够，想利用丁默邨在国民党特务里的地位和声望来做大旗，指望丁能承担责任与风险，自己则跟进捞点好处。

但日本人要丁、李与汪精卫合流后，随着76号特务势力不断扩大，李士群有些后悔了。他眼见特务在汪伪集团中的地位越来越重要，政治野心开始膨胀，想要开始改变自己居次位的地位。由于李士群过去只是一名中统的小特务，与汪氏集团的高层人物向无渊源，因此他一时不好与丁默邨翻脸。但李士群是善于投机钻营之辈，深知要超越丁默邨只有

[1] 黄美真等：《汪精卫国民政府成立》，上海人民出版社1984年版，第263页。

攀上更大的靠山。所以当李士群第一次见过汪精卫之后，便写了封千言长信向汪表功，说明自己是76号创办人，丁默邨只是自己出于同情收留而已，并表示愿以76号特工势力为汪精卫效力，替汪在上海杀出一条生路来。此信由陈春圃转交给了汪精卫。

俗话说世事难料。丁默邨是个政坛老手，他刚来上海时只想以李士群为跳板，向依靠日本人的势力过渡，没料到后来竟借助李士群拉起的这支特工队伍搭上汪精卫这条“大船”。眼见汪氏集团即将组府，如果把76号抓牢在手中并成为自己的势力，这将是向汪精卫集团邀功请赏的重要资本。丁默邨本来在中统的地位就高于李士群，所以他在76号一直以一把手领导自居，大权独揽，处处压制李士群。

汪伪中央特工委员会设立之后，丁默邨的如意算盘是由周佛海挂名主任委员，自己做掌握实际权力的副主任委员。丁默邨设想在伪特工委员会设立8个处，将权力集中于委员会。但李士群岂是好糊弄的人，他一眼识破丁默邨的诡计，紧紧抓住特工实权不放，结果，伪特务委员会只设立了一个总务处，名义上的特工领导机构成了一个空架子，实权落在了下属的特工总部。

于是，丁默邨利用主政伪社会部的机会，拉拢一批人加入76号特工总部，这些人唯丁默邨马首是瞻，根本不把当年月薪只有80元的小特务李士群放在眼里。

李士群由投靠效力日本人而发家，最初的特工经费一直由日本人发放。76号归并汪氏集团后，特工经费改由伪国民党中央财委发给，并由丁默邨直接管理。于是，丁、李双方除了权力争斗外，又有了金钱上的争夺，而要钱最终还是要先抢权。

丁默邨一系列的掣肘使野心勃勃的李士群恨之入骨，导致丁、李双方结怨愈深。

在丁、李矛盾中，他们二人的上司周佛海“虽是特务委员会的主任委员，而李士群等表面虽受命于周，同时也受命于土肥原的特务机关，且有晴气等日本特务人员常驻七十六号发纵指挥，形成大权旁落之状态。周佛海在日记中一再对特工人员的无所不为表示痛心疾首，然而形格势禁，无法出以断然的手段。加上丁默邨与李士群之间的争权倾轧，周佛海只有用言语加以温慰，以爵禄与金钱以为羁縻。然而丁满足了，又引起了李的反感；李高兴了，又难免使丁失望。周时常调停于两人之间，他居主任之名，而不能对特务工作加以有效的控制。汪府平时固为此而困扰，而最后周丁之间，彼此既各怀不快，终汪府之局，始终处于貌合神离之境。而李士群既如上文所述，置于周之十人组织中，因曾融洽一时，卒以罗君强之专断傲慢，更成凶终隙末之局”[1]。

1940年2月14日周佛海在其日记中写道：“旋约士群来，谈至下午二时，调解其与默邨之感情，并加以抚慰。下午午睡未成，默邨来，与之商如何使二人感情融洽。余提议，警察与特务分开管，特务由余直接指挥之。”[2]2月20日他又在日记中大发感慨：“前有高陶之出走，后有丁李之争执；面子丢尽，气亦受够矣！”[3]

由此足见当年丁、李两人的矛盾确有水火不相容之势，从而影响到了76号的活动。

丁默邨被排挤出76号

根据1939年5月间丁默邨、李士群与汪精卫的约定，伪警政部部长一职由76号的人出任，汪精卫已内定丁默邨为部长，李士群为次长。

[1] 朱子家（金雄白）：《汪政权的开场与收场》第十二节“七十六号中的丁李搭档”；网络版 www.doc88.com。

[2] 黄美真等：《汪精卫国民政府成立》，上海人民出版社1984年版，第689—690页。

[3] 黄美真等：《汪精卫国民政府成立》，上海人民出版社1984年版，第689—690页。

但李士群公开跳出来反对。内讧的结果是丁默邨担任了社会部长，警政部部长由周佛海兼，李士群仍作为常务次长掌握实权。警政部内除了主任秘书杨树屏之外，其他位置都是李士群安排的亲信出任，因李士群有特工实力做后盾，周佛海对他也无可奈何。

丁默邨在内讧中丢了警政部部长，而伪社会部的班底又是原国民党上海市党部的一干人马，丁深感难于驾驭，他于是准备去当汪伪的边疆委员会委员长。

当时汪曼云已被内定为伪交通部次长，但部长诸青来慑于 76 号的淫威，不敢收留汪曼云，建议他换至农矿部。汪曼云认为自己“从前在铁路里做过事，对交通还沾点边，对于开矿、种田，我却一窍不通”[1]。他以为是丁默邨捣的鬼。

丁默邨为了澄清此事与己无关，便请梅思平出面，请周佛海、蔡洪田、汪曼云等到梅思平家吃饭。周佛海在宴席上对丁默邨说：“顾忠琛的位置，汪精卫先生已内定请他做监察院院长，社会部长势必无法兼顾，你不干，林柏生正想捞过去。所以我想你还是回社会部老家吧，空下来的边疆委员会委员长让汪曼云来干。”[2]

但汪曼云却不高兴了，他认为：“边疆委员会的委员长是特任官，也就是前清时代一品大员，那时的一品大员大都是胡须雪白，长到肚脐眼，饱经阅历的大官僚。汪先生（指汪精卫）还都，大家都要睁着眼睛看看这批还都大员是些什么人物，连我这样一个黄毛未退、乳臭未干的年轻小伙子也跻身于一品大员之列，这岂不是让人说汪先生手下没人才。这是我不愿意干的理由之一。再说我只想做事，不想做官，还都以后的政府，哪里会有边疆？当然无事可做。对我一个想做事的青年来

[1] 黄美真等：《汪精卫国民政府成立》，上海人民出版社 1984 年版，第 708 页。

[2] 黄美真等：《汪精卫国民政府成立》，上海人民出版社 1984 年版，第 708 页。

说，这个官儿无异是对我的一种虐待。”[1]

最后还是丁默邨说服了汪曼云。丁默邨还听从周佛海的意见，回到伪社会部当了部长。

李士群在76号内部借一切机会打击丁默邨，削弱丁默邨的势力。丁默邨以特工总部的名义，成立了一个肃清委员会，他拉拢何行健、王天木等人做了自己的副手。但何、王二人又不和，闹开了矛盾。在王天木副官马河图试图枪杀何行健、陈明楚事件发生之后，李士群力主监禁了王天木。一时丁、李两派之间矛盾激化，甚至拔枪相对。吴四宝作为李士群的头号大将，甚至在1939年除夕76号的年夜饭宴席上，公开向丁默邨发难，使丁极度难堪。此时的丁默邨在76号之内，已经逐步居于下风。丁、李两人的内讧结果，使丁默邨丢了76号特工总部主任职务，并由李士群取代之，丁默邨的势力从此基本被排挤出了76号，他一度曾想连社会部部长的本职也辞去，经人劝阻才作罢。

在丁、李二人的内讧中，丁默邨的资历与声望都在李士群之上，为何丁总是屈居下风呢？其根本原因在于李士群有日本人的支持，梅机关的晴气庆胤与日本宪兵队特高科的林少佐是李士群的后台老板。

1939年，晴气曾安排李士群到日本东京一游，李士群向日方表功：“苏、浙、皖三省和京沪两市治安维持良好，所有军、中统分子大部分已被捉住了。”[2]李还以与丁有矛盾为借口，表示不想干下去。日本人为了利用李士群这条走狗，许诺在经费及工作各方面支持他。从此，李士群更加卖力、更加嚣张地为日本人卖命。

丁、李散伙后，李士群与汪曼云进一步勾结起来，随着76号势力的不断壮大，周佛海也感到不可小视这股特工力量。周佛海说：“我们既是弟兄，我也用不着一个人吃几碗饭，警政部在我手里已无必要，所

[1] 黄美真等：《汪精卫国民政府成立》，上海人民出版社1984年版，第708页。

[2] 黄美真等：《汪精卫国民政府成立》，上海人民出版社1984年版，第708页。

以我想把它让给士群，他和默邨憋了一肚子气，我们兄弟也该帮他稍展抱负。”[3] 表现出他对李士群的让步。

可是李士群出任伪警政部部长之后，却没给周佛海面子。周佛海曾推荐自家亲戚杨树屏为副部长，并且自认为李一定给面子。谁知李士群却不这么想，他认为周佛海做事不漂亮，“送个蹄髈来吃，还要挖走一块肉”，因此就抗命不许。周佛海吃一哑巴亏，也无可奈何。谁知李士群更进一步，任命了当初商定过“永不起用”的唐惠民来做副部长，周佛海真是气极。以周佛海的身份，又不便和李士群出面计较，而且李士群手上有那么多亡命之徒，周也有所忌惮。为安全计，周佛海就推出了自己的亲信罗君强出面去和李士群斗，以此缓解他与李士群的矛盾。

周佛海和李士群闹翻之后，丁默邨和周佛海又来往频繁起来。周佛海觉得丁默邨虽然现在无权，但是将来是可以发挥作用的。丁默邨和周佛海此后关系一直不错，一直到抗战胜利后都曾被囚禁在一起。

唐惠民“武功”全废

唐惠民是无锡人，早年加入国民党改组派，但混迹数年并未得到什么好处，后即改投中统组织，1932 年他出任由陈立夫出资、丁默邨主持的中统刊物《社会新闻》编辑。抗战爆发后，他在李士群拉拢下投敌。

唐惠民在汪伪特工组织中是仅次于丁默邨、李士群的第三号人物，负责撰写与组织汉奸理论宣传。唐惠民与丁默邨工作相处时间较长，有较好的私人感情，因此在丁、李二人的争斗中自然倾向于丁默邨。

伪国民党六大后，丁默邨身兼特工总部主任、伪中央社会部部长、伪中央肃清委员会主任委员三项重要职务，是其一生中最为显赫之时。丁默邨为了牵制李士群，特意安排唐惠民担任特工总部的副主任，压制

[3] 黄美真等：《汪精卫国民政府成立》，上海人民出版社 1984 年版，第 708 页。

李，李士群对此心知肚明，他一心想支走唐惠民，削弱丁的势力。伪特工委员会设立南京区后，李士群便竭力推荐唐惠民去南京当主任。

唐惠民认为尽管丁默邨的职务高，但76号的实权掌握在李士群手中，丁、李之争一时难见高低，自己不如远走南京，另起炉灶，干出一番事业来。于是便同意了。

唐惠民是从国民党中统出来的，在伪特工草创之初，他就又一次与重庆中统接上了关系。唐惠民到南京后，利用汪的电台重新和中统来往，交换情报，甚至为中统办起特务训练班。唐惠民的所作所为没有逃脱李士群的监视。等证据一到手，李士群毫不客气地向丁默邨发难。

对于私通重庆中统罪，无论是日本人还是汪集团都不会轻饶。尽管丁默邨未参与此事，但他深恐累及自己，无奈之下，只能听由李士群将唐惠民骗回上海，软禁在新亚大酒店。

俗话说独木难支。除掉唐惠民这个有力的助手，丁默邨将元气大伤。李士群因之一心要杀唐，丁默邨见状有些慌乱，他不能直接出面，就通过运动其亲信竭力保唐。丁默邨找来些和76号关系密切，又比较倾向自己的汪伪国民党中央委员，如茅子明、汪曼云、蔡洪田等人开会，集体讨论如何处置唐惠民事宜。

李士群在会上列举唐的背叛事实，振振有词地要杀他。茅子明则受丁默邨之托极力反对，其他人深晓内情复杂，闭口不言。最后只能由汪曼云出来圆场。

尽管汪曼云曾怀疑唐惠民陷害过他，但他仍然认为在特工组织刚刚成立时，就对自己的人开杀戒是不恰当的。他说："惠民虽咎由自取，无所姑息，不过和平运动刚刚开始，我们就杀起自己人来，总觉得不太好。再说他也是大西路67号的发起人，过去为丁、李两兄也帮过不少忙，做过许多事。我想人总是有感情的，所以我的意见，把他这一条命，暂且留下，将人关押起来，免得他再来捣乱，让他自己反省。这次我们既领教过他这一手，以后对他永不起用，以杜后患。”[1] 在他的调解下，唐惠民总算保住了一条小命。但他自此好比被废了“武功”的人，从此退出了 76 号的上层圈，丁默邨由此失去了一个强有力的助手，李士群气焰更加嚣张。

白白送死的张小通

张小通，江苏松江人，为国民党上海特别市党部吴开先手下的一员大将，专门从事特工地下活动。国民党上海市党部被 76 号几乎一网打尽后，张小通通过已经投敌的原国民党上海市党部宣传科主任黄香谷牵线计划投靠汪伪，吴开先正因工作失败受到蒋介石训斥，为挽危局特意从重庆赶来加以阻止。但 76 号不愿放过张小通这条大鱼，他们根据黄香谷提供的线索，在 1939 年冬天的一个晚上，由苏成德带队，派人将张强行抓捕。

张小通被抓后，76 号连夜审讯，要其交代上海市党部主任委员吴绍澍的住址，张小通并不知道其住址。正要刑讯之际，张小通以前的老同事汪曼云等人拿了丁默邨的条子赶来求情，使他躲过了一通皮肉之苦。

汪曼云又去找了李士群，李正在打麻将牌，无心应事，只草草应付说：“两位老兄咋说，就咋办吧。”汪曼云得此信息很高兴，以为张小通有救了，便吩咐张的老婆送来换洗衣物。但不久，李士群又向负责看押张小通的吴四宝下令，说明非经李士群批准，不准任何人接近张小通，随即将其秘密转往南京。

原来，丁默邨当时是伪国民党中央社会部部长，来投效的原重庆分子一般与他联系，形成了一个关系密切的小集团。李士群认为张小通与汪曼云、蔡洪田等人关系交好，如果张小通加入 76 号，势必增强丁默

[1] 黄美真等：《汪精卫国民政府成立》，上海人民出版社 1984 年版，第 707 页。

邨的势力，对自己不利。因此，虽然张小通有准备来投的记录，以及汪曼云等人还在为其说情，李士群还是准备杀了他。由于76号的杀人权力在丁默邨手中，李士群玩了一出调虎离山计，将张小通押往南京，交由唐惠民的继任者76号南京区区长苏成德，并下令将其处死。苏成德奉命之后，先是给张小通服了砒霜，因量小，张小通服后满地打滚未死，于是苏派人用绳子将其勒死，并把尸体剁成块，放入硝镪水罐子中，化成浓浆，然后埋在了南京中央路大树根76号的直属行动总队的驻地后墙根。直到一年多后，上海方面才知道此事。

张小通之死，实是丁、李权力之争的牺牲品。

吴四宝之死

76号特工势力的发展与上海滩流氓帮会密不可分。想当初，吴四宝带领一帮打手四处出击，杀人越货，干尽坏事，为汪伪特工势力的发展立下汗马功劳。但吴四宝为人粗俗暴虐，终因作恶多端，引起公愤，无论是日本人还是汪政权甚至李士群最后都已容不下他，死亡成为他的必由之路。

自从吴四宝投入李士群门下，由一个汽车夫一跃而为76号的警卫大队队长，直到汪伪政府“还都”南京前后，是吴一生中的“黄金岁月”。吴四宝利用手中掌握的特工权力，在黄、赌、毒等行业夺取暴利，并以武力控制黄金、棉纱等进行投机买卖，很快成为上海滩的暴发户。

1940年，吴四宝在上海愚园路475弄2号买下一幢西式豪宅，并以低价强买左侧邻居的一幢房子，楼上作宴会厅，楼下为舞厅，又将右邻院子霸占为自家的网球场、晒衣场。吴四宝搬入新家那一天，连开3日流水席，并将上海滩评剧、越剧名伶一一请到，连唱3天堂会，排场之大令人侧目。第二年，在佘爱珍过40岁生日时，其场面更甚于此。

吴四宝平时在家中也宴席不断，他是一个善于投机钻营之辈，经常在家中大摆宴席，请来汪伪政府的重要官员，诸如周佛海、丁默邨、李士群、胡兰成之类，花天酒地，纵情声色。周佛海就是在吴四宝家宴上与名伶筱红玲相识，并引出一段孽缘。

吴四宝出身帮会流氓，自然以杜月笙为其偶像，他仿照当年杜月笙与张啸林比邻而居，买下邻近的豪宅送与李士群夫妇。

太平洋战争爆发后，日军进驻租界。为了鼓吹大东亚圣战的“成果”，粉饰日军占领区的所谓“太平”，日军不再容忍吴四宝一伙在上海滩的打打杀杀，况且吴四宝一伙制造贩卖毒品已侵犯了日本浪人的利益。

汪精卫当初利用吴四宝的流氓势力对抗重庆特工，是要为自己提供保护。时过境迁，汪伪政府“还都”后，急于取得上海大资本家们的信任与拥护。吴四宝一伙在上海继续绑架、杀人，以武力扰乱市场，76号的所作所为无疑给汪伪政府带来了很大的负面影响。

李士群一直依仗吴四宝为其打天下，在76号内部的争斗中，吴也始终站在李士群一边，协助他把丁默邨挤出了76号。同时，吴四宝也利用此机会充分发展自己的势力，在76号形成了自己的一股力量，并且有日益发展的势头，李士群渐渐已恐其尾大不掉。

汪伪政权成立后，大批原蒋方特工被吸收进76号，这些人大都经过正规的特工训练，有一定文化水平，相比之下，吴四宝之类的流氓有被边缘化的倾向。李士群已暗中准备一份《纯化特工计划书》，要把渐渐难于驾驭的吴四宝一伙土流氓排挤出76号。但由于吴四宝与汪伪政府的上层官员如周佛海、褚民谊等也皆有交情，李士群投鼠忌器，尚不敢轻易下手。

1941年底，在日本人的压力下，汪伪政府不得不免去吴四宝的特工总部警卫总队长职务。这正是李士群想要的结果。李士群借机劝吴四宝离开上海，暂避风头，以图来日东山再起。但吴四宝尝到甜头，岂甘就此金盆洗手退出江湖？他到苏州暂避几天，又回到上海，竟以百倍的疯狂干出一桩惊天动地的大案来。

黄金劫，是吴四宝上海滩罪恶生涯的谢幕戏。

这天，日本人要将中国上海海关的一批金砖运往日本正金银行，因为只是在市内运输，估计安全无妨，故只派了一个日本兵开车，并无其他押运人员。利令智昏的吴四宝探得消息后，决定借机抢夺大捞一笔。他带人埋伏在正金银行附近，当日本人汽车来后，张国震用枪将其逼停，日本司机熄火后拔下车钥匙就跑，一溜烟跑进不远处的正金银行大楼，立即用电话向日本宪兵队报告。

吴四宝一伙看日本司机跑了，并不着急，因为张震国会开车。可张上车一看，没有车钥匙，顿时傻了眼，吴四宝赶紧指挥撤退。不一会，日本宪兵就赶到了。

在上海闹市区打劫日本人的黄金，这是非同小可的大案，日本人一下就查到了76号头上，逼迫李士群交人。

李士群闻讯后十分恼火，他估计，虽说黄金劫案与己无关，但吴四宝与自己的关系人人皆知，如果没有人出来顶罪，日本人绝不会放过自己。李士群首先抛出张国震，但日本人不答应，非要76号交出吴四宝不可。同时，汪伪政府也在《中华日报》上刊出了对吴的通缉令："吴四宝肆行不法，作恶多端，着即通缉讯办。"吴四宝得到内线消息，早已闻风而逃。李士群只得通过佘爱珍将吴四宝骗了出来，许诺绝不会为难他。

李士群亲自带着翻译夏仲明将吴四宝送到日本宪兵司令部，同时，李还下令查封了吴四宝的家产。

吴四宝经多年的疯狂搜括已积累下丰厚身家。抄家时，金银珠宝首饰摆满一桌子，三个香烟罐子里塞满了钻石，还有零星的金元宝和几十根金条，连官职远远高于吴四宝的汪伪高官汪曼云都叹为观止，看得目瞪口呆。

李士群怕吴四宝在里面受不了日本人的酷刑，乱说一气，把自己牵连进去，就给日本人送了厚礼，请特高课长小林少佐给予优待。佘爱珍也花了大把的银子疏通，使吴四宝在日本宪兵队少吃苦头。

吴四宝在 76 号时，刻意培植自己的势力，他为人豪爽，出手大方，确也结下不少人缘。因此，李士群想要借日本人之手除掉他也不是一件易事。汪曼云就首先反对，他认为："吴四宝所作所为确实是天怒人怨的，这是事实。但外面人都知道他是你手下的一员大将，现在他因案给日本人要去，固是他咎由自取，但是你不能不对他有所表示，否则日本一旦处理了他，这比吴四宝拆你人家还要凶。现在有些人还跟着你，是由于你有办法，谁知你手下的一员大将给日本人要去，也毫无办法，那他们会不会干脆跟日本人？所以我觉得吴四宝对 76 号来说固然是只白蚂蚁，不过该杀该关，应该由你自己来办，这样既解决了问题，还树立了你的威信，而吴四宝也从此对你格外感激服帖，其他跟你的人也都死心塌地了。"[1]

李士群听从了"小诸葛"汪曼云的这个建议，从日本人手中把吴四宝要了回来。但日本人提出条件，张国震必须杀，吴四宝要按日本人的意见处理。张国震随即被 76 号枪毙。

吴四宝放回来后，李士群做足文章，先把其家产发还，然后宣布将吴四宝管押三年，管押地是吴四宝在苏州的自家洋房中。这样一来，吴四宝实际上没有受到处罚。吴四宝自认为大难不死必有后福，在上海家中大宴宾客，酬谢四方后，坦然跟随李士群赴苏州，准备坐三年家牢。

但是日本人放不过他，在暗中做了手脚。

在吴四宝离开日本宪兵队的早晨，吃了一顿由日本人提供的早餐。

[1] 游国立等：《汪伪特工史》，远方出版社 1997 年版，第 491 页。

日本人在早餐下了一种慢性毒药，含有剧毒败血性毒菌，在繁殖期间并无任何反应，一旦发作便无药可救。吴四宝在上海家中还没有任何不良反应，但是到了苏州的第二天，即 1942 年 2 月 4 日，突然在家中暴亡，死前上吐下泻，不久抽搐而亡，身材魁梧的吴大块头死后竟缩成小小的一段，汉奸的下场令人不寒而栗。

[第六章]

失败前的挣扎

第一节　前途绝望

对战局的绝望

日本发动太平洋战争之初，侵略气焰嚣张，日军曾一鼓作气攻占了香港地区以及新加坡、马尼拉和英、美、荷在东南亚的多个殖民地，但日本的战略攻势难以持续，不久便力竭变为守势。1942 年 8 月 7 日，美军在所罗门群岛的瓜达尔卡纳尔岛登陆。虽然日伪的宣传机构还在大造太平洋战场上胜利的声势，但周佛海分析出日军已转处于不利地位。他在日记中写道："此次苏鲁门海战，双方均称自己胜利，就余观察，此次海战，英、美之损失大于日本，实无疑义。但其中有不可忽视者，即过去英、美在太平洋均系被动的防御，此次为主动的攻击。故今后形势变化，宜严密监视也。"[1]

周佛海当初投靠日本人，以为日军会一路打下去，攻占重庆及西安、昆明等地，而且日本与英、美不会开战，时至今日，"乃知两种认识均错误,故和平运动不能不认为失策"[2]。周佛海在日记中指责日本人不该和英、美交战，加速了自己的灭亡。

[1] 《周佛海日记》(下)，中国文联出版社 2003 年版，第 727 页。

[2] 《周佛海日记》(下)，中国文联出版社 2003 年版，第 742 页。

周佛海对形势的判断有其独到的一面。

汪伪政府成立后，周佛海一手掌控汪伪的财政经济及特工大权，可谓权倾一时，其本人也为此得意非常。但日本人对汪政权的严密监控，使他备感做奴才的滋味，而国共两党合作坚持抗日，使日本在中国已成泥足，这些使周佛海已预感前景不妙。他在1940年12月5日日记中写道："两年前今日离开重庆，回首往事，恍如隔世。二年来不仅国家情势、个人身世发生无限变化，即世界情形与两年前亦有巨大变动，今后如何发展，非人力所能预知。惟观察日本疲惫情形，又似重庆见解为正当，而吾人为错误矣。"20日日记又写道："客少人稀，因得冷静考虑，深觉在汉在渝时，对日本之观察甚为错误，今事实表现，足以证明抗战派理论正确。"[1]

周佛海认为自己对形势的观察"辄多错误，初信决不致扩大，乃至扩大延长至今；继信日本军事行动必继续发展至重庆，乃日本无力再进；深信美日必妥协，乃美如此强硬。此外，对于我国估价过低，对于日本估价过高，均根本错误"。"日本之无办法，实出人意料之外，日本必将失败，颇信最后胜利必属于我国也"[2]。面对日本的败局，周感到了巨大的压力："日本如战胜，其态度会更加嚣张，否则，他们在我国的沦陷区搜刮物资也自必加紧，态度也必然更凶恶，总之，我们的处境将更加棘手。现在谈不到什么态度与办法，我们只坚持一个原则，随机应付，尽力来保国家的元气，保护人民【不】被迫害，做一分是一分，谁还敢说有什么把握"[3]。周佛海曾对金雄白慨叹说："我们主张和平是为了救国；但抗战更是毫无疑义地为了救国……现在看来，我们是错误

[1] 《周佛海日记》(下)，中国文联出版社2003年版，第421、431页。

[2] 《周佛海日记》(下)，中国文联出版社2003年版，第436、471页。

[3] 朱子家(金雄白)：《汪政权的开场与收场》(第一册)，香港春秋杂志社1963年版，第174—175页。

了，我们将不会有多大的作为。尽了我们最大的心力，充其量日人想拿走一百分，我们予以掣肘，也只能拖住一分算是一分。”[1]周佛海的分析与看法，代表了汪伪上层大员一种比较普遍的看法。

第二节 各寻退路

周佛海早年参加过中国共产党，曾出席中共一大，后来投靠国民党，成为CC派的主要干将。他因和汪精卫亲密的历史关系，加上对抗战前途的失望，成了最早随汪精卫投敌的国民党大员，其后他相继在汪伪政权担任财政部部长、行政院副院长、军委会常委等党政军要职，掌握伪政权的财政、行政、军事大权，是第三号大汉奸。当渝方唐生明将军奉命“投汪”来到南京后，周佛海就向他打听路线，准备接其母亲等人从湖南来南京。唐生明报告戴笠后，戴笠就抢先一步，把周母、其岳父杨卓茂等人带到贵州息锋监狱看押起来，做了人质。于是，自命为“孝子”的周佛海先软了下来。他把被捕的军统南京直属组特务程克祥放回重庆，并要他向戴笠转达对“保护和照顾”其家人的感谢，并表示自己“离开重庆，最大的错误就是没有事先报告委员长”，“今后仍当奉命行事”。

金雄白这样评价周与重庆的关系：“汪方特工与渝方的实行暗杀战，是悲剧，是滑稽剧，也是想不到的奇迹。因为，汪方特务工作的最高主持人周佛海，尽管他以汪氏对他信任之专，一直认为汪以国士待之，故有感恩图报之心，但对他的故主蒋先生，在流露眷恋崇敬之意。以处于敌对的地位，非但未尝有所诋毁，且毫无避忌地在嘴下笔下，尊称蒋先

[1] 朱子家（金雄白）:《汪政权的开场与收场》（第一册），香港春秋杂志社1963年版，第175页。

生而不敢名。”[1]

早在1940年，周佛海就派人到重庆，试图说服蒋介石与汪合作，共谋对日“和平”，这样他也可以得到解脱，但蒋介石不肯与汪精卫合作，反要周相机杀了汪精卫，周加以拒绝。蒋介石于是要戴笠牵制住周佛海。于是便有了上述一幕。

程克祥回渝报告后，得到了戴笠的嘉奖，接着又被派回南京，任军统京沪区区长。程克祥带着电台与密码本，在戴笠的“忠义救国军”护送和周佛海伪军的接应下，安全地返回了南京。戴笠还要他转告周佛海，“他的母亲就是我的母亲，叫他不必挂念”，“不必悔怅过去，只要把握未来，好好干一番”。[2]戴笠的确对周的母亲不错，1945年夏，在其母去世时，他还代替周披麻戴孝跪在灵前，拍照送到南京，周佛海看了着实感动。当时周通过秘密电台首先得知其母病逝的消息，大为哀恸，他拟好讣告要在报刊上登载。手下提醒他，现在宁渝已断绝音讯，刊登讣告有暴露对渝关系之虞，周佛海冲动地高声说：“我管不了那么多！难道为了自己母亲死了就秘不发丧？”幸而讣告次日刊出后，亦无人过问其来源问题。[3]更重要的是太平洋战争爆发后，周佛海估计日本将最后战败，于是死心塌地投靠了重庆，从此便成了戴笠从汪伪拉出来的最大的汉奸。

周佛海在家中架设了两部对渝方联络的电台，一直通军统局戴笠，他早年曾任黄埔军校的教官，与戴笠有名义上的师生关系，后来又在蓝衣社混过，与戴笠比较熟悉，每日彼此电讯不断；另一电台通第三战区长官顾祝同，战前顾任江苏省政府主席时，周曾为省教育厅厅长，彼此也熟悉，这时，顾祝同的岳父家居上海，得到了周佛海的关照，“公谊

[1] 朱子家（金雄白）:《汪政权的开场与收场》第二一节“如此这般的双方特工战”，网络版 www.doc88.com。

[2] 转引自马振犊：《国民党特务活动史》，九州出版社2008年版，第254页。

[3] 转引自朱子家(金雄白):《汪政权的开场与收场》(第二册),香港春秋杂志社1963年版，第72—73页。

私交，两均契洽”。当时周佛海曾对戴笠给他的电令多以蒋介石的名义多有怀疑,他就电顾请其帮忙“再探中枢虚实”[1]。这些汉奸政客都是这样善弄权术，处心积虑地为自己“留条后路”。

金雄白曾当面问过周佛海：“蒋介石对你的态度究竟如何？”周不高兴地回答说：“现在不是很好吗？”“那将来呢？”周听罢摇摇头反问道：“你看张汉卿现在如何？”意即曾经反蒋的人是没有好下场的。金劝周，与其做“暗妾”，不如公开反日，大干一场。可以把这几年与日交涉的内幕在《平报》上发表，以取信于国人。周说：“你这是书生之见，哪里有那么简单！”“我尽我心且尽人事以待天命吧！”[2]

其后，周佛海向重庆供给各种情报，掩护军统特务，释放了多名被捕者，并在暗杀李士群等重要事件中为戴笠帮忙，特别是在抗战结束前夕，又为蒋介石抢占地盘阻止共产党军队进入京沪杭要地立下汗马功劳，最后得到了蒋介石的特赦。金雄白慨叹：“佛海既与重庆有默契、有谅解，而重庆的特工系统，也不外为中央党部的中统，与军委会黄埔系的军统。而周在战前南京时代，既是CC的最高十干部之一，又是所谓蓝衣社七个最高干部之一（周毕业于日本京都帝大，回国后，赴粤出任黄埔军校的政治教官，以此与黄埔系有直接渊源），与重庆的两大特务组织有深切的关系，非迫不得已，即明知为渝方特务，亦绝不予以捕杀。如其二十九年四月二十日日记中云：‘晚约陈肖赐来谈，陈为重庆任情报，因系老友，故大胆来此。’又如五月二十日日记：‘（陈）警洲报告，在沪晤戴笠由港来沪之代表张某。’又九月九日云：‘士群引见陆大槐，甫由闽来之渝方特工要员也。’而丁默邨则为中统创办时的第三处处长（戴笠为第二处处长）。李士群留俄回国后，也一直担任着中统

[1] 转引自马振犊：《国民党特务活动史》，九州出版社2008年版，第254页。

[2] 朱子家（金雄白）:《汪政权的开场与收场》（第二册），香港春秋杂志社1963年版，第65页。

的中级干部，而士群先后投日靠汪以后，尽管一面与重庆方面，以枪还枪，大杀特杀，但与戴雨农之间，仍有电台联络。如周佛海日记九月二十日记云：‘返寓后，接士群电称：戴笠来电，谓不敢将余致蒋电呈蒋云云（按：指周有关全面和平之建议）。’所以在民国二十八、九两年中，上海虽然表面上杀来杀去，而背地里则声气互通。汪方特工，既要去除日人的疑心，又要获得重庆的谅解，被杀者并非一定是国贼，或是顽敌，而只是行动人员的工作表演而已，此其所以为悲剧、为滑稽剧、为奇迹也！”[1]

军统局通过策反汪伪第三号人物周佛海，利用其掌握的军权控制了伪军。

抗战时的伪军，基本上是国民党军队中的动摇者抱着有奶便是娘的动机，投靠汪伪而形成的，也有一部分是由日本人利用旧军阀队伍组建的，他们的共同特征就是缺乏民族国家的政治理念与立场，为求一时生存而投靠日伪，并且除少数顽固派外，多数人因害怕受到国人谴责而产生消极与恐慌心理，随时准备另寻出路。所以，一旦受到重庆军统的策反，几乎都愿意反正，给自己留条后路。但他们也不是坚定的爱国者，在利益诱惑下很容易产生反复，于是，军统便不断地策反他们，其“工作成绩”总数自然可观。

上海公共租界巡捕房包探钱人龙，外号钱麻皮子，过去是军统的暗线，他手下有三个随从彭盛木、彭寿与程克祥，也都加入了军统。钱人龙后来与汪伪 76 号又搭上关系，于 1940 年 2 月 25 日被军统特务击毙在静安寺路的仙乐斯舞厅门口。但二彭与程却继续在军统服务。程克祥时任军统局南京情报组组长，彭盛木为副组长。彭原籍台湾，时在上海专门教授日本特务学习中文的同文书院当教授，经洪帮大佬徐朗西的介

[1] 朱子家（金雄白）:《汪政权的开场与收场》第二一节“如此这般的双方特工战”，网络版 www.doc88.com。

绍，彭盛木当上了周佛海的秘书，曾随同周访日参加卖国谈判。彭寿寄住在程克祥家中，外人戏称其住所为“寿祥庐”，程妻为一舞女出身，外人称此女为彭太或程太，三人关系密切。他们曾将周佛海代表汪伪的全部对日谈判记录偷出公布于报端，这一举动打击了汪伪的气焰。[1]

1939年秋，戴笠令南京情报组组长程克祥参加“和运”，程克祥与周佛海妻弟杨惺华结识，得以追随在周的左右。1941年12月，因陈恭澍一案，军统局京沪线交通员安少如被捕，交代出程、彭二人，但他们被审查后都拒认身份。戴笠请徐朗西出面救护，而周佛海此时已知家属被戴笠囚禁，被捏住了把炳，便同意徐朗西担保，将程、彭释放。彭盛木不久后暴死，疑为日本人下毒。程克祥返渝报告周佛海有反正之意，得到戴笠的认可。当时因陈恭澍叛变，军统上海工作全面失败，戴笠把宝全都押在了周佛海身上，他破例召见了程克祥，许以官位，发给密码，要他彻底搞定周佛海，并掌握杨惺华、罗君强的动态。[2]

1943年底，程克祥返沪，在周佛海处建立了直通戴笠的电台。次年他出任周佛海所辖的伪军委会作战科长，负责部署伪军接应国民党军反攻，如伪军孙良诚部部署在豫东、苏北及扬州一带，控制长江交通，吴化文部在鲁南、蚌埠一线，控制津浦路，截断南北交通，以策应反攻南京，并安排军统局张恒任伪军十二军军长，分布于沪杭沿线，策应反攻上海及杭州等地。1945年初，大体部署完成。

戴笠为不使伪军被中共方面争取，还专门成立了一个策反委员会，自1942年后就布置了多条线索去各地争取伪军，如1942年10月派姚虎臣、李夏荣负责策反汪伪广州要港司令招桂章，1943年在澳门设立军统粤海站，派姚虎臣、何崇校负责策反华南伪军，1945年派张子奇

[1] 朱子家（金雄白）:《汪政权的开场与收场》（第二册），香港春秋杂志社1963年版，第71页。

[2] 马振犊：《国民党特务活动史》，九州出版社2008年版，第263页。

往河南、江苏，运用他过去与西北军的关系，策反孙殿英、张岚峰、任援道等部伪军。

据军统自己统计，到1944年底他们共策反伪军73起，官兵561030人，枪419246支。这些数字，确实与否尚待考证，但可以认定其中包括了相当部分的反复计算。

第三节　李士群暴毙内幕

李士群是伪特务组织的实际创始人和实权派人物，为汪伪政府的成立与发展起了重要作用。此刻他在汪伪内部正是个权势遮天、人人惧怕的魔王，且头脑灵活，狡兔三窟。

戴笠派唐生明投汪时，曾给他一个任务是拉拢李士群。因李士群一度曾是唐生明兄唐生智的部下，但李士群以时过人非，并不多搭理唐生明，使他无隙可乘。1941年8月，戴笠又通过杜月笙找到过去对李士群有恩的上海律师余祥琴，发展他加入军统局，指示他去见李士群，要李杀了汪精卫或劫持他来重庆立功。9月，余祥琴返回上海，密见李士群，转达了戴笠的意思，说如此做了“不但既往不咎，且代蒋委员长保证给你更好的地位和优厚的奖励”。李士群对此当即否决，他表示“愿诚意与戴先生合作”，但唯有害汪一事不能办，并“请戴先生给我一封亲笔信”才能相信。[1]虽然后来余祥琴乃至唐生明都在继续做李的工作，但因李士群根本上是投靠日本人发迹的，且个人历史上曾吃过中统大亏，他的合作表态，基本上是敷衍重庆的。戴笠对李只有表态没有行动的情况已分析得心中有数。但他对李士群除了继续以权利相诱外，也没有别的办法。

[1] 马振犊：《国民党特务活动史》，九州出版社2008年版，第264页。

四面树敌

李士群是个争强好胜的人，他急于立功和显示本领，想与军统戴笠、中统徐恩曾之流斗一斗，对顶头上司周佛海也不恭顺，弄得周佛海大为不满，也想除掉他。而最关键的是李士群权欲极盛，居然发展到不听日本人的话，为壮大自己的武装敢与日军抢夺军粮，这就注定了他最后被杀的命运。

李士群由中统小特务起家，与国民党高层向无渊源。他投靠日敌发迹之初，可谓势单力薄，对其顶头上司伪特务委员会主任周佛海曾极力巴结，唯恐伺奉不周。

周佛海认为汪精卫是一个只能同患难而不能共安乐之人，尤其是陈璧君，一贯以革命前辈自居，为人颐指气使，飞扬跋扈，她极力培植亲信势力，形成所谓公馆派。公馆派里也有两派，一派以陈璧君的侄子陈春圃为首，此派与陈璧君较为亲近，一派以伪宣传部长林柏生为首。

周佛海为与汪派势力抗衡，也广植党羽，其手下也有两大势力，一派是湖南同乡罗君强，另一派以丁默邨为首。丁虽是 76 号特工总部主任，但 76 号的队伍由李士群一手建立，实权始终在李士群手中，因此，周佛海对手握特工实权的李士群也极尽拉拢。

汪伪政府成立之前，周佛海曾与亲信梅思平、易次乾、耿嘉基、金雄白、周乐山、张仲寰、蔡洪田、章正范、戴策、罗君强、汪曼云等 11 人结为金兰，拟在即将组成的伪政府里分别担任 10 个部门的部长或次长，一举控制汪政府。但由于各方势力特别是公馆派的牵制，这一计划未能实现，周佛海认为这 11 人分量还不足以与各方势力抗衡，遂拉李士群加入，并把伪警政部长一职也让给了李士群。这是周佛海与李士群合作的蜜月期。

其后，周佛海计划让其内弟、原警政部主任秘书杨树屏接任邓祖禹的警政部常务次长一职，竟遭到李士群的拒绝。李认为："佛海真不够漂亮，既送我吃只蹄髈，为什么又要挖掉一块肥肉？所以我也狠了一狠心，坚决拒绝杨树屏，还了他一下。"[1]

李士群不念周佛海提携之恩，甚至公然拒绝安插杨树屏，周佛海气得七窍生烟，但此时双方的矛盾还只是暗中摩擦，未曾爆发出来。

李士群通过"清乡"，挤走了江苏省长高冠吾，将江苏的军政大权一揽手中，同时他还担任伪特工总部主任、伪警政部长，一人身兼数职，达到其宦海生涯的顶峰。李士群出门时总有数辆摩托车为其开道，威风八面，甚至连其日本主子晴气也曾公开对他说："我们的师团长出入，还没有像你这个样子！你该注意点了。"[2]

周佛海担任伪中央储备银行总裁后，在发行伪中储券问题上，最初与法币的兑换比例为一比一，1942 年 5 月 27 日，改为一比二，刻意提高伪币地位。伪财政部并于 6 月 23 日公布《禁止使用旧币办法》，开始禁用法币。

李士群利用其正在主持"清乡"的机会，对一比二的兑换比例提出质疑，他提出："财政部的决定，未经立法院讨论，在法律上无效；决定下达前，又未与省政府打招呼，搞得下面措手不及。现在'清乡'地区还有老法币四百万元未及调换中储券，如此新兑率兑换，老百姓吃亏太大，对我们清乡来说，声誉太坏。所以，我们在'清乡'地区将仍允许法币流通。要收回，推行中储券，应照顾到老百姓困难，不能使他们吃亏，仍按一比一兑换。"[3]

李士群此招可谓一举两得，既为自己赢得"为民做主"的清誉，又能从周佛海手中捞一大笔。周佛海为了中储券在江苏的发行，不得不做

---

[1] 游国立等：《汪伪特工史》，远方出版社 1997 年版，第 509 页。

[2] 游国立等：《汪伪特工史》，远方出版社 1997 年版，第 504 页。

[3] 游国立等：《汪伪特工史》，远方出版社 1997 年版，第 510 页。

出让步，以四百万中储券换回四百万法币，而李士群仍以一比二的兑率，即一元中储券兑换二元法币，向江苏沦陷区的老百姓兑换，敲了周佛海二百万“竹杠”。

周佛海吃此大亏，从此与李士群裂痕更深。

金雄白分析周李矛盾时说：“李既以与丁默邨之间的摩擦，认为周不能对他完全偏袒而有所不满，再以与罗君强间意见日深，权力上的冲突日烈，以为周之对罗，好过周之对他。何况，所有汪政权的特工组织，时已完全掌握在士群一人之手，不时要索巨大的经费，以为扩充他实力之需，周又往往难满其意。士群时常公开对别人说：‘我对周先生没有什么不满意，只要钱给得痛快些就好了。’士群是一个年轻而充满野心的人，那时已颇想离周而自成一系。在当时环境中，唯一的途径，必须与汪氏发生直接关系，同时也必先取得汪氏之信任。所以李自己也仿周之所为，暗中组织了一个十人团体，据我不完全的记忆，其中人物，为唐生明（生智弟，年前由港返大陆投共）、汪曼云、黄敬斋、万里浪、胡均鹤、潘达、叶耀先、唐惠民、杨杰等人。以后周李之间的形成水火，李罗之间的势不两立，最后士群之被毒死，其间的曲折，殊非一言片语可尽。”[1]

周佛海为了削弱李士群的权力，从日本人那里下手，说动了影佐祯昭，把警政部并回内政部，以撤掉李士群的警政部长之职。

影佐号称“中国通”，实际上也不甚明了中国人的把戏。影佐把撤销警政部的建议向汪精卫提出，汪一口便答应下来，这下可把李群急坏了。汪曼云向李士群献计道：“一个人在政治上只能撑顺水船，而不能落篷的。当初你当清乡委员会秘书长，随即去掉部长，在外界看来，算是转任，不算丢职。偏偏那个时候不丢，这在别人看起来，你是在加官

[1] 朱子家（金雄白）:《汪政权的开场与收场》第四十节“汪周间仅有一次的误会”，网络版 www.doc88.com。

晋爵，风头十足；现在时隔既久，突然去掉一个部长头衔，在人家观感上，无异削职。再说，大家过去叫惯了李部长，现在虽然也可拣个别的职务来叫，但一旦换口，总感不是滋味，同样使人产生你在落篷之感。如今，你应赶快设法寻个部长当，不管它是阿猫部还是阿狗部，只要是部就行。”[1]

汪曼云的一席话使权欲极旺的李士群坐立不安，他分头向汪精卫与日本人一一哭诉，指责周佛海一派借撤销警政部排挤他。

日本人是李士群的真正靠山，在晴气的努力下，经影佐的同意，在1941年8月16日伪中政会第五十八次会议上，撤并警政部的同时，又在伪军委会下增设调查统计部，由李士群任部长，将76号特工总部归其领导，“李部长”终于保住了名分。

李士群在与周佛海争权夺利的过程中，不可避免地与周的手下结下冤仇。

罗君强与周佛海为湖南同乡，是周的嫡系亲信人物，常以周佛海的代言人自居。罗君强为人傲慢，不易合作共事，给周佛海造成一定负面影响，周佛海曾一口气写了8页信纸痛斥其胡作非为之举。罗君强回信说：“我受您一手提拔，终身愿供驱使。所做的一切，也只是为您。假如你对我印象不好，我将全无生趣。假如有一天你不要我了，我愿意自杀！”[2] 周佛海据此认为罗君强是忠于自己的。

罗君强与李士群结怨最早是由于筹办伪税警团一事。

罗君强建议周佛海效仿宋子文，建立一支属于自己的武装，周佛海借口准备收回上海租界，经日本人同意，决定建立一支相当于3个正规师的部队。李士群在日本人授意下开始组建，但罗君强向周佛海进言，不宜将如此重任交与关系不深的李士群，周佛海遂借口让出警政部长，

[1] 游国立等：《汪伪特工史》，远方出版社1997年版，第513页。

[2] 游国立等：《汪伪特工史》，远方出版社1997年版，第515页。

要自兼税警团长，罗君强任副团长，从李士群口中生生夺回一块肥肉。此时，李士群还没有力量与周佛海抗衡，遂败下阵来。

后来，李士群借“清乡”之机，从罗君强手中夺回原属罗的“清乡”大权，使罗君强气急败坏，从此两人反目成仇。

熊剑东是周佛海一派后期的主要干将。熊剑东原是江南一带“忠义救国军”的负责人，后被76号逮捕投敌，但一直未受重用。熊剑东曾到湖北组建“黄卫军”，号称是保护黄种人的部队，自任司令。不久后回到上海，因与李士群不合，其手下部队被编入周佛海的税警团，因此被罗君强拉拢，当上税警团的副团长。

熊剑东的税警团曾在“清乡”中多次与李士群的特工武装发生冲突，双方又结下新的矛盾，李士群深恐手握军权的熊剑东与周佛海结合，势必更加难以对付，就在上海北站对熊搞了一次暗杀，却未成功，熊剑东因此对李士群恨之入骨。

四面树敌的李士群，为了巩固自己的势力，效仿周佛海也搞了一次拜把子，他纠结了汪曼云、唐生明、胡均鹤、万里浪、杨杰、夏仲明、余百鲁、傅也文等，组成亲信小集团。与此同时，李士群向陈璧君大献殷勤，走公馆路线。他任江苏省主席后，每月以公馆建筑费的名义给陈璧君送上30万。李士群认为公馆派的势力还是很强的，只要抓牢陈璧君，周佛海一派拿他也无可奈何。

但是，公馆派也是派中有派，伪宣传部长林柏生也不是个善主，他眼热李士群独霸特工大权，便将李士群手下的重要人物苏成德挖了过来，办了一家东方通讯社作掩护，实际开展特务工作。苏成德在南京铜银巷6号成立了一家政治工作局，下设情报、组织、训练、侦查、行动各股，还设看守所，简直就是一个缩小版的76号。李士群深知这是林柏生想要削弱76号特工势力，减轻自己在汪精卫集团的分量之举，因此对林柏生一派也恨之入骨，时时图谋要消灭外号“大块头”的苏成德。正如旁观者所分析的那样："士群那时还不过三十六七岁的年纪，年少气盛，于志得意满之余，犯了一个最大的错误。他如仅以罗君强为摩擦的对象，或者还不至于有以后的结局，他以为时机成熟，更进而对陈公博、周佛海、梅思平等都展开正面攻击，树敌既多，而卒召来了杀身之祸！" [1]

李士群树敌过多，连汪曼云也看不下去，劝他："蜀汉马谡刚愎自用，但失街亭的时候，还能容王平的建议，另扎一支队伍，以成犄角之势，犹不免失街亭。你孤军深入，哪里可以连个声援也没有呢？" [2]

但李士群自认有日本人的秘密协定保护，丝毫不担心。他说，日方"为了使我安心，便由日本参谋本部出面，替我订了一张秘密协定，就是在政治上极力支持我，我的江苏省主席的取得和调查统计部的设立，这都不是汪精卫的主张，而是协定的力量。所以我说，不要说这些人与我为敌，即使加上一个陈璧君我也不怕" [3]。这话完全说过了头，也是此时李士群狂妄自大至极的生动体现。

李士群以为只要靠上日本人就可高枕无忧，他便死心塌地地做了汉奸。他曾得意地对人说："可以在河边摸大鱼，何必到河中心摸小鱼呢？我们都是没有根基的人，到重庆是同别人竞争不过的，那边有很多有资历的人已经挤满了，这边随我高兴爬多高就多高。在重庆顶多赚几百块钱一月，你知道我现在一个月赚多少钱吗？蒋介石依靠英美，我李士群什么都没有，就依靠日本人。你说我是汉奸也好，流氓也好，现在我有的是力量，还怕什么呢？"但是他没料到，随着战争形势的变化，日本主子也会有抛弃他的那一天。

---

[1] 朱子家（金雄白）：《汪政权的开场与收场》第四十节"汪周间仅有一次的误会"，网络版 www.doc88.com。

[2] 游国立等：《汪伪特工史》，远方出版社 1997 年版，第 519 页。

[3] 游国立等：《汪伪特工史》，远方出版社 1997 年版，第 520 页。

“太岁”头上动土

随着美军在太平洋战场上取得瓜达尔卡纳尔战役的胜利，太平洋战争局势出现变化，日军由盛而衰，日本军政当局陷入内外交困之中，不得不重新调对华政策。

战争的不断推进，使日本国内已经资源枯竭。以纺织业为例，日本作为世界知名的纺织大国，其纺织业开工率仅百分之二十，原棉主要供给国美国早已断绝提供，人民生活及军队所需的棉布供给十分紧张。日军除在南洋各地负隅顽抗外，同时加紧在占领下的中国大陆搜刮战略物资。日本人为了腾出手来集中力量对付太平洋地区美军，必须给汪精卫政府一定自主的空间，使汪伪政权稳定、有效地为日本主子搜刮物资，将广大沦陷区变为日本的物资仓库和军事反攻保障基地。

1943 年 1 月 9 日，汪精卫与日本驻南京大使重光葵签订了《共同宣言》，称：“为完成对美国及英国之共同战争，兹以不动之决意与信念，在军事上、政治上、经济上作完全之协力。”

1943年3月东条英机来访南京期间与汪精卫谈话。

汪精卫跟随日本主子积极向英美宣战，原以为可以换取日本交还租界、撤销治外法权，并接收英美在沦陷区的资产，日汪间还签订了《关于交还租界及撤销治外法权之协定》，但正如日本大东亚省青木大臣所言："名义上，虽然将租界退还中国，但租界内之仓库、房屋及其值钱的东西，均归我有。"

为了进一步笼络汪政权，1943年3月13日，日本首相东条英机到达南京，进行为期两天的访问。4月7日，陈公博回访日本。

同时，为了进一步搜刮中国沦陷区的物资，维持已陷入穷途末路的太平洋战争，日本人想方设法极力笼络上海的资本家，日本人发还了一批被日军强占的工厂，还通过伪中储行贷出巨款，让一部分工厂开工，为日本人生产战略物资。

大川周明受日本皇室之命来到上海，鼓动中国资本家与日本人合作，但许多中国资本家向他诉说受到76号李士群、吴四宝一伙的迫害，使他们很难与日汪合作。吴四宝一伙在上海绑架资本家、武力冲击交易所的所作所为，与日本人要求安定沦陷区，使中国物资更多更好地为日本侵略战争服务的想法背道而驰。日本人一手拉拢中国资本家，一手整肃日军内部纪律、限制日本浪人活动，日本首相东条英机派出其亲信、日本参谋本部参谋辻政信前往中国，担任日本驻华派遣军司令部第四科科长，负责落实上述任务。

辻政信是日本陆军少壮派的中坚人物极善谋略，曾参与策划日军在太平洋战争中的多次重大战役，因在缅甸前线负伤，东条英机将其调来南京休养，参与强化南京汪伪政府的工作。

日本侵华军队在中国有不同的势力范围，主要是陆军部及其特务机构、海军的经理部以及大使馆上海事务所三大主要系统，陆海军系统依靠日本退伍军人与浪人，外务系统则由日本大财团垄断。各派势力因利益不断冲突，日本军人与中国人勾结走私、贪污受贿等丑闻时有发生。

日本浪人里见夫勾结日军将领，与中国人盛老三垄断了江南一带鸦片与盐业生意，大发横财，这件事曾在日本国内引起广泛议论。经过整顿，辻政信将鸦片贸易归与汪伪政权，禁止日本人插手。汪伪政权第二任最高军事顾问矢崎中将，因与一名北平交际花鬼混，经辻政信密报后被调走。

就是这辻政信，还一手策划了毒死李士群的阴谋行动。

李士群在汪伪政权中红极一时，他一手抓权一手夺利。李士群看到沦陷区的物资被日本人牢牢掌握，不禁眼馋，巨大的利益使其甘冒风险，在“清乡”时与日军过了一招。

当时，苏浙皖与沪宁两地的物资运输由日军上海“登部队”（第十三军）的第七出张所控制，“清乡”开始后，物资出入先由当地“清乡”督办专员公署登记，再由第七出张所发出移动证。

李士群在晴气支持下筹组了一个公司，名为永兴隆，资本200万，李士群任董事长，汪曼云为常务董事，李士群内侄叶耀先为总经理。公司设在苏州观前街大丰银号，在常熟、昆山、太仓、无锡、常州设有分公司。叶耀先自以为有日本人及李士群撑腰，便对外极力宣传永兴隆的本事，他在苏州狮子林的贵宾官邸，举行了苏州工商业者与新闻记者的招待会，大吹大擂地说：“‘清乡’地区任何物资的移动，永兴隆可以得到优先与便利，希望各行各业与永兴隆合作，以满足‘清乡’地区物资供应的需要。”意思就是，永兴隆除自己办货外，还可接受各行各业的委托，代运物资。

永兴隆的成立，极大地刺激了苏浙两地的日本商人。一直以来，日本商人操纵着江南一带的物资运输交易，大大小小的中国商号都要与日本商人打交道，花钱为自己的货物办理第七出张所的运输许可证，日本商人实际成为第七出张所与中国商人之间的中介，大量赚取中国商人的钱财。

现在，李士群搞了个永兴隆公司，公然声称能搞定一切，日本商人不能容忍李士群这种虎口夺食的行为，告到日本“登部队”那里。“登部队”设立第七出张所，一方面是为了搜括控制沦陷区的物资，同时也是为了保护日本商人的利益。“登部队”立即向日本驻江苏“清乡”指挥部与汪政府军事顾问部发出质询。

晴气立即命令李士群等汪伪官员退出永兴隆，只允许永兴隆以普通商业机构身份运行。

利令智昏的李士群只作表面文章，他辞去董事长之职，暗中仍命叶耀先继续生意，终于导致了严重的后果。

某日，某纱厂急需5000担棉花，但办不下来第七出张所的许可证，焦急中找到永兴隆公司，愿以大价钱托永兴隆办理。永兴隆的人认为李士群是公司后台老板，这是人人皆知的，沿途的问检所绝不敢为难，因此，在没有办理第七出张所许可证的情况下，就将棉花运送上路了。不料，在途中一个大问检所被日本宪兵扣留，很快，事情一层层被上报到第七出张所、“登部队”，又转到晴气手上。

在日本军人的压力下，晴气也保不了李士群，他给李士群两个选择：一是立即关闭永兴隆及各地分公司，日方可发还棉花及被扣公司人员；如果不关闭公司，就没收棉花，并逮捕永兴隆的负责人。两条路实际只有一条，那就是不能容许永兴隆的存在。

无可奈何之下，李士群被迫当天就宣布关闭了永兴隆公司。

但是，李士群并没有就此有所收敛，仍然把手伸得很长，总想从日本主子那里分杯羹。他通过各种渠道在沦陷区抢购粮食物资，转手倒卖，大发横财。这就直接触犯了日本兴亚院华中联络部等日方机构的利益。

当时，大批难民涌进上海躲避战祸，造成市内粮食严重不足，米价昂贵，民怨沸腾，这对日本侵略者宣扬的所谓“王道乐土”是个绝大的讽刺。为了缓和矛盾，日本兴亚院华中联络部主张李士群对“清乡”区的物资统治要放宽，特别要让粮食运进上海，以救燃眉之急，免得发生骚动。然而，李士群不予理睬，反而在他所控制的报纸上发表文章公开反驳说："上海粮食不足的原因，是农村治安不好，难民源源不断地到上海避难。农村治安这样下去，粮食如不能丰收，上海的难民还要增加。因此，即使有很多粮食供应，也不能满足需要。如果恢复了农村治安，复兴了地方产业，上海难民会回到地方，粮食不足的问题自然就解决了。""如果粮食自由运出，'清乡'地区的粮价就会上涨，'清乡'地区的民众生活就将恶化。其结果是，煞费苦心取得的今天的成功，将毁之于一旦。"

李士群不仅反对粮食运出，而且还要求华中联络部应停止索要粮食。他说："应避免图目前一时之安，而要拿出资本协力建设'清乡'地区的经济，建设好后方基地，这才是繁荣上海的长远政策。"

李士群的这种言行，使日本兴亚院方面感到不可容忍。

1943 年，日军在苏州地区收不到军粮，就改变策略，取消苏州地区粮食军管，改由伪政府收购，但必须保证在秋后为日军提供 5 万吨军粮。

李士群时任江苏省长与保安司令，可谓大权在握。他与伪江苏省粮食局长后大椿、伪粮食部苏州办事处处长胡政暗中勾结，与日本浪人一起，将大批粮食运往苏北地区，从中牟取暴利。到了向日本人交军粮的期限，伪粮食部仅仅交出 1.3 万吨，与预定的 5 万吨相差甚远，日本人极为不满。日本人在掌握了后大椿与胡政贩卖粮食的证据后，逼迫汪伪政府将两人枪毙。

除了生意和经济利益的冲突外，李士群所掌握的特工势力过分膨胀，他的政治野心也随之扩大，对日本人也不像以前那样俯首帖耳了。

某次，李士群在与汪精卫交谈时，曾针对日方的"日华提携"论说了自己的看法。他说："日本所主张的日华提携论，虽然辞藻华丽，但民众对此却冷眼相待，认为是有利于日本进行剥削的伪装，即使有这样想法的中国人也嘲笑日本在空谈。缺乏民众协助的政策措施，犹如空中楼阁，一旦形势发生变化，就会马上崩溃。满足于这种日华提携论，就等于埋下了新的国际纠纷的种子，即使重庆方面屈服，恐怕也得不到永久和平。日本的政策措施虽也有不当之处，但在接近日军后得到私利的中国领导人亦有不少人徒劳无益地迎合日本军而陷入盲目之中……我就是要纠正这些伪装的日华提携，在江南地区建立永久的日华合作，建设一个两国都应朝此方向发展的楷模。这种楷模必须以平等的观念为前提，即日华双方互相尊重，不轻视，不卑不亢，在堂堂正正、平等的前提下进行合作。"

此外，李士群还对于试图将日语列为"清乡"地区小学生主课的提议表示了明确的反对，他说："年轻的时候是培养国民资质的最重要的时期，在这个时期的教育应把重点置于培养一个真正的中国人上面。我所以表示反对，是认为要向还未能汲取本国文化资质的人灌注外国文化，那将会培养出什么样的人来呢？所以不应当以事半功倍的这种功利主义的理由在重要的小学教育里增设日语课。"

李士群的这些言论，简直就是反叛，极大地触犯了日方，日军极其不满。但为了利用李士群及其领导下的76号，他们忍耐一时，准备时机成熟时再动手。

李士群的举动激恼了日方，但他却毫不在意，仍然骄横跋扈。

1942年冬，李士群的后台老板晴气庆胤被刻意调往华北，树倒猢狲散，李士群顿时感到依靠尽失，前途渺茫。6月，影佐祯昭又被调往满洲，其继任者柴山兼四郎认为李士群"权力太大，又不肯完全听从日本方面的指挥，必须把他除掉"[1]。

日本人开始有计划地抛弃李士群。

[1] 游国立等：《汪伪特工史》，远方出版社1997年版，第505页。

军统下达密杀令

正所谓“祸不单行福无双至”，就在日本人想除掉李士群之际，重庆国民党军统局也秘密下达了暗杀令。

周佛海瞒着汪精卫与重庆建立了联系，除掉李士群的密令正是通过周佛海下达的。

李士群最初与渝方尚有联系，当时，孔祥熙在上海的留守人员被76号抓走后，余祥琴大律师受托出面保释，李士群还记得当初余为自己打官司的事，为还余祥琴的人情，他释放了被俘人员。1942年，吴开先被76号捉住又被放回重庆，这也是李士群用来向重庆示好的一招。这些措施，使得渝方军统戴笠开始时对他还抱有拉拢的希望。戴笠曾在上海区来文上批示：“李士群与汪兆铭无深切关系，因据本人推测李实有反正之可能，如能策动李反正解决汪逆与周佛海为条件，可由华风严密探寻其希望待遇。如两星期内对李反正无望可予制裁。”[1]其后，因李士群对渝方转达的杀汪要求明确表示了拒绝，他认为汪精卫目前就是他的靠山，不可背叛。于是对渝方关系开始疏远。而渝方特工在上海的大肆活动日益成为日伪的心头之患，李士群率领76号与中统、军统血战上海滩，李士群以其对对手的熟知，通过恩威并施的诱降步步瓦解对方，连连取胜，直到军统上海区被76号完全破坏，双方关系宣告彻底恶化。

戴笠从此对李恨之入骨，他下令对丁默邨、李士群“应从速设法制裁”[2]，“不必转呈及应电饬沪区限期解决丁、李！”[3]由于李士群的离间手段，造成军统上海组织内部互相猜忌，戴笠批示电告其在沪干将周伟

[1] （台）“国史馆”藏档，典藏号144010106—0004—017。

[2] （台）“国史馆”藏档，典藏号144010106—0005—044。

[3] （台）“国史馆”藏档，典藏号144010106—0005—045。

龙“制裁李士群案奖额为15万元，及我方派往参加伪方之人员应随时注意其言行，以免生变”[1]。此刻他对李真可谓又恨又怕。

李士群因此断绝了回归重庆的路途，他深知自己是在日本人与汪精卫的庇护下才能够飞黄腾达，一旦日伪失败，他就将失去一切。因此，李士群在各方势力中拼命寻找出路。为此，他又冒险出了一招。

脚踏三只船

当时在汪伪政权内部，存在着明显的多个派系势力并各自为政的现象。

汪伪政权是一个由日本占领者扶植起来的傀儡组织，它的人员构成比较复杂。大体可分之为来自国民党汪精卫集团、北洋政府旧军阀、官僚与在野的失意政客几方面，其中来自国民党汪精卫集团中的一部分主要成员，在历史上早期多与中国共产党有过关系，可算是背叛、脱离中共的动摇变节分子。正因他们曾经与中共有过关系，所以尽管更换了门庭却得不到蒋介石的信任，于是他们中的多数与国民党内非蒋介石主流派的汪精卫等人靠拢，逐渐形成了汪集团的核心力量，如陈公博、周佛海都曾是中共一大代表，投靠国民党后成为汪精卫的台柱。在汪伪政权省部级的伪官员中也不乏类似的人物，最典型的就是李士群、丁默邨。

尽管就汪伪政权来说，与重庆方面免不了勾勾搭搭，但在其成立初期，双方矛盾激烈之时也曾真刀真枪地厮杀过。李士群在打击渝方的斗争中连连得手，破获了军统上海区几乎全部地下组织，瓦解了中统，为汪精卫立下了汗马功劳，受到了日汪的奖赏，升为汪伪特工总管兼江苏省主席，负责“绥靖”后方，成为汪集团的要员。在这种背景下，他就断绝了回归渝方的可能与退路，因历史与现实的复杂因素，为了给自己寻找新的出路，李士群经过再三考虑，准备与中共发

[1] （台）“国史馆”藏档，典藏号144010106—0005—027。

生秘密联系。

李士群是一个没有政治信念的人。他尽管投靠了日汪，但并非死心塌地，由于他对中日战争以及国共两党的前途尚无把握，因此虽在表面上为日汪效力，却又暗地里也在为自己设计着未来的出路。

李士群与中共的交往是一种不得已的选择。1938 年到 1941 年间，他在上海率领汪伪特工与重庆国民党中统军统特务进行了血腥的残杀斗争，虽然最后占据了上风，但他却因此与军统及其头目戴笠结下了深仇，中统也不能饶恕他。在汪伪政权内部以第三号人物周佛海为代表的一批大小汉奸纷纷通过军统戴笠向重庆输诚的情况下，李士群却放弃了这一条重要的退路，使他不得不作出异常之举来另途求生。由于他与中共的历史关系，他想到了向中共示好，以求引得外援，壮大自己在汪政权里的本钱，并与一向与之有争夺权力矛盾的周佛海相抗衡。在这一点上，李士群与汪精卫也有共识。

另一方面，从中共方面来看，发展与李士群的关系纯属是一种谋取情报的需要。

首先，在延安的中共情报首脑机关——中共中央社会部的领导人对李士群的本质是有着清醒的认识的，他们绝没有依靠李士群或与之真心合作的任何意图，而只不过是想通过他来猎取日汪的军事情报。对于活跃在敌后的八路军与新四军来说，这些情报的价值是显而易见的。其次，当时中共社会部派往敌占区的情报主管潘汉年，已经通过他的一名旧属，当时周旋于日、蒋、汪情报机关之间的袁殊的关系，打入了日本外务省在上海的情报组织“岩井公馆”进行潜伏活动，取得了一定的成绩。

事情的开始是在 1939 年，中共中央社会部为推进敌后情报工作，决定成立华南情报局，由潘汉年负责。该局的工作除加强在香港的情报搜集外，重点是开拓在上海的情报战线。潘汉年认为当时汪、日、蒋与外国势力混杂的“孤岛”上海，是一个绝好的情报基地，可以设法获取更多更好的情报，服务于中共的革命事业。1939年4月，潘汉年从延安出发之前，就和中央社会部的领导人讨论过如何争取和利用李士群的问题，他们认为李士群在政治上毫无信仰，属于极端自私的人物，一切行动都是从自身的利益出发。所以，他在落水为奸之后，为了给自己留后路，或愿意和中共建立联系。他们根据上海情报人员的报告分析，李士群和军统矛盾很深，他抓住了军统上海区长王天木，迫其叛变，几乎破坏了军统所有在上海的组织，而军统则暗杀了李士群的青帮老头子季云卿；李士群早年亦曾被中统逮捕，数次受酷刑，本身对中统就是恨之入骨，中统鉴于李士群叛变组织，还拉拢丁默邨、唐惠民，诱捕苏成德，诱降马啸天等高级特务，进而破坏中统苏沪区等组织，也欲除之而后快；李士群落水后还曾多次标榜自己掌权之后未杀中共一人，[1]自己投汪是为了反蒋，和共产党的反蒋目标一致。因此，与李士群建立某种程度的联系，利用他在伪政权中的地位，可以争取他有限度地做一些有利于抗日的事情，将功折罪。这样可以比较容易地发展在上海的中共地下工作。[2]

潘汉年来到上海后，化名胡越明，他通过袁殊的关系，加入了日本外交情报机构。他先后与日本驻沪的外交情报官岩井英一及日本在华最高特务机关长影佐祯昭见了面，得到了他们的信任。他受命去香港开设“岩井公馆”分支机构，利用为日本外交情报机构搜集情报之“皮”，行中共情报工作之“实”。[3]会谈中，潘汉年提出李士群是他的老朋友，希望能和李见个面，影佐祯昭表示同意。在这种情况下，中共代表潘汉

[1] 李士群标榜他未杀中共，而茅丽英之死是丁默邨背着他下令林之江干的。

[2] 尹骐：《潘汉年传》，中国人民公安大学出版社1996年版，第197页。

[3] 尹骐：《潘汉年传》，中国人民公安大学出版社1996年版，第205、210页。参见顾雪雍：《奇才奇闻奇案—恽逸群传》，上海人民出版社1996年版，第163—169页。

年与汪伪李士群之间开始了一种奇特的充满了危险的交往。

1939 年深秋，李士群通过关系向中共转达了愿意建立联系的意向，并且表示他可以向中共方面提供日伪的情报，希望中共安排曾对他有恩的朋友、现在的新四军工作人员胡绣枫担任中间联络员。当年，李士群因为中共特科红队刺杀马绍武而被中统怀疑并逮捕入狱，时值其妻叶吉卿正在怀孕，得到过胡绣枫夫妇的帮助照顾，李士群夫妇对此一直念念不忘，表示要报恩。中共方面经过研究觉得可以答应李士群的要求。但这时胡绣枫协助丈夫李剑华在湖北宜昌工作，一时无法调离。胡绣枫向中共南方局领导汇报过自己和李士群的关系，并且说明她的姐姐关露也熟悉李士群。这些情况潘汉年都已知道。于是，名闻上海滩的著名女作家关露参与到此事当中。

关露，本名胡寿楣，1928 年考入中央大学文学系，毕业后以写作新诗与散文出名，1932 年加入中国左翼作家联盟，写作发表了大量反映工人生活与社会现状的作品，与潘柳黛、张爱玲、苏青并称为“民国四大才女”。

关露与其妹妹胡绣枫（原名胡寿华）、妹夫李剑华都是中共党员。李剑华早年作为左倾人士曾被国民党当局抓捕，胡绣枫四处托人营救，也曾找到她的复旦同学、李士群之妻叶吉卿帮忙。李士群是很听妻子话的人，自然多少出了点力气。李剑华出狱后，夫妻俩在功德林素食馆设宴答谢有关人员，其中有为李剑华竭力奔走相救的沈钧儒、诸辅成等人，也有李士群。于是，他们成了朋友。后来，当李士群在中统遭难入狱时，其妻叶吉卿正在怀孕，一时走投无路，是胡绣枫出手相救收留了她。叶从浙江老家生完孩子后就一直住在胡绣枫南京家中，关露因此也与李士群

关露

夫妇熟悉起来。此后李士群视胡氏姐妹为救命恩人，时时想要报答。

关露除了创作之外，还翻译了高尔基的《海燕》《邓肯自传》等许多日后广为流传的优秀作品，而那首家喻户晓的《春天里》歌词，更为她赢得了广大民众的喜爱。抗战爆发后，关露激情澎湃，面对日军的侵略，她大声疾呼：“宁为祖国战斗死，不做民族未亡人！”这样的爱国诗词曾为她赢得了“民族之妻”的称号。随后，丁玲去了延安，张爱玲继续留在上海写小说，并与胡兰成谈恋爱，而关露则奉命隐居起来，从事中共地下工作。

李士群发迹后，一跃成为汪伪76号特工头目，他时常在关露姐妹面前炫耀自己的权势，但关露有意识地避开了他。后来关露打入76号特工内部卧底，因此经历了不少艰辛痛苦，胡绣枫晚年曾说：“我不该把我姐姐认识李士群的事情告诉潘汉年！到76号李士群那里，本应我去，结果却让我姐姐代我去了。我姐姐后来受潘汉年案受牵连，二次入狱，十年坐牢，皆因我这句话引起。去76号和后来受牵连遭罪的也都应该是我，可都让我姐姐代替了！我这一辈子都觉得对不起我姐姐！”

在香港，关露与潘汉年见面，接受了去南京李士群处担任联络员的秘密任务，潘汉年要关露为了党的事业忍辱负重，对于误会她“落水为奸”的人要坚持“不辩护”的态度。关露答应了这一条件。[1]潘汉年嘱咐关露始终以左翼作家的身份出现，不要暴露自己是中共党员，要利用老关系，保持和李士群的私人友谊，相机暗示他设法联络中共，多听多看，切不可多说。潘汉年说，比牺牲更难的就是毁掉自己清白的名誉。关露表示执行党的指示。潘汉年最后对关露说：“今后要有人说你是汉奸，你可不能辩护，要辩护，就糟了。”关露说：“我不辩护。”

回到上海后，关露按照潘汉年的设计给李士群打了电话，称自己生

[1] 《民国才女姻缘录》，安徽文艺出版社1994年版，第269页。

活困难，向其求助。李士群很热情地派车将关露接到 76 号，与叶吉卿一起带着关露四处参观炫耀，但对关露求职事，李诡秘地称无法安排她进入 76 号工作，叶吉卿给了关露 200 元，李士群允诺以后定期给她发饷。自此，关露每月都去 76 号一两趟，有时不去，叶吉卿会主动打电话邀请，或派车去接，特别是在新年或假日，关露常在 76 号与官太太们打麻将，或陪叶逛商场，76 号的特工一步不落地相随左右，引来路人侧目。有一次，关露遇到一个过去相识的女作家，那人狠狠盯了关露一眼，露出鄙视的神态，关露由于不能暴露身份，只好委屈地扭过脸。

据胡绣枫透露，关露在此期间曾给她写过一封信，表达了“归队”的心愿：“我想到爸爸、妈妈身边去，就是不知道爸爸、妈妈同意吗？”胡绣枫接到来信后，立刻跟邓颖超作了报告。不久后，胡绣枫奉命回信给关露说：“爸爸、妈妈不同意你回来，你还在上海。”于是，关露继续忍辱负重在敌营中工作。

抗战胜利之后，关露因“文化汉奸”名而被“通缉”，她撤到苏北新四军根据地隐藏起来，但再也没法发表作品了。而且，因为她的名声问题，也葬送了她与中共名人王炳南的一段真挚的爱情。1955 年，她因受潘汉年案件牵连入狱，1957 年审查完毕出狱。1967 年“文革”爆发，她再次蒙冤入狱，8 年后才得到释放出狱。 1982 年 3 月，潘汉年冤案得到平反，中共中央组织部随即作出了《关于关露同志平反的决定》，为她彻底恢复名誉，并完全纠正了过去所谓潜伏期间她没为党做多少工作，反而做了许多汉奸行为的荒唐结论。晚年的关露在完成了潘汉年资料编辑和自己的回忆录后，于 1982 年 12 月逝世。她的一生是光辉的一生，党和人民将永远怀念她。

潘汉年、李士群产生联系后，在开始阶段，李士群并没有向中共提供什么情报，但双方的联系也没有断绝。直到 1941 年底太平洋战争爆发后，日本占领了上海租界，中共地下党活动环境更加受限，潘汉年为了改变被动局面，准备启用与李士群的关系。他在致延安方面的电报中说：李士群因在汪内部受周佛海一派的排挤，日子并不好过，他对日本人的管制也有不满，故而积极想打通与重庆、延安两方面的关系而另寻出路，并在汪精卫面前邀功，增强自己的地位。当时李士群已通过被他捕获的渝方地下电台，向戴笠发去了“今后决停止捕杀渝方人员，望彼此谅解”的电报，[1] 但戴笠在汪政权内已有周佛海的内线，对李的示好并不领情。在这种情况下，李士群有可能再向中共靠拢一步。

1942 年 2 月，潘汉年安排了与李士群的会见。由于双方都只是想由会见而加强关系，并无实质性的内容，故会见时主要以寒暄为主。李士群介绍其助手、汪伪特工总部副厅长胡均鹤给潘，充当其今后与中共的联络员。胡均鹤也是一名中共叛徒，早年曾任共青团中央局书记，1932 年被捕叛变，加入国民党中统，任南京区副区长等职。抗战爆发后留在沦陷区工作，被李士群抓获，随即再次叛变国民党加入了汪伪特务组织。由于他为人圆滑又与李士群经历相当，故很受李的重用。李士群临别时对潘汉年说：“以后有什么需要我帮助的，我一定尽力帮助。我也希望你们能对我多帮助。”潘汉年表示：“我们欢迎你的这一态度。”[2]

2 个月后，李士群又一次在其上海寓所约见了潘汉年，他透露了日伪将在苏北扫荡新四军的作战计划，希望中共有所准备。潘汉年对此表示感谢。李士群还向潘赠送了一本支票，表示他的“友善”。潘汉年推辞不过收下，但始终没有动用。[3]

李士群又进一步向汪精卫报告了他与潘汉年的交往事宜。

---

[1] 《潘汉年致康生电报》(1941 年 2 月 1 日)转引自张云：《潘汉年传》上海人民出版社 2006 年版，第 215 页。

[2] 张云：《潘汉年传》，上海人民出版社 2006 年版，第 215 页。

[3] 张云：《潘汉年传》，上海人民出版社 2006 年版，第 216 页。

就汪精卫而言，当初他脱离重庆时，曾企望日本方面能给他充分的自主权力，从而实现他在中日战争中别树一帜的打算，但从他背蒋投日后组织伪政权的过程中及后来与日本方面的关系来看，日本人并没有尊重他，相反地，只是要利用他在历史上的影响与在国民党内的号召力，来为日本的侵略利益服务。日本人把他当作可任意操纵的木偶，使汪精卫陷于严重的失望与沮丧之中[1]，在投日不可靠、不自由，回到蒋政权去又绝无可能的情况下，汪精卫确实感到了孤独与无助，于是自然产生了寻求第三种政治力量来做盟友的需要。而恢复与中共方面的合作，也成为他的考虑内容之一。

汪精卫在北伐革命时期曾与中共有过比较密切的合作，在 1927 年 7 月 15 日“武汉反共事变”之前与中共保持过战略同盟合作关系，曾以国民党左派领袖的面目闻名一时。但其在本质上仍是反共的，因此一旦与中共分裂，他便迅速成为国民党内坚定的反共派人物。抗战爆发前，汪在前台主持国民政府的对日外交，他坚决支持蒋介石的“攘外必先安内”政策，宣扬“抗战三月亡国论”；战争爆发之后，他又对蒋介石的“联共抗日”决策大为不满，甚至宣称“亡共”的后果坏于“亡日”。[2] 由于在抗战立场上和与战的根本分歧，汪精卫对蒋介石的路线彻底失去信心，于是下决心弃蒋投日，准备用自己的政治生命做赌注，在蒋日之外树立起第三种政治力量，去实现他的所谓“和平救国”主张，而全不考虑民族大义与气节立场是非问题。

汪精卫的政治设想，从他派代表密赴上海与日本人举行“重光堂”会谈开始，便陷入了无法实现的困境，因为日本方面绝对不能以平等的地位来对待汪，而向其提出了十分苛刻的条件，要汪及其同党服

[1] 《汪先生苦难回忆录》，载《和运史话》1943 年版，第 19 页。金雄白：《汪政权的开场与收场》（第一册），香港春秋杂志社 1986 版，第 115 页。

[2] 游国立等：《汪伪特工史》，远方出版社 1997 年版，第 45—48 页。

从日本的侵略利益，做他们的侵华帮凶与在占领区实行统治的驯服工具。[1]1940 年 3 月，汪伪政权建立后，上了贼船的汪精卫，处处由日本人“保护”与控制，不能自主，甚至个人行动也不太自由。这与他的希望相差甚远。加上汪对蒋政权的诱降分化效果不明显，渐将失去他在日本方面的利用价值，情急之下，汪精卫开始把目光转向其他的政治力量，试图在复杂的政局中，通过纵横捭阖的手段来实现保持及提高自己存在价值的目的。

在这种时刻，出现了李士群与中共南方局情报科长潘汉年发生联系的事情。

汪精卫此时正因政治上的困境而一筹莫展。他思前想后，忽又想起要搞“议会政治”，打算通过引进新的政治力量加入他的政府来改变受日本人钳制的地位，在复杂的矛盾中寻找新的机会。他听到李士群的报告后很感兴趣，觉得与他的想法不谋而合。从他自己与中共打交道的历史经验来看，中共是一个深具力量的政党，且不会俯首听命于日本。如能引诱中共加入南京政府，与他合作，则汪的底气大增，可改变目前处境。可汪也深知中共与汉奸势力泾渭分明，绝不会轻易上当，故不能对此抱太大的希望。但无论如何，汪以为此事可以侥幸一试。

1943 年春，潘汉年被任命为中共华中局情报部长。3 月下旬，为侦探日伪对新四军淮南根据地的“扫荡”行动，他再次来到上海，约见胡均鹤，要求与李士群会见。但潘汉年没有想到，此次他却落入了一个预设好的陷阱。

胡均鹤按照预定方案，哄骗潘汉年从上海到苏州再到南京，“追赶”李士群，最后与他在南京见面。李士群一出场，便突然提出汪精卫已知道潘汉年到来的消息，要与他见面。他说：“汪先生目前心情不好，他打算搞议会政治，听说你来了，很高兴，他想和你谈谈。”潘汉年对此

[1] 罗君强：《伪廷幽影录——汪伪情况回忆纪实》（未刊本），二史馆馆藏。

感到十分突然，他一下子明白了自己中了李、胡二人的圈套。经过短暂的考虑，他觉得目前状态下应以搞到有关情报为第一需要，因此不能断然拒绝见汪，否则李士群将下不来台，会断了这条辛苦建立起来的渠道。虽然见汪之事非同小可，且目前也来不及再向上级请示，但只要见汪时机智对付，不答应他的任何条件，没有什么大不了的。因此，他决定冒险一闯。

李士群挟持潘汉年去见汪精卫，其基本的目的是为了在汪面前表现自己的能耐，向汪邀功，让汪更加倚重他，有利于他在与周佛海的斗争中占据上风。而汪则是想通过见潘向中共方面传达一种信息，进行一次诱骗。

当天下午，潘汉年在胡均鹤的陪同下乘车前往汪精卫的公馆，按照事先的安排，由汪的秘书陈春圃出面接待。在客厅坐了一会儿，汪精卫便从楼上下来，与潘会见。两人握手之后，开始谈话。

汪精卫说："我认识你们的毛泽东先生。过去我是主张联共的，以后发生误会了。你们和蒋介石联合是没有什么搞头的。蒋是独裁的，我是要搞民主的。我要搞议会政治，成立联合政府，吸收各党派参加，也请共产党参加。"

潘汉年回答说："共产党是不会来参加你的议会政治的。来的也是假的。上海的共产党不会代表延安来参加的。但我可以把汪先生的话转达给延安。我认为延安方面是不会退出重庆的参政会来南京参加你们的议会的。"

汪精卫又说："现在是个好机会，我们合作起来可以异途同归。希望共产党不要同蒋介石搞在一起。只有我们合作才能救中国。"最后他又说："你回去联络一下。以后的联系仍找李士群。"

潘汉年对汪说："新四军的发展是肯定的。如果将来你感到与日本人合作有困难，要另找出路时，新四军不会对你过不去的，会给你一个转身的余地。”

汪精卫与潘汉年间的一次历史性的会见就这样草草地结束了。这次会见没有任何实质性的内容，且气氛也不友善。汪精卫要诱骗中共，又摆出老大的架子，而潘汉年则当场拒绝了汪的诱骗，明确表明了中共不与汉奸合作的态度，并宣称要发展新四军继续抗日，他还劝汪在卖国之途上悬崖勒马回心转意。双方的立场是水火不相容的，故而这场两种敌对的政治力量间的交道也无法再进行下去，这与潘汉年与李士群、周佛海的交往不同，后者是具有个人性质的交往，且带有李、周二人向中共“示好”的意味在内，而前者则是政治谋略与政治力量的较量，因此不可能在敌对中找到和解之路。

潘汉年见汪之后，便由胡均鹤陪同返回上海，他又与李士群会见了两次。4 月初，潘汉年返回了中共淮南根据地。

汪精卫诱骗中共的计划当场遭到了失败，但这次汪潘会见的事件却远远超出了汪精卫计划本身的影响，在历史上引发了不小的风波。尽管后来的斗争大部分都发生在中共党内，但它也是汪精卫诱骗中共计划的客观后果。

潘汉年回到淮南根据地后，由于正值中共党内开展“整风运动”达到高潮，出现了不少冤案，潘汉年视而心畏，唯恐解释不清而没能及时将他见汪之事向上级汇报，这一瞒便拖延下来。半年之后，因李士群被周佛海借日本人之手暗杀，中共方面与汪政权人物的关系从此断绝。此事似乎再也无人提及。

但汪精卫与中共代表见面之事，被周佛海侦知密告了重庆方面，国民党随即在报纸上进行了渲染，说中共与汪伪勾结等。延安中共中央当然不知道潘汉年的个人行为，当即对重庆的宣传进行了公开的驳斥与澄清。毛泽东在接见国外记者时，亲自说明绝无此事，这完全是国民党造的谣言。如此一来便更增加了潘汉年说明这件事的困难度。

1944年冬天，潘汉年被中共中央指定为中共“七大”代表，赴延安参加会议，他曾下决心要借此机会向毛泽东汇报他与汪精卫会面一事，以消除一直埋藏心底的忧患。但当他见到毛泽东时，毛泽东首先十分热情地向他表示了中央对他的了解与信任，并针对党内有人攻击潘汉年在与敌伪交往中有问题作出了坚决的否认。毛泽东的热情，使潘汉年无暇也无法开口说明此事。20年后，潘汉年以十分后悔的口气向友人说，当时是自己的小资产阶级个人英雄主义思想，使他错过了这一次历史性的机会，造成了他后半生的苦难。

1945年2月23日，中共中央还曾为此事专门致电中共华中局书记饶漱石，此电由毛泽东批发，文末有党中央负责敌后工作的刘少奇与中央社会部长康生的共同署名。电文说：

“饶：1. 汉年三九年自延安出去时，中社部曾要他设法争取和利用李士群在敌伪特务机关内为我方做情报工作。香港沦陷汉年到沪后，潘曾经过袁殊关系与李士群在上海会面一次，进行过争取工作。此事在事先事后潘均电告了延安中社部，而且当时上海党负责同志刘晓也知道的。以后潘由沪撤至华中时，华中局决定派遣他到南京与李第二次见面，此事你们都晓得。至于敌伪及国民党各特务机关说汉年到南京与日方谈判并见过汪精卫等等，完全是造谣污蔑。在利用李士群的过程中，汉年也绝无可怀疑之处，相反的还得到了许多成绩。这类工作今后还要放手去做，此次汉年来延安，毛主席向他解释清楚……望告情报系统的同志，千万勿听信此种谣言致中敌人奸计。”

这份电文足以证明毛泽东与中共中央对潘汉年的信任，但这种信任越深，日后引发的问题就越严重。

原国民党、汪伪双料特务胡均鹤在新中国成立后悔过自新，并由饶漱石批准留用。1954年春，中共党内发生了高岗、饶漱石反党集团事件，胡均鹤因此再次被逮捕审查，而胡均鹤是当年潘汉年见汪精卫的唯一在世的目击者。次年3月，中共在北京召开全国代表会议，会议内容之一是要与高岗、饶漱石反党活动有关的人作自我批评，潘汉年在再不讲清楚就有可能被胡均鹤招供出来陷入困境的情况下，通过陈毅向毛泽东就他1943年被骗与汪精卫会见一事作了交代。

潘汉年

毛泽东闻讯，十分震怒。在他多年来三番五次为潘汉年作证之后，潘居然将此重大问题隐瞒了十几年，在一种被蒙骗上当的情绪支配下，他当场写下了“此人从此不可信用”的批示，潘汉年后被逮捕审查。从此，潘汉年被认定为“国民党特务”和“反革命”，后被最高法院判刑15年。1963年出狱后，潘汉年在生活上受到了一定的优待。1966年“文化大革命”开始后，他在国家大乱的情况下又一次被投入监狱，1970年，被“中央文革小组”判处无期徒刑，后送往湖南山区茶场隐居，直至1977年4月在此病逝。1982年8月，在陈云等潘汉年老战友的强烈要求之下，中共中央根据认真复查的结论，宣布为潘汉年平反，恢复名誉。

被日本人毒毙

抗战后期，国民政府一直在准备美军由中国东南沿海登陆，对日本实行反攻。当时李士群已在东南一带形成不可小视的一股力量，他首鼠两端的投机行为令重庆极不放心，加上他屡屡与重庆特工作对，因此，军统下决心除掉他。

周佛海接到军统的密杀令后，经反复考虑后认为由军统出面行刺难度太大，而由他出手又会留下后患难以处理，最理想的就是借刀杀人，即借日本人之手杀掉李士群，使其余党势力不敢蠢动，汪精卫也无可奈何。

日本人最初利用李士群的特工势力为其服务，后来随着李士群羽翼丰满，逐渐形成一股强大的势力，就开始深恐尾大不掉，他们对李士群的不满与猜忌日渐增加，以至杀机渐起。

熊剑东是周佛海一派后期的主要干将，与李士群关系极僵，他在除掉李士群的密谋中起了主要作用。

上海日本宪兵队特高课长冈村适三是熊的同学，两人私交甚好。冈村是个脾气暴虐的人，熊剑东首先在冈村面前挑拨，说李士群看不起日本宪兵，要取而代之。冈村听后大为震怒，要除掉李士群。

于是在 1943 年 9 月，辻政信下了决定，要由上海日本宪兵队毒杀李士群。为什么要采取暗杀手段来解决？一来李士群当时是汪精卫面前的红人，公开制裁李士群将会引起汪伪政府的不满；二来李士群身兼要职，其势力不可小视，刺杀行动稍有不慎恐引起大麻烦。

他们先按计划安排日本宪兵邀请李士群到酒楼喝酒，由一个女侍在酒中下了毒，但李士群邻座的日军须贺少将不知酒中有毒，要按日本习惯与李换杯敬酒，女侍赶紧装着失手将酒杯推翻，第一次暗杀行动失败。

第二天，即 9 月 6 日，冈村以调解李士群与熊剑东的矛盾为名邀请李士群赴家宴。李士群料想这是一出鸿门宴，但他很想与熊剑东解开矛盾，也不敢不买冈村的面子，只得硬着头皮带着警卫赴宴。

冈村的家在上海外白渡桥百老汇大厦。

日本人在家中由夫人亲自掌厨宴客是一种最高礼仪，李士群面对不断送上来的美酒佳肴一一推辞谢绝，称其感冒未愈，不能进食。直到最后冈村夫人跪在一旁递上一盘牛肉饼，李士群想，冈村夫人以最高的日本礼节送上的食物，如果再一口不吃，冈村一定会不高兴的，所以，李士群不得不做做样子，小心地咬了一小口，殊不知，这牛肉饼已被日本人下了剧毒，一点点就足以致人毙命。

李士群宴毕回家，为防止中毒，按惯例呕吐出一切食物，而后在家重新饱餐一顿。次日中午，李士群及叶吉卿回到苏州，晚上还主持了一个盛大宴会。一直到了第三天，李士群忽然高烧不止，上吐下泻，发病状况与吴四宝死前征兆一模一样。原来，日本人对他用的毒药与毒死吴四宝的相同，有两天潜伏期，一旦发作，无药可救。

李士群的私人医生储麟荪被紧急招来，但李士群的血管已扎不进针，束手无策之际，上海各大医院的医生又接到日军警告，不许到苏州给李士群治病。奄奄一息的李士群，摸出枕边的手枪准备自杀，被叶吉卿拦下。当天傍晚，李士群七窍流血，命归黄泉，年仅 39 岁。

叶吉卿在苏州为李士群举行了盛大的祭奠。她将猜测到的熊剑东联手日本人害死李士群的真相告诉了汪曼云一伙，大小特工们兔死狐悲，吵作一团，尽管他们心知肚明，李士群死于日本人之手，但这是日本主子除掉手下奴才。汪伪报纸也只有装聋作哑，仅仅报道说李省长暴病身亡，只字不提苏沪一带传得沸沸扬扬的毒杀说法。

汪精卫一直以李士群的武装特工为依靠，李被日本人毒毙后，汪精卫不免心酸胆寒。汪精卫派陈春圃亲赴苏州吊唁，送来 5 万元治丧费，又送了一颗纯金图章作为陪葬品，并亲笔写了祭文，称李士群“才足以济世，而天不永其年……呜呼哀哉，伏维尚飨！”

日本人唯恐毒杀一说流传开来会影响到日军的统治，就在叶吉卿等人忙于安葬开吊之际，便在各地大肆行动，控制李士群在各地的特工势力，防止其异变。日军包围了昆山保安队，并将无锡特工站缴械，上海 76 号特工总部被“登部队”封锁监视，苏州特工站实验区也被日本宪兵包围监视。

处理好外围之后，某日夜间，日本宪兵队将苏州李宅包围，宪兵队长吉田带人闯了进来，将正在开会的汪曼云等人团团围住。吉田威胁说：任何人不得反抗帝国陆军的统治，否则格杀勿论！吉田还声明李士群是被其私人医生害死的，因为叶吉卿与储医生有私情。最后，吉田拿出一份声明，要在场的人签字，只见纸上赫然写道：江苏省长李士群，是被中国人害死，证据确凿，概与帝国陆军无关。特此签字证明。

叶吉卿哭天喊地也无济于事，只得咬牙忍恨低头签字！日本人以一纸声明强封住叶吉卿的口，从此再也没有人敢说李士群是日本人害死的。

李士群死后，叶吉卿与储麟荪公开同居，后在香港结婚。

李士群被毒毙后，周佛海立即向重庆邀功，待到抗战胜利后审判汉奸时，周佛海也曾据此事为由，申请减轻刑罚，他在其《狱中日记》中对此事迹多有描述。周佛海以卖国通敌罪先被判处死刑，后经其妻面求蒋介石，得到特赦改判无期，1948 年因心脏病发作，病死狱中。罗君强被判无期徒刑，新中国成立后曾在狱中写下回忆录，1970 年 2 月病死于上海市监狱。熊剑东后在国民党军队中带兵作战，在苏北战场被解放军击溃，自杀身亡。

[第七章]
穷途末路

第一节　树倒猢狲散

76 号的改组

李士群临死之前留下遗言，将伪江苏省省长与调查统计部部长二职一并交与陈春圃。

陈春圃是汪系亲信人物，他本人并没有特务工作经验，不易掌握 76 号的实权，因此万里浪、胡均鹤与叶吉卿都可接受他，加上江苏是鱼米之乡，特工经费又是丰厚肥缺，他们认为陈春圃没有拒绝的道理。但陈春圃此时已内定为广东省主席，他不愿离开广东，也不想趟特工这趟浑水，因此没有接掌 76 号。

周佛海一心想把 76 号特工势力纳入囊中，他提出由亲信罗君强继任 76 号特工总部主任。但汪精卫与日本顾问柴山都担心周佛海的势力过大，不同意罗君强出任。日本人对李死后 76 号的处置态度是既不想消灭 76 号，又不愿 76 号原封不动地被某一人所独占，恐怕再闹出个李士群来不好收拾。

最终，李士群一人独占的二职被拆分，伪江苏省省长由陈群担任，在日本人的授意下，撤销了军事委员会调查统计部和陆军编练总监公署，另组军事委员会政治部，76 号特工总部改组为政治保卫局，隶属政治部，政治部部长由军事委员会参谋本部次长、原陆军编练总监公署总监黄自强担任。

黄自强，台湾人，炮兵专家，黄埔四期毕业，1926 年赴日本士官学校炮兵科学习，1929 年回国。1930 年，南京炮兵学校成立后，黄自强担任上校教官。抗战爆发后，黄在苏北任国民党杨仲华部的参谋长，后跟随杨投敌。

黄自强与负责对华“和平工作”的日酋今井武夫有师生之谊，由此得到重用。经今井的推荐，黄自强担任汪伪军事委员会中将参谋主任，不久，又提升为军事委员会办公厅副主任。太平洋战争爆发后，汪伪政权为适应战时体制，在伪军事委员会中设立参谋本部，黄自强任参谋次长兼总务厅长。1942 年秋，陆军编练总监公署成立，黄自强任总监，负责整编训练伪军。

黄自强担任政治部主任后，考虑到自己没有特务工作经验，便拉来杨振为次长，作为自己的主要助手。杨振曾是汪伪军事委员会报导室主任，与伪调查统计部有业务来往，李士群手下的大小特工们和他很熟悉。

政治部是由 76 号特工总部和陆军编练总监公署两个单位合组而成，黄自强决定在政治部下分设政治保卫局和情报局。情报局及下属机构由原陆军编练总监公署的人员组成，政治保卫局由原 76 号人员组成，正副局长分别由万里浪、胡均鹤担任。

万里浪、胡均鹤是 76 号特工总部内的实权人物，李士群死后已无人能驾驭他们。人称“黄大炮”的黄自强是炮兵专家，毫无特工经验，更无自己的特工势力。万里浪、胡均鹤依仗手中的特工实力，公开向黄自强提出政治保卫局及下属机构的经费、人事等等均要独立，部长不得过问。万、胡二人的实力在 76 号改组后并没有减少，反而比以前有所扩大，因为 76 号内非实力派的傅也文、谢文达等均被排挤出去了。

政治保卫局设在南京灵隐路 8 号，汪伪特工的最高指挥机关从此移师南京，取代了上海极司菲尔路 76 号。

政治保卫局下设第一、第二分局，万里浪任第一分局局长，管辖上海市及浙江省沦陷区各县，以及江苏的奉贤、南汇、川沙、宝山、嘉定等县；胡均鹤任第二分局局长，管辖南京、江苏省沦陷区的其他各县及安徽省的一部分。76号则改为上海分局，万里浪兼分局长。原76号所辖各区，一律改为分支局。此外，在湖北、广东二省各设一个直属局，由万、胡两人共同掌握。

从此，万里浪以上海为中心，胡均鹤以南京为中心，在各自的势力范围内开展特工活动。

此时，原76号特工总部南京分区被改组为政治保卫局直属南京政治保卫分局，由晋辉任少将分局长。下设秘书室、译电室、总务科、情报科、组训科、侦行科及一个拘留所、一个警卫大队。在江宁、六合设立支局，江浦、句容及南京东西郊各设有一个直属情报组。[1]

南京政治保卫分局的人马多是马啸天遗留下来的亲信，其基本活动还是仿照南京分区的做法。由于该分局已公开活动，故经常与新闻媒体等定期交流，以搜集各方情报。当时，伪首都还有一个南京警察厅特高科，后改为首都警察总监署特高科，该处虽独立工作，但所破获的案件均秉承南京分局的旨意，人事也受南京分局的控制。

伪南京政治保卫分局在存在期间，曾破获过4个大案。一是南京茶商串通伪中央储备银行行员，盗取库存法币，到游击区购买物资回到日伪区贩卖，牟取暴利的案件。二是商贩购买药品运往新四军地区案。三是原系日军宪兵司令部翻译的军统人员张大纲，潜伏南京分局从事反间活动案。四是烟毒大犯毕素卿在津浦路上大量贩卖毒品案。

1944年下半年，晋辉在伪特内讧中被胡均鹤、姜颂平等人攻讦，遭免职，调任中央感化院院长。

该年11月，陈公博接手特工后，又对伪特工组织进行了调整，他

[1] 江苏省政协文史资料委员会编：《江苏文史资料》第29辑，第168页。

自任伪政治保卫部总监，将南京政治保卫分局改为政治保卫总监南京直属区，由姜颂平任区长，后由赵光涛接任。[1]

南京直属区下设总务、情报、组训三科，在城南、城北、江浦、天王寺等地设有4个情报组及句容、溧水、六合3个特工站。[2]这一时期，抗战已进入尾声，南京分区的主要任务是针对共产党新四军的情报工作，在接近解放区的地带，与国民党特工合流，对共产党新四军进行策反破坏等活动。

汪伪政府倒台前后的76号

进入1944年后，二战结局趋势已逐步明朗，日本败局已定，投降只是时间问题。

在巨大的政治压力之下，1943年8月，汪精卫终于病倒了。1935年11月南京国民党四届六中全会上他被刺时，射入肋骨的子弹伤及脊椎，当时无法取出，此刻在身心俱惫之时，旧伤发作，背痛扩张至胸部及两肋。12月19日，由日本外科军医后藤部队长施行手术，20分钟取出藏身8年之久的子弹，随后转入内科疗养。但未痊愈便“力疾视事”。到1944年1月中旬，寒热复发，创痛又起，被诊断为压迫性脊髓炎，仍为子弹锈毒在体内引发，延续2个月，汪精卫卧床办公，渐成形神憔悴，一病不起。金雄白说：“汪氏以多病之躯（除严重之糖尿病外，在中央本部遇刺之枪弹，尚留体内，渐渐发觉已影响健康），加以建立政权后，百不如意，他本是易于冲动的人，一经左右的浸润，肝阳上升，即不能自制。”[3]

[1] 江苏省政协文史资料委员会编：《江苏文史资料》第29辑，第169页。

[2] 江苏省政协文史资料委员会编：《江苏文史资料》第29辑，第169页。

[3] 朱子家（金雄白）：《汪政权的开场与收场》第四十节“汪周间仅有一次的误会”，网络版www.doc88.com。

3月间，汪精卫专机赴日治疗，入住名古屋帝国大学附属医院。因其妻陈璧君体态肥硕畏热，常将门窗洞开，汪精卫屡屡受寒，拖延半年而病无起色。9月初，始生呃逆，乃为不祥之兆，靠吸入“酸素”及注射强心针来维持。11月9日，美军空袭日本，汪精卫被急急送入地下室，受寒，次日上午高烧到40度，紧急抢救无效，于1944年11月10日下午4时20分死亡。因陈璧君的反对，汪精卫未及留下遗嘱。

汪精卫病倒后，按照伪国民政府的组织条例，伪国民政府主席和行政院长的职务应交与副院长周佛海代理，但汪精卫不想大权旁落于非公馆派手中，特别指定陈公博代理伪国民政府主席兼军事委员会委员长，周佛海仅代理伪行政院长一职。

汪死后，11月12日伪中政会召开会议，推选陈公博任国民政府主席、军事委员会委员长。但陈公博眼看日军大势已去，伪政权也行将就木，为了给自己留条后路，陈公博坚持认为自己只是一个代主席，他说：“我不称主席而称代主席，是我对重庆方面表示的一种姿态。汪先生上演的这台戏，已近尾声，所谓人亡政息，应该结束了。我来继位，是来办理收场的，不是来继续演出的。”[1] 他当日就暗中向重庆报告了此事，得到了渝方的复电同意。

11月20日，南京伪国府大礼堂汪精卫的灵堂上，在汪的棺材前，陈公博就任伪国府代主席，在陈公博的就职训词中，提出了“党不可分，国必统一”的口号，以此向重庆传递某种信号。陈说：“这两句口号是我政治上的新目标、新路线。可以一新群众耳目，造成社会舆论，凡是中国人都能一目了然，心中有数。对重庆方面来说，是一种先发制人的政治影响，也可以说是两枚有力的政治炸弹。”[2]

陈公博上任后，一手抓党务，一手抓特工。他寄希望于在重整党

[1] 游国立等：《汪伪特工史》，远方出版社1997年版，第552页。

[2] 游国立等：《汪伪特工史》，远方出版社1997年版，第522页。

务中建立自己的势力，自兼了伪中央组织部长，任命亲信巫兰溪为副部长，开始“整顿党务”，包括在各地进行党员“重新登记”，“恢复活动”，逐级建立新党部，并由各级党部按分配的名额在规定日期内选出伪国民党全国代表会议的代表。

陈公博的做法引起了周佛海强烈不满，但他们两派的争斗并未持续太久。正当陈公博准备召开“全国代表会议”时，日本宣布投降了，于是，所有一切都烟消云散。

早在 1942 年下半年，陈公博为求退路就与重庆军统建立了秘密联系。他在任伪上海市长时，其经济局长就任用了渝方军统副局长郑介民派来的代表徐天深，并掩护了他的两个直通重庆侍从室的秘密电台。陈公博曾积极参与日本诱降重庆政府，他以为，只要重庆政府能与日本人和谈，那么蒋介石就没有资格说自己是汉奸。此时，日军在太平洋战场上已成颓败之势，1944 年 7 月上台的日本小矶内阁为了尽快从中国战场抽身，决定由汪伪政府派人到重庆，直接诱降蒋介石。由于当时中英美三国已约定，不能单独与日本媾和，汪政府的求和试探毫无收获。

汪精卫赴日治病后，陈公博就掌握了伪军。陈记述道：“当时，我收到情报，共产党以延安为第一根据地，苏北阜宁为第二根据地，并且以苏北基地，推进江南，以实行所谓三山一湖的计划。我为中国前途计，为使蒋先生容易统一计，不能不作出一个对东南的全盘计划。”[1]

陈公博认为：“重庆赞成联合‘剿共’，我们也‘剿共’，日本不和共产党妥协，我们也‘剿共’，日本和共产党妥协，我们也‘剿共’，我是不惜因为‘剿共’问题和日本翻脸的。”[2]

陈公博决定，北以陇海路为限，南以钱塘江为限，组成一个防共区，由军事长官孙良诚、任援道、项致庄分任苏北、江苏、浙江三地的

---

[1] 游国立等：《汪伪特工史》，远方出版社 1997 年版，第 554 页。

[2] 游国立等：《汪伪特工史》，远方出版社 1997 年版，第 555 页。

行政长官。

政治部长黄自强不是陈公博的亲信，无法取得陈公博的信任。黄自强高薪请来苏成德等人与万里浪、胡均鹤抗衡，但两头受压的黄自强无法施展拳脚，不得不提出辞职。陈公博立即批准。

1945 年 1 月，伪政治部改组为政治保卫总署，后又改名为政治保卫部，由陈公博自兼总监，丁默邨、周学昌为副总监。周不久辞职，由万里浪接任，胡均鹤为秘书长。

丁默邨是一个善于投机的政客。他被李士群排挤出 76 号后，彻底投向周佛海，与此同时，他又大走公馆路线，将周佛海的秘密向公馆派透露，取得汪精卫的信任。因此，汪死后，丁默邨又成了陈公博的红人，并被委以重任，1945 年 1 月，丁默邨兼任伪最高国防会议秘书长，5 月，调任伪浙江省长、浙江省党部主任委员、驻杭州绥靖公署主任、浙江省保安司令等要职，可谓“风光”一时。

陈公博自任特工总监后，将伪特工组织置于自己严密控制之下，但好景不长，仅 8 个月后，日本政府无条件投降，伪特工组织也随之土崩瓦解。

与渝方“合流”

1945 年 8 月 15 日，日本政府宣布无条件投降。8 月 16 日，汪伪政府“代理主席”陈公博在南京颐和路“主席官邸”主持了最后一次伪中政会会议，草草宣布解散伪政府，成立南京临时政务委员会、治安委员会，办理结束与维持地方治安。

伪特工人员与其他伪政权人员一样，树倒猢狲散，大部纷纷投向蒋介石政权。

在日本尚未正式投降之际的 7 月间，重庆国民党当局就一面命令各战区部队加紧推进，一面委任各地伪军以各地“先遣军”的名号，负责维持各地治安。而对中国共产党领导的抗日武装则防之又防，要求中共武装原地待命，不得擅自向敌伪开展作战行动、收缴敌伪枪械并受降。

抗战胜利后，重庆国民政府的部队无法即时到达东南一带沦陷区，蒋介石与戴笠决定暂时利用周佛海，任命其为“军事委员会上海行动总队司令”“京沪行动总指挥”，指挥伪税警团、上海市保安队与警察，第十二军所属 3 个师以及浙江保安队等伪军，负责维持上海一带治安。

周佛海得此委任，“一时陷于极度兴奋”，他以为自己获得了蒋介石的原谅和再度垂青。周致电重庆表示，将维护上海的完整，以奉还中央，决不让上海落入共产党之手。还说：“与其死在共产党之手，宁愿死在主席之前。”[1]“当局手段高明，竟使佛海束手待毙而不悟。”

周佛海立即成立上海行动总队司令部，自任司令，由罗君强、熊剑东任副司令，程克祥、彭寿分任秘书长兼宣传处长、副秘书长兼军法处处长，维持地方治安，防止共产党进入。

上海行动总队司令部成立后，设在极司菲尔路 76 号的汪伪政治保卫部政治保卫局上海分局，成了周佛海手下的调查室，万里浪任主任。他们摇身一变，成为重庆方面的潜伏有功人员，四处出击“抓捕汉奸”。

在日军配合下，周佛海调集其手下的伪军，加强上海周边及沪宁杭地区的军事布置，重点防止中共武装进入这一地区。当时，伪中央税警团及伪警察编成 6 个纵队，驻守上海各军事要地，并设立杭州区、宁（波）绍（兴）区二个指挥部。周佛海还要求驻上海日军听候“中央的命令”。为争取“立功”，周佛海还为渝方接收各地城市供给了财政支持，为上海提供了 2388 万元，南京 2686 万元，江苏安徽二省计 1951.7 万元。

---

[1] 游国立等：《汪伪特工史》，远方出版社 1997 年版，第 558 页。

周佛海得到渝方“重用”，其手下也暂时得以“平安”。丁默邨在抗战后期与戴笠建立了联系。在任伪浙江省省长时，又与国民党第三战区司令长官顾祝同信使往返不断。因此，日本投降后，丁默邨被任命为浙江军事专员。

日本正式投降后，国民政府公开利用伪军作为先遣军，各地伪军纷纷摇身变为国民党军队。如张恒所率伪十二军就领到周佛海的上海行动总队所发给的盖有国民党军委会关防的白布红字臂章，一夜之间由汉奸伪军变为抗战部队，从日军手中接防了杭州城，张恒还星夜赶往上海，向周佛海汇报伪军的驻防地点、兵力分布情况等。渝方汤恩伯部派出一个前进先遣指挥部进驻上海，在华懋饭店办公，与周佛海的行动总队建立了联系。当时，何应钦、顾祝同、汤恩伯等重庆将领计划利用汪伪军队编成5个军，配合日军投降部队，在长江南北压制对付共产党的军队，阻止其进入京沪。

国民党当局一面利用日伪势力控制南京、上海、杭州等地的治安，一面在美国人的帮助下，迅速空运大量军队到东南一带。1945年9月5日，新六军空运至南京，第二天，第四方面军到达上海，国民党当局逐步完成了在东南地区的政治军事部署。

至此，汉奸与伪军的最后的“价值”被充分利用完毕。

第二节　76号奸酋的末日

抗战胜利后，在当局的庇护下，一些人所共知的大汉奸，除周佛海、任援道等一批伪军头目已由蒋介石、戴笠分别委派官职，公开加以包庇外，其他许多头面人物也不仅继续逍遥法外，且气焰嚣张。在无人过问的情况下，伪国民政府主席陈公博公然带着妻子、亲信、秘书等逃往日本。原伪维新政府头目、汪伪立法院长梁鸿志，历任伪南京市长、伪江苏省主席等职的大汉奸高冠吾等多人也隐姓埋名藏匿起来。大批汉奸和伪军得到了国民党当局的重用庇护，许多大小汉奸摇身一变成了所谓“潜伏有功人员”。

汉奸梁鸿志被押赴刑场，其女在一旁大哭。

深受汉奸之害的国人愤怒了。

中国共产党首先公开提出了严惩汉奸、解散伪军的严正要求；国民参政会也在9月下旬通过了《请政府严惩汉奸，本忠奸不两立之训，贯彻到底，以伸张正义，而维民族气节案》《请政府迅速将惩治汉奸法规切实执行案》两提案；全国报刊舆论发出了一片指责之声。由于国内外舆论压力不断加大，面对国内一浪高过一浪的要求迅速惩治汉奸的呼声，当局为巩固自身的统治，于1945年9月26日起，下令在各地开始陆续逮捕汉奸交付司法机关审判。而抓捕汉奸的工作因事关重大，又涉及重重内幕，蒋介石决定仍将这项工作交由戴笠的军统来进行，这样他才能放心。

为此，戴笠在军统局内成立了“肃清汉奸案件处理委员会”，以叶翔之为主任委员（后沈维翰继任），并在各地成立了25个“肃奸分会”作为其执行机构，遍布各大省会及徐州、开封、安庆等地，甚至包括了由中国负责受降的越南等地。当时上海的肃奸负责人是军统局上海区长兼上海市政府调查室主任王新衡。戴笠又派出高级督察代表他赴沪进行监察督导，由军统局编印了《汉奸调查专册》，准备按名册进行追捕。

但戴笠为了继续利用这些汉奸，迟迟不肯采取行动，在蒋介石的催促下，戴笠于1945年9月下旬才开始动作，拘捕大汉奸。

1945年9月26日凌晨，南京军统人员逮捕了伪实业部长梅思平、伪教育部长李圣五、伪宣传部长赵叔雍、伪建设部长傅式说、伪司法行政部长吴颂皋、伪立法院长温宗尧、伪清乡事务局长汪曼云、伪湖北省长杨揆一、伪国府委员项致庄等多人。27日，“京沪行动总指挥部”正副秘书长程克祥与彭寿在上海南市火车站附近烟贩拘留所成立了关押中小汉奸的看守所，“一般人犯，俯首就押”，少数逃走，“更有人找上门去自报曾在汪伪中任职，因名单中查无，竟遭拒之”[1]。由此可见，所谓“肃奸”，在当时已成变了味的政治闹剧。

因为蒋介石预定12月11日要到北平视察，而北平的汉奸们还在逍遥法外。戴笠怕“肃奸”未行而出意外，急忙于12月初赶到北平，他决定采用诱捕手段，以华北政务委员会经济总署督办汪时璟的名义发出宴请函，邀请王克敏、王荫泰、王揖唐、曹汝霖等华北巨奸于12月5日在兵马司1号汪公馆集中赴宴。正当酒酣耳热之际，戴笠突然光临，宣布“入席诸位被捕，生活上已奉命做好安排，希望安心守法，听候国法之审理”[2]。随即分别押送至炮局胡同监狱。接着在北平全城开展搜捕，至8日，先后逮捕了52人。与此同时，在天津也逮捕了数十人。

[1] 马振犊：《国民党特务活动史》，九州出版社2008年版，第520页。

[2] 马振犊：《国民党特务活动史》，九州出版社2008年版，第520页。

16日，戴笠又派少将参议周济用美国军用飞机将立了“功”的汪时璟连同逃到北平的蒙奸德王（德穆楚克栋鲁普）、李守信送到重庆。对诸民谊、陈璧君等汉奸头目，也是采用诱捕的办法，先由戴笠以蒋介石的名义，致函诸民谊，请他陪同陈璧君赴重庆，“共商广东善后事宜”，随后派军统局广州站负责人郑鹤影将诸、陈诱骗至广州市郊软禁，11月初，再以蒋介石接见为名，将他们骗往南京逮捕。

据戴笠声称，到10月中旬，各地捕获的汉奸罪嫌疑分子，已达4000人，所有通过政府通缉有案与检举调查属实者，“已全部落网”。

由于蒋介石集团在抗战期间与敌伪方面有各种形式的秘密联系，胜利之后如何处理这些汉奸，特别是像陈公博、周佛海、丁默邨等知名大汉奸，就成为最棘手的问题了。戴笠想以“循政治途径解决”的方式来给他们中的一些人寻解脱，他说：“汉奸问题复杂……故汉奸问题之解决，政治尤重于法律。”[1] 他到上海看守所视察时，对在押的唐寿民等表示：“抗战已经胜利，政府不为已甚。有些案子，将会不经法律程序，而以政治手段来解决。”这就是说，对某些汉奸的处理，将不以事实、法律为根据，而是以蒋介石集团的利益为定夺。故国民政府在1946年11月公布的《处理汉奸案件条例》中就规定“曾为协助抗战工作或有利于人民之行为证据确凿者，得减轻其刑”。但这些只是对蒋介石、戴笠“有用”者而言的，他们并不想也不可能包庇全部汉奸。对于那些无后台或蒋、戴仇恨的汉奸，由戴笠亲自出马部署，采取翻脸不认账的态度，断予逮捕审判。军统局在所谓肃奸中，除陈公博、陈璧君等巨奸外，在上海还逮捕了各类汉奸321名，在北平抓获269名，在全国共肃奸4692（一说为5455人）。[2] 其中移交司法审判4291名，移送军法机关334名，交航委会处理24名，在押病故经法院检验备案43名。有资

[1] 马振犊：《国民党特务活动史》，九州出版社2008年版，第522页。

[2] 马振犊：《国民党特务活动史》，九州出版社2008年版，第522页。

料说当时审判汉奸的原则是“只问职位，无关罪状”，量刑标准是：除南北汉奸政权首恶梁鸿志、王揖唐、陈公博死刑外，伪省长级原则上亦处死刑，部长级为无期徒刑，次长级为7—10年有期徒刑，局长级为3—5年，其余被诉人均处两年半徒刑，“以示薄惩”。[1] 而实际审判时则出现许多“有条（金条）有理，无法（法币）无天”的状况。

当时所谓的地下军统人员与被捕汉奸真是真假难辨，有一个笑话说：南京宁海路21号军统局看守所（原76号特工总部南京特工站），1945年11月开始收押汉奸，首任所长徐文祺，原是汪伪行政院秘书长周隆庠手下庶务科长，胜利后以“地下人员”身份续受任用，与大小汉奸都很熟悉。当陈璧君、诸民谊等押来时，徐文祺去视察，以致有奸囚见到他时，竟招呼说：“老徐，怎么你也进来了？”一时问得他面红耳赤，有些忸怩，他尴尬地回答：“我们不谈这些……”

陈公博末日来临

对于汪伪政权第一号汉奸伪国民政府主席陈公博，蒋介石出于历史的旧怨，对他穷追不舍。虽然陈公博使出金蝉脱壳之计，明里散布其已自杀消息，暗中潜逃日本躲藏，但蒋介石以他对陈的了解，没有上当。他命令军统四处侦探，终于破译了陈公博自日本发回的有关财产处理的密电，得到其逃日之确证，与驻日美军进行了交涉，最后将其从日本追回，交付审判，并对他新仇旧恨一并报复清算。

陈公博自日本被押解回国后，先关押在宪兵司令部，一月后转押南京宁海路25号原76号南京特工站现为军统临时看守所内，陈公博、梅思平、林柏生、李圣五4人合住一间在二楼，陈璧君、陈公博的女秘书兼情人莫国康、褚民谊之妻陈舜贞、陈公博之妻李励庄囚于一楼。陈公博多次要求与其妻面晤，但均未获准。关押期间，陈公博开始写《八年

[1] 马振犊：《国民党特务活动史》，九州出版社2008年版，第522页。

回忆录》。

陈公博的秘书莫国康

1946年初，陈公博、陈璧君、褚民谊、缪斌、梅思平、林柏生等大汉奸陆续移押江苏高等法院所在地苏州。2月18日，陈公博、陈璧君、褚民谊被押运至苏州火车站，江苏高等法院派出武装军警将3人押往法院，下午4时左右，在法院候审室问讯完毕后，即将3人押往苏州司前街看守所收禁。

3月8日，江苏高院首席检察官韩焘对陈公博提起公诉，主要有10大罪状：一、缔结密约，辱国丧权；二、搜索物资，供给敌人；三、发行伪币，扰乱金融；四、认贼作父，宣言参战；五、抽集壮丁，为敌服役；六、公卖鸦片，毒化人民；七、改编教材，实施奴化教育；八、托词清乡，残害志士；九、官吏贪污，政以贿成；十、收编伪军，祸国殃民。

3月底，陈公博不满20岁的儿子陈干由南京来苏州探监，父子见面，抱头痛哭，陈公博嘱其子好好读书，将来不要涉及政治，言毕即转身离开。

4月5日，江苏高等法院首次公审陈公博。江苏高等法院院长孙鸿霖任审判长，韩焘任首席检察官。陈公博未请律师，由法院代为指定公证辩护人高溶为其辩护律师。

陈公博在法庭上将其长达47页的《八年回忆录》通读一遍，历时两小时之久，然后对其10大罪状一一答辩。

4月12日，江苏高等法院再次开庭，宣判："陈公博通谋敌国，图谋反抗本国，处死刑。褫夺公权终身。全部财产，除酌留家属必需生活费之外，没收。"

6月2日上午，江苏高院将陈公博从司前街看守所移押狮子口江苏省第三监狱。最高法院已5月14日核准原判，陈公博的死期已近。

6月3日，早晨七时许，监狱中一看守所长正请陈公博写一副对联，正在研墨时，所丁送来复判书，陈公博看后哼了一声“完了”，依然提笔将对联写完，上联是“大海有真能容之量”，下联是“明月以不常满之心”。

不久，法警来提陈公博，陈以为是普通事务，并未换衣。等到了法庭，他看到检察官等人俱在，方知死期已临，遂要求返回监房，换上蓝色布长衫，玄色丝袜，黑色皮鞋，并与褚民谊、陈璧君一一告别。

陈公博进入刑场后，请求不要捆绑，旋即背立，法警开枪后，子弹由后脑入，右颧骨出，陈倒地毙命。

周佛海死里逃生

汪伪第二号汉奸周佛海，因其早已与军统勾结，胜利后协助国民党“守土有功”，且有交出税警团、上海保安部队及伪军12个团的武装，并交出巨额资财等的“优良”表现，被蒋介石令军统保护起来。

9月下旬肃奸开始时，戴笠便“劝告”周佛海电呈蒋介石将所谓的“京沪行动总指挥”职务“请准辞职”，把军队、警察权及伪中央储备银行的家当统统交与军统接收，于9月25日交接完毕，计有伪中储行库存黄金50.231万两、白银763.9445万两、银币32万元、美钞550万元、日钞923万元、日本公债20亿日元以及大量股票与不动产等等，戴笠因此大捞一笔。

9月30日，戴笠亲自陪同周佛海、罗君强、丁默邨、杨惺华及伪中储行总务处长马骥良5人，由上海乘飞机到重庆，初寓重庆磁器口杨家山戴笠家中，不久后被软禁于白公馆，供给优裕的生活。1946年3月，戴笠撞机暴死后，周佛海明白自己失去了保护伞，不禁发出“惊心旧友成新鬼，彻耳呼声变怨声”的叹息。随后，周佛海等人移往中美合作所内囚禁。

蒋介石对汉奸的惩治也是有区别的，对汪精卫一系的汉奸，如陈公博、诸民谊、梅思平等人，逮捕审判后不久即枪毙。而对周佛海、任援道、熊剑东等人，则有一定优待。

面对这种情形，国内舆论对汉奸的不同待遇大发评论，1946 年 8 月 28 日《大公报》社评，指出 :“日本投降倏已一年，战犯在东京清算，审问质证的新闻频传，国内大小汉奸也在受审判，有罪无罪法庭都要把他们交代出来，独头等汉奸周佛海、丁默邨不知其何以久无消息？且无人能知其久置不讯的原因。”直到最后，当局抵抗不住社会舆论的压力，才被迫将周等付诸审判。

1946 年 9 月 16 日，周佛海等 5 人由重庆押往南京。到达南京后，立即押往南京宁海路 19 号看守所，他们从此作为囚犯开始关押。几天后，周等人又被押往南京老虎桥看守所，周佛海与丁默邨、罗君强一同关入忠字监 4 号囚室。

周佛海追随蒋介石多年，深知其反复无常的阴鸷性格，现在自己的小命捏在蒋手中，朝不保夕，因此入狱后的周佛海心绪不宁，脾气古怪，尽管他装出一副不怕死的样子，与同囚的旧日同事谈笑风生，但心里一直忐忑不安。

周佛海与陈公博吸鸦片，但陈没有瘾，周佛海因患有心绞痛，常用鸦片来止痛，在狱中，周烟瘾一犯便痛苦万分，坐卧不安。

周佛海被囚禁当晚，即被令写自白书，交代汉奸罪行。但他避重就轻，所写供词多为自己开脱罪责。

1946 年 10 月 21 日上午，南京高等法院在朝天宫大成殿对周首次公审，南京高等法院院长赵琛亲任审判长。检察长宣读起诉书后，由周自行辩护，审讯长达 4 小时。周佛海在法庭上辩称他早已向渝方输诚，并要求军统局作证，但法院方面以他是汪伪首要以及在太平洋开战后才反正，有投机之嫌疑，又未办正式自首手续，仍欲判处其死刑。

赵问周佛海："你的离渝随汪，参加伪组织，是否为了想做部长？"

周佛海答道："审判长是知道的，我部长做够了。1929年我就做了中央民众训练部部长，1938年我又代理了中央宣传部部长。我并不是稀罕做部长而参加南京政府的。"

对检察官提起的汉奸指控，周佛海辩解道："对这一点起诉，与我的情节，太不相符。我参加南京政府的前半段，是通谋敌国，图谋有利本国。因为1939年底我随汪先生离开重庆时，唯一的国际通道滇缅公路被英国封锁。英美两国，仍然对日本一味抚绥，抗战形势，极度危险，我希望能与日本直接谈和，以挽救危亡。我参加南京政府后半段的情节，是通谋本国，图谋不利敌国。在与日本直接谈判之后，我发觉日本并无诚意，我更通谋了本国，希望做些不利于敌国之事。我与中枢数年之中，既已取得直接联系。我的一切工作，也大都奉中央之命而行，假如不是原子弹提前结束了战争，在中美联合反攻时，或者我有更多的表现。""我的参加政权，前半段是通谋敌国，图谋有利本国；后半段是通谋本国，图谋反抗敌国。"[1] 周佛海在结束庭审回到监狱时，新闻记者请他在纪念册上题字，周写下一句："十年以后真知我。"

11月2日，南京高等法院再度公审。11月7日，南京高等法院以通谋敌国、图谋反抗本国之罪，宣布判处周佛海死刑，褫夺公权终身，全部财产除留家属必需生活费外，予以没收。

周佛海被判处死刑后不服，由其妻杨淑慧向南京最高法院抗告，同时也通过周以前的好友陈立夫、陈果夫、陈布雷等人向蒋介石进言，要求赦免周的死罪。

---

[1] 朱子家（金雄白）:《汪政权的开场与收场》第五一节"被汪亲自所否决的提案"，网络版 www.doc88.com。

1947年1月30日，杨淑慧再次向最高法院抗告，被最高法院驳回，维持原判，杨一面继续抗告，一面要求延缓死刑执行。

受杨之托，陈立夫、陈果夫联名写信给蒋介石，称："惟周于胜利前一年所表演者，全能依照第三战区预定计划，例如派罗君强为上海市长（实际应为上海市秘书长），丁默邨为浙江省主席，在京沪一带暗中布置军事颇为周密。胜利后更使江浙两省不致陷于共产党之手，国府得以顺利还都运兵至华北各地，不无微功。"[1]

军统局在此关键时刻呈请蒋介石出面干预，并说明如坚持处罚，则周的家人威胁要公布蒋介石当年给他的亲笔赦免信，暴露蒋周之间的秘密。经蒋介石侍从室主任、周的好友陈布雷的安排，在军统局局长毛人凤陪同下，周佛海之妻杨淑慧见到了蒋介石，她一见蒋就跪下求情。蒋介石对她说："这几年，对东南的沦陷地带还亏了佛海，我是明白的。起来，安心回去吧，让他在里面休息一两年，我一定会让他再归来的。"周妻听此如临大赦，向蒋磕了三个响头而去。[2]

蒋介石看了杨淑慧主动交来的抗战期间他给周佛海的亲笔手谕，心里自然有数，他对陈布雷说："你看佛海在抗战中对国家是否多少有过一些贡献？"陈闻之当然明白蒋的意思，为周说了一番好话，于是蒋介石便说："那么你就拟一个特赦令的稿给我斟酌一下吧。"后来，蒋亲自修改了陈拟的特赦令稿子，使陈未敢再改，故使此稿有些文理不通之处。

1947年3月26日，蒋介石签署的特赦令下达："查周佛海因犯《惩治汉奸条例》第二条第一款之罪，经判处死刑，褫夺公权终身。现据该犯呈报其在敌寇投降前后维护京沪杭地治安事迹，请求特赦前来。查该犯自民国30年以后，屡经呈请自首，虽未明令允许，唯在34年6月19日，军事委员会调查统计局续办转呈，准备事实表现，图赎前愆。

[1] 游国立等：《汪伪特工史》，远方出版社1997年版，第562页。

[2] 马振犊：《国民党特务活动史》，九州出版社2008年版，第521页。

曾令该局奉转知该犯，如于盟军在江浙沿海登陆时响应反正，或在敌寇投降前后确保京沪杭一带秩序，使人民不致遭受涂炭，则准予戴罪图功，以观后效等语，指示该犯在案，似可免其一死。经交司法院依法核议，兹据呈复，该犯在敌寇投降前后能确保沪杭一带秩序，使人民不致遭涂炭，对社会之安全，究属不无贡献。可否将该犯原判死刑减为无期徒刑，理合呈侯鉴核等情。兹依约法第68条之规定，准将该犯周佛海原判之死刑，减为无期徒刑。此令。”

周佛海在狱中闻此令欣喜若狂，他赋诗写道：

惊心狱里逢初度，放眼江湖百事殊。
已分今生成隔世，竟于绝路转通途。
嶙峋傲骨非新我，慷慨襟怀仍故吾。
更喜铁肩犹健在，留将负重度崎岖。

就这样，周佛海得到了蒋介石亲自下令的特赦书，继续在狱中享受优待。

然而，蒋介石的特赦令并未能挽救周佛海的性命。1948年2月28日，周佛海因心脏病发，死于狱中，一代巨奸从就此束其丑恶历史。

丁默邨罪不容诛

丁默邨于抗战之后因个人仕途不顺，被李士群拖下水投日为特，与汪系合流后，与李士群共同主持76号特工组织。但丁、李两人长期不和，互相攻讦，最后竟形成水火不相容之势，特别是争夺伪警政部部长一职，丁被李斗败，逐出76号伪特工组织，出任伪社会部部长，他与周佛海的关系也渐渐疏远。李士群被日本人毒毙后，丁默邨与周佛海的关系才又好转。由于丁默邨与戴笠有同僚之谊，且与军统暗中有联系，

1947年11月丁默邨在法庭上受审

在抗战后期，丁被任为伪交通部部长、伪浙江省省长，成为周佛海布置反攻策应的前哨。逮捕汉奸开始后，丁默邨以为戴笠会保其不死，遂与周佛海等 5 人一同飞往重庆，后即被捕，押往南京受审。蒋介石以丁默邨的叛党叛国及与汪精卫合流，决计严厉处置。

丁默邨的案子一直拖到 1946 年 11 月 19 日，以“民国三十五年度特京字第三九四号汉奸案”开审。丁默邨在审判中竭力为自己开脱，在其自白书中罗列了 23 功绩，把自己打扮成一个忧国忧民的英雄人物，陈立夫为其开具了“为渝方工作”的有利证明，蒋伯诚、吴开先也为他出具了“营救”他人的证明信函。但是，接任戴笠的军统主将毛人凤不打算放过丁默邨，郑萍茹被害案成为中统与军统联手将丁置于死地的撒手锏，因为郑萍茹是中统的人。尽管丁默邨在公审中竭力否认自己犯下的罪行，1947 年 2 月 8 日，国民党首都高等法院最终以汉奸罪判处丁默邨死刑。判决后，丁在狱中生病，外出就医时游玩玄武湖，被新闻记者公布于报端，蒋介石从报上看到，生气地训斥：生病还能游玄武湖？

应予枪毙！于是丁被拖上法场。

在执行枪决时，丁默邨这个以杀人为职业的老特务，竟吓得浑身发抖，脸色惨白，两腿瘫软得不能行走，由两个法警左右挟持着拖出狱门。行至二门，丁默邨已经神志模糊，知觉尽失。法警见状，没等到达刑场，便对着他脑门开了枪……

第三节　特务群奸的下场

万里浪难逃一死

万里浪，四川合川人，毕业班于军统金华训练班。1939 年投 76 号。先后任特工总部第一处处长兼第四行动大队大队长、调查统计部第三厅厅长。1943 年，任伪军委会政治部政治保卫局局长、政治保卫局第一局局长、上海分局局长。

抗战胜利后，以万里浪为首的一批军统投伪人员，虽然为戴笠肃奸工作立下汗马功劳，但在国内舆论压力下，军统不得不对他们作出处理，万闻讯潜逃至安徽，但仍被军统抓获，押回上海关进看守所。

当他进入看守所时，那些被他抓进来的汉奸，无不对他怒目相向，冷嘲热讽。这些军统附逆人员共有 37 人，戴笠原想由军统自行处理，但不久，戴笠在南京江宁撞机身亡，郑介民为了讨好蒋介石，主张严厉制裁这些背叛领袖的汉奸，于是，万里浪等人于 1946 年 8 月 15 日在上海被枪决。

张瑞京飞黄腾达

张瑞京，广东人，中央军校六期生。1939 年任中统上海特派员，后被 76 号特工总部逮捕，投敌后担任特工总部顾问。1940 年任特工总部南京区治安科科长，组织南京区特务行动大队。后成为公馆派人物，并将南京区特务行动大队改编为伪陆军独立第七旅，任旅长。张瑞京与中统的联系始终未中断。由于他与汪精卫的长子汪孟晋关系极好，得以在汪家登堂入室，并在日本投降后的混乱中将汪精卫与国民党高官的来往信件偷运出汪府，由中统负责人亲手交与蒋介石，蒋大喜过望，因为一旦这批信件落入共产党手中，蒋与日伪来往的内幕将大白于天下，此举不仅博得蒋介石的欢心，也使中统的地位得到提高，张瑞京这个汉奸在战后由此获得青天白日勋章，并任南京市敌产管理处处长。

胡均鹤投向中共

胡均鹤，江苏苏州人，曾任中统南京区副区长兼情报股股长。1939 年投降 76 号伪特工总部。1940 年任伪特工总部南京区副区长兼情报科科长。10 月调任特工总部第二处处长，后任特工总部江苏实验区区长。1941 年任伪调查统计部第二厅厅长，1943 年任伪军委会政治部政治保卫局副局长、政治保卫局第二局局长。后投向中共。胡曾掩护过潘汉年和杨帆。新中国成立后，胡均鹤改名胡静波，担任上海市公安局调查委员会主任委员，后被整肃关押。1986 年获平反。

苏成德命归黄泉

苏成德，字美一，山东济宁人。曾任国民党中央党部调查科南京区行动股长、国民党中央组织部党务调查处特工总队队长等职。1939 年投降 76 号，先后任特工总部顾问、第三厅厅长、南京区区长、伪警察部特种警察署长、伪首都警察厅厅长、伪上海警察局副局长、伪上海清乡事务局局长等职，伪国民党中央委员，军委会委员。战后被国民政府逮捕审判，因其在 76 号任伪职期间罪恶累累，最后被判处死刑。

曾有人对汪伪特工组织 76 号的罪恶历史总结说：“七十六号是一

个庞大的组织，丁李又是特工中的老手，他们搜尽了三山五岳的人物，弓上弦、刀出鞘，威风凛凛，杀气腾腾，六年中在上海制造出不少令人战栗的血腥事件，假如汪政权六年中的措施，最值得令人诟责的话，七十六号的所作所为，至少应该负起很大的责任。”[1]

此话言之不虚。

76号的历史，就是一群来自国民党特工阵营的叛徒们，在日汪的指使下在上海南京为中心的沦陷区上演出的一出疯狂残暴的卖国求荣、助纣为虐的“闹剧”，而这些汪伪“国特”由此便成为被钉上历史耻辱柱的“汉奸中的汉奸”。

[1] 朱子家（金雄白）：《汪政权的开场与收场》，网络版 www.doc88.com。

后 记

本书由马振犊、陆军合作撰写，是在马振犊《国民党特务活动史》基础上另列专题补充资料增写而成。感谢金城出版社将本书列为继《军统特务活动史》《中统特务活动史》之后的第 3 本有关汪伪国民党特务活动史的专著出版问世，使此系列作品至臻完善，可谓善举。

本书稿除参考了学界有关 76 号的既有研究成果外，还补充了台湾档案机构近年开放的汪兆铭档案中其与李士群来往电文及戴笠档案中的有关资料，并研讨了包括网传的关于李士群研究的最新成果。能否达成创新，以及对书中仍存漏误之处，尚祈各位读者评判并有以教之。

作者

2018 年 7 月 28 日